Assemani Giuseppe Simone

Joseph Simonius Assemanns orientalische Bibliothek

oder Nachrichten von syrischen Schriftstellern, in einem Auszug gebracht von A.F. Pfeiffer

Assemani Giuseppe Simone

Joseph Simonius Assemanns orientalische Bibliothek
oder Nachrichten von syrischen Schriftstellern, in einem Auszug gebracht von A.F. Pfeiffer

ISBN/EAN: 9783337243272

Hergestellt in Europa, USA, Kanada, Australien, Japan

Cover: Foto ©ninafisch / pixelio.de

Weitere Bücher finden Sie auf **www.hansebooks.com**

Joseph Simonius Assemanns orientalische Bibliothek

oder Nachrichten von syrischen Schriftstellern.

In einen Auszug gebracht

von

August Friederich Pfeiffer

der morgenl. Sprachen ordentl. Lehrer.

Erlangen

im Verlage Wolfgang Walthers 1776.

Die zu Rom 1718 und in den folgenden Jahren in vier Foliobänden herausgekommene Bibliotheca Orientalis Clementino Vaticana des Herrn Jos. Sim. Assemanns, macht ein in mehr als einem Betrachte zu wichtiges Werk aus; als daß es nicht jeder Gelehrte kennen und hochschätzen sollte. Es enthält ausser andern vortreflichen Anmerkungen, einen Schatz für die Geschichtsschichtskunde von Ländern und Reichen, die ehemals berühmt waren, deren Begebenheiten man aber wegen des Mangels hinlänglicher Documente nicht im Zusammenhang oder mit Gewißheit bestimmen konnte. Assemann unternahm eine gelehrte Geschichte dieser orientalischen Lande. Da er von Geburt ein Maronite war, vom Pabste zu verschiedenenmalen in den Orient zur Anschaffung von Handschriften geschickt und nach der Hand über die kostbare vaticanische Bibliothek gesetzt wurde: so hatte er hinreichende Gelegenheit, die Schriftsteller seines Vaterlandes kennen zu lernen. Seine Nachrichten davon sind aus ächten Quellen geschöpft und werden von Auszügen aus ihren Schriften begleitet, die uns fast noch schätzbarer sind; da wir durch sie in den Stand gesetzt werden, selbst urtheilen zu können.

Sein

Sein Buch ist selten und kostbar. Dies mag mit unter die Ursachen gehören, warum es bishero nicht so gebraucht worden, als es verdiente. Vielleicht mochte auch das mit Syrischem unterflochtene Latein verschiedene abgeschröckt haben; da nicht jeder Historiker sich mit dieser Sprache abgiebt. Diese Ursachen haben mich bewogen einen Aus ug aus diesem Werke zu liefern, den ich mit dem zweyten Theile zu endigen hoffe. Bey genauer Vergleichung wird man finden, daß ich oft mehr übersetze, als ins Kurze ziehe. Dies ist mehrentheils bey den syrischen Stellen geschehen; weil sie, meiner Meynung nach, die wichtigste Seite des Buches ausmachten. Zu bekannte Sachen sind völlig übergangen. Die Uebersetzungen sind aus dem syrischen Texte mit aller Treue gemacht, eigne Einschaltungen und Anmerkungen aber, so viel möglich vermieden worden. Denn ich begehrte kein Historiker zu seyn; sondern wollte nur Documente aufsuchen, aus welchen dieser urtheilen könnte. Daher wollte ich nicht einmal, aus Furcht zu irren, die verschiedenen Zeitrechnungen reduciren. Wenn aber Assemann sich in der Folge selbst verbessert: so schien es mir unnöthig, dies ebenfalls zu thun. Es war hinlänglich die Sache mit einem Worte zu sagen, wie sie ist. Daher sind die Addenda gleich eingeschaltet und manches aus den folgenden Theilen geändert worden. Unwichtige Sachen habe ich mehrentheils überschlagen. Allemal wollte es nicht angehen; weil einige leicht das für wichtig halten können, was andere nicht sehr interessirt. Religionsstreitigkeiten unserer und der römischen Kirche, habe ich, um diesen Auszug gemeinnütziger zu ma-

machen, völlig ausgelassen; weil die Religionssysteme zu verschieden sind, als daß sie vereinigt werden könnten. Sollten hie und da Fehler eingeschlichen seyn: so bitte ich solche zu entschuldigen und empfehle diese Arbeit dem günstigen Uetheile der Leser.

Dieser Band liefert die zwey ersten Theile des Assemannischen Werkes. Da sich die syrische oder vielmehr orientalische Kirche in drey Hauptsecten; die Maroniten, Jacobiten und Nestorianer theilt: so zerfällt das Werk in drey Abschnitte. Den Schriftstellern die allgemein angenommen werden, und den Maronitischen giebt Assemann die Benennung Orthodoxen. Ihr Religionssystem nähert sich heut zu Tag meist dem römischen. Von den Jacobiten

han-

handeln wir am Ende des zweyten Abschnittes.

Mein Wunsch ist, daß diese Arbeit nicht unnütz geachtet werden und zur Ehre Gottes und Ausbreitung menschlicher Kenntniß gereichen möge. Erlangen 1776.

M. Aug. Fried. Pfeiffer.

Erster Abschnitt.

Orthodoxe Schriftsteller.

Simeon von Barsaböe

Bischöf von Seleucia und Ctesiphon.

Seinen Zunahmen hatte er von seinen Eltern. Sein Geburtsiahr ist unbekannt. Er war ein Schüler des seleucischen Bischofs Papa, und folgte ihm auch in dem Bisthume, noch bey seinen Lebzeiten, da Papam die Bischöfe absetzten. Sein öffentliches Leben, so wie auch sein Märtyrertod fällt in die Zeit der Verfolgung des persischen Königs Sapors, und da diese sehr verschieden angegeben wird: so ist es kein Wunder, wenn verschiedene Meinungen wegen des Todes unsers Simeons vorhanden sind, und sein Gedächtniß verschieden gefeyert wird. Die Syrer setzen seinen Tod in den 6. Tag der Paßionswoche, im Monathe Nisan, einen Tag nach Usthazadis (Sozomen. l. 2. c. 10.) Tode. Unter andern giebt ein Codex alle Zeitrechnungen folgendergestalt an: „Im 655. Jahre der Regierung Alexanders, „welches das 296. Jahr nach Christi Creuzigung, „das 117. des persischen Reiches und 31ste des „persischen Königs Sapors, Hormisda Sohn, „ist, nach Constantini M. K. Tode; suchte Sapor „an dessen noch unmündigen Prinzen Gelegenheit „zum Kriege. — Dessen Feyer wurde aber nachher auf den Sommer verlegt; daher ein anderer Codex: An diesem 6ten Tage der 6ten Sommers„woche feyert man das Gedächtniß des seeligen „Simeons Barsaböe, Catholici Patriarchen, Papå „allgemeinen Patriarchens Schüler, und der Vä„ter, die mit ihm gelitten haben; die zwar eigent„lich in der Paßionszeit, im 655. Jahre griechi„scher Rechnung, in der huzitischen Stadt Ledan „unter Sapore hingerichtet worden sind — — „Der seelige Simeon wurde darauf zu Susan, „im Lande der Elamiter, die der Araber Sus heißt, „begraben.„ So viel erhellt hieraus, daß Simeon noch unter Constantino umgebracht worden, unter welchem die persische Verfolgung schon angieng. Als zu Nicäa die berühmte Kirchenversammlung war, so schickte unser Simeon, der damals Bischof von Seleucia und Ctesiphon war, seinen Presbyter Sciadostum, beym Lateiner und

Grie-

Griechen Sadoth, dahin: daher Ebedjesus *) sagt: „Weil alle Bischöfe, sie mochten römische Unter„thanen seyn oder nicht, zu dieser Kirchenversamm„lung eingeladen wurden: so wiederfuhr dies auch „dem Mar Simeon Barsaböe Catholico von „Seleucia und Ctesiphon. Wegen der Unruhen „aber der benachbarten Länder, mußte er zurücke „bleiben, und schrieb also nur einen Brief, mit „welchem er seinen Presbyter Sciadostum hin„schickte: dürsteten die Unglaubigen, schrieb er, „nicht nach unsrem Blute; so würde ich sehr gerne „erscheinen, um der Versammlung der Bischöfe „und eurem richtigen Rathe meine Folgsamkeit zu „beweisen — Allem aber, was diese ganze Ver„sammlung der Bischöfe, die um des wahren „Glaubens willen verfolgt werden, beschliessen, „dem trete ich willig bey.„ Auf dieser Kirchenversammlung wurde auch ausgemacht, daß Seleucia und Ctesiphon nach den Patriarchaten Alexandria, Antiochia, Constantinopel und Jerusalem das vornehmste Primat seyn sollte. Nur streitet man darüber, ob Simeon, oder seine Vorgänger Sciadulphus und Papa, diesen Vorzug zuerst erlangt habe. Nach Barhebräo, im Chronico, Assemann T. II. p. 399. ordnete er, daß die Gebete und Gesänge im Oriente mit doppelten Chören abgesungen werden sollten, wie dieses Ignatius,

 Johan.

*) In Epitome Canonum Synodal. Cod. XLVI. Syriac. Vatic.

Johannis Schüler im Occidente eingeführt hatte. So befahl er auch, daß die Geistlichen die Psalmen nicht aus Büchern, sondern auswendig absingen sollten.

Unter den Schriftstellern Syriens steht unser Simeon beym Ebediesu oben an, und seine Schriften sind Briefe und einige gottesdienstliche Gesänge.

Milles

Bischof von Susa.

War erst persischer Soldat, hernach ein Lehrer der Religion; s. Sozomenum Hist. Eccl. l. 2. c. 14. der die Nachricht aus den syrischen Actis hatte. Diese Acta sind zu Rom würklich heraus, und Milles Leben steht p. 60. Als Milles von Gadihab, lapethensischen Antistes, zum Bischof erwählt wurde: soll er verschiedene Wunder gethan, und zuletzt mit seinen Schülern Abrosimus und Sina (für welche in Menologio Basilii in Ughelli Ital. sacr. T. VI. p. 179. Eboras und Seboa steht) unter Hormisda Gophriz (in Menol. cit. Mystophorus) der die Provinz Rozich hatte, gleich zu Anfang der saporischen Verfolgung, den Märtyrertod gelitten haben. Wie in Actis Syriacis steht, den 13. oder 5. Novembr. im J. C. 341. Weil er, nach dem Ebedjesu, über verschiedene Sachen Briefe und Reden geschrieben hat: so setzt er ihn unter die syrischen Schriftsteller, man hat aber seine Werke noch nicht gefunden.

Jabachues,

ein Chaldäer,

lebte vor dem nicänischen Concilio. Sein Vaterland ist unbekannt *). Er ist in der Folge der seleucischen Primaten, der achte. Als sein Vorfahrer Jacob sich seinem Ende näherte; so schickte er unsern Jabachues, und einen andern, Namens Kamjesu oder Jabjesu nach Antiochien, damit einer von beyden vom Patriarchen zu seinem Nachfolger eingesetzt würde. Sie wurden, da sie nach Antiochien zur Ordination kamen, als persische Spionen angegeben: Kamjesu und der Wirth, der sie beherbergte, wurde gehenkt; Jabachues aber entwischte mit genauer Noth nach Jerusalem, wo er mit Bewilligung des Patriarchens von Antiochien, zum Bischof von Seleucio ordinirt wurde. Um dergleichen fernere Zufälle zu verhüten, bat Jabachues den Patriarchen von Antiochien, zu erlauben, daß die orientalischen Kirchen, (d. i. die Chaldäer, Assyrer und Perser) ihre Bischöfe selbst einsetzen dürften. Dies wurde ihm gewährt, und ein sogenanntes Systaticon deswegen ausgefertiget, das vom Concilio zu Nicäa bestätigt und erweitert wur-

*) Ich setze diese Nachricht aus dem 3ten Theile der Assemannischen Bibliothek hieher, da das, was er im ersten Theil sagt, sehr schwankend, und von ihm selbst Tom. III. p. 52. und aus Gregor. Barhebr. T. II. p. 396. verbessert wird.

wurde *). Wir sehen daraus so viel, daß unser Jabachues schon vor dem Concilio gelebt haben muß, und sein Tod um das Jahr Christi 120. ohngefähr erfolgt ist.

Seine Schriften sind ein einziger Brief an den Bischof von Antiochien, in der oben beregten Sache; den Ebedjesu Papam Occidentis פפא דמערבא nennt, weil ihn das Metrum dazu zwang, und welches Assemann im dritten Theile wohl einsahe, ohngeachtet er hier die Meinung zu billigen scheint, daß es der römische Stuhl wäre. Der konnte es nicht seyn, weil Seleucia damals noch unter Antiochien stand; und die Sache von diesem Patriarchate, nicht von Rom, abhieng.

Isaias Adabi,

Arzunita.

Sein Vater hieß Adabi, von Arzun, der aus gutem, edlen Geschlechte war. Er hielt sich als

*) Auf diese Geschichte bauten die Nestorianer eine andere, die von ihnen erfunden zu seyn scheint. Sie gaben vor, daß die andern Patriarchen, (der von Rom, Alexandrien, Antiochien, Ephesus und Jerusalem) dem Bischof von Seleucia, die Ehre eines Patriarchen des Orients übertragen hätten. Nach der Hand verstand man einige andere syrische Scribenten falsch, man behauptete eine Sache, die das eigene Interesse billigte, und die sich vom Nestorianer auf die Jacobiten und andere ehrliche Männer fortpflanzte.

als Ritter am Hofe des persischen Königs Sapors auf. Er schrieb: Geschichte der Märtyrer Zebina, Lazarus, Maruthas, Narses, Elias, Mahares, Abib, Saba, Sembait, Jonas, Brichjesu. Am Ende dieser Actorum redet er von sich selbst: „Möchten sie in ihrem Gebethe des Esaias, „Adabi von Arzun Sohns und königlichen Ritters gedenken; der befehligt war, dabey zu seyn, „und die Mühe über sich nahm, die Triumphe „dieser Märtyrer zu beschreiben.„ Den Todestag dieser seeligen Märtyrer, die in der saporischen Verfolgung umkamen, giebt er, als den 29. Dec. des 18ten Jahrs Saporis an. — Dies ist das 327. Jahr christlicher Rechnung: Dawider sind nun einige griechische und lateinische Schriftsteller, die das 30. Jahr Saporis annehmen. Assemann sucht sie dadurch zu vereinigen, daß der Anfang in der Hauptstadt im 18. Jahre, und die stärkere Fortsezung im Lande im 30. Jahre gewesen wäre. (Wir bemerken aber dagegen, daß da Jesaias ein Augenzeuge, und in allen Manuscripten die man von seinem Buche hat, und in allen Uebersezungen das 18. Jahr nicht blos mit Zahlen, sondern ausgeschrieben steht; und daß andere Schriftsteller, nichts gegen einen Augenzeugen beweisen. Ich habe diese Anmerkung aus den Actis Martyr. Orient. Rom. 1748. entlehnt, wo S. 215. diese Schrift Isaias syrisch befindlich ist. Schlecht übersetzt ins

Griechische ist sie im Manuscript zu Venedig, gedruckt aber beym Lipmann, Surius und Bolland, lateinisch befindlich.)

Jacob,

Bischof von Nisibis; mit dem Zunamen, der Grosse.

Nach den meisten Nachrichten ist Nisibis sein Geburtsort. Er wählte aber bald ein einsames Leben, daher auch eine eigene Celle von ihm bey Nisibis gelegen, vorkommt. Unter dem Kaiser Maximino wurde er Bischof zu Nisibis, und soll verschiedene Wunder gethan haben. Im J. C. 325. reißte er mit Ephraem auf den Synodus nach Nicäa, und soll zehen Jahre darauf, mit dem constantinopolitanischen Bischof Alexander um Bestrafung des Arius gebethen haben. Dies berichtet Dionysius, Jacobitischer Patriarch, in seiner syrischen Chronick. Nach dem nemlichen Auctor erfolgte sein Tod im J. C. 338. [oder nach griechischer Rechnung im Jahr 649.] Eben so bemerkt das Chronikon Edessenum seinen Tod.

Seinen Leichnam soll Julianus aus Nisibis haben schaffen lassen, wie Gennadius will; und obgleich andere dies in Zweifel ziehen, und blos einer Drohung des Kaisers, wenn Nisibis nicht heidnisch werden wollte, gedenken: so versichern doch die Syrer, daß das zu Nisibis noch vorhandene Grab Jacobs leer sey.

Man

Man muß diesen Jacob nicht mit andern verwechseln, und insbesondere vom Mönche Jacob, der ein ganzes Säculum später lebte und dessen Theodorus Lector, Hist. Eccl. L. I. gedenket, unterscheiden.

Was seine Schriften betrifft: so versichern die meisten Syrer, daß er gar nichts geschrieben habe. Seine Heiligkeit rühmen sie, aber von seinen Schriften wissen sie nichts. Dionysius Barsalibi, Gregorius Barhebr. Salomon Bostrensis, Johannes von Dara, Ebediesu, Abulbarcatus, keiner nennt ihn; und doch nennen sie die andern syrischen Schriftsteller. Da er ein so angesehener Mann war, da er zu einer Zeit lebte, wo die Kirche noch unzertheilt war: so würden gewiß die Syrer, die Melchiten, die Copten ihn lesen — dies ist nirgends zu finden. Gennadius sagt uns zwar, er habe verschiedenes geschrieben. Etwas davon fand Assemann in einem armenischen Manuscript zu Venedig, wo nach vorhergehendem Ersuchungsschreiben des heil. Gregorius, Jacob ihm folgendes schickt: 1. vom Glauben; 2. von der Liebe; 3. vom Fasten; 4. vom Gebete; 5. vom geistlichen Kampfe; 6. von der Frömmigkeit; 7. von der Busse; 8. von der Auferstehung; 9. von der Demuth; 10. von Pflichten der Lehrer; 11. von der Beschneidung; 12. vom Sabbath; 13. von der Wahl der Speisen; 14. vom Pascha; 15. von Erwählung der Heiden; 16. Christus

stus ist Gottes Sohn; 17. von der Jungfrauschaft und Keuschheit; 18. gegen die Juden, die den Messias erwarten. Daben steht noch ein Brief Jacobs an die Bischöfe, Presbyters und Diaconen zu Seleucia, von Zänkereyen des Hochmuths und vom Ehrgeize, die eine Geschichte betrift, die zu seiner Zeit vorfiel *). Bey verschiedenen aber hat Gennadius, Jacob von Nisibis und Jacobum Sarugensem verwechselt, auch die Syrer nicht recht verstanden, und Jacobum zum Presbyter und Bischof zugleich gemacht; da hingegen Josua Stylites sagt, daß er als Presbyter geschrieben habe. Athanasius Lib. I. contra Arianos bald Anfangs, spricht nicht sowohl daß er geschrieben habe, als daß er hätte schreiben können. Die ihm zugeschriebenen arabischen Canones des nicänischen Concilii hat Maruthas gemacht. Ebedjesu sagt dieses in Epitome Canon. Synodal. „Ausser den 73. Canons, die Maruthas übersetzte und andere 20. — hat sich nichts „weiter gefunden (nemlich zur Geschichte des „Con-

*) Dies ist aus den Zusätzen zum ersten Theil S. 557. genommen. Weil aber der Codex blos Armenisch ist: so glaube ich nicht, daß Assemann mit Recht solche unsrem Jacob zuschreibe. Der Brief kann wohl untergeschoben seyn: so wie der dessen Abulpharagius an Papam wegen seiner verdorrten Hand gedenket, und selbst erinnert, daß ein gewisser nestorischer Patriarch, Joseph, als Verfasser angegeben werde. 3. Th. S. 435.

Concilii.)„ Cave Histor. Litt. T. I. p. 720. eignet ihm ein Hexaëmeron ad Constantinum zu, das offenbar Jacob von Edessa geschrieben hat. In einem griechischen Codex zu Rom finden sich einige Homilien des Lehrers Jacob, dies ist aber Jacob von Sarug. Denn es ist eine mit darunter auf das Festum Palmarum, welches lange nach unserm Jacob, von Petro B. v. Edessa *) aufgebracht worden ist. Eben dies muß wegen der Liturgie gemerkt werden, die Abraham Ecchellensis in seinen Noten über den Ebedjesu ihm zuschreibt.

Ephraem,

ein Syrer.

Der Ruhm seiner Gelehrsamkeit und rechtschaffenen Lebens war so gros; daß ihn die Syrer deswegen, den Lehrer der Welt, Syriens Propheten, nennen. Unter Constantino wurde er zu Nisibis von rechtschaffenen Eltern gebohren, und vom vorhergehenden Jacob getauft. Nach dessen Tode fieng er zu Edessa ein Mönchleben an. Basilius M. machte ihn zum Diacono. Sein Tod fällt unter Valens Regierung. Wir haben das Leben Ephraems, von einem unbekannten Verfasser, in syrischer Sprache. Der Codex im Vatican in welchem es stehet, ist ohngefähr 600. Jahre alt, vom Assemann zuerst in unserer Biblio-thek

*) S. unten Josue Stylites Chronicon beym J. 809.

thek ins kurze gezogen, ganz aber, den Werken Ephraems vorgesetzt. Wir glauben es nöthig, solches hier in einem Auszuge übersetzt zu liefern, weil in der Folge verschiedene Stellen daraus angeführt werden, und andere es vielleicht mit den Nachrichten Sozomens, Theodorets, Vossius und Bollands vergleichen möchten. Nur wollen wir vorher ein kürzerers aus dem Cod. Vat. Syr. XVI. beybringen, dessen Verfasser aber auch unbekannt ist.

„Der H. Ephraem war von Geburt ein „Syrer; sein Vater war aus der Gegend Nisi„bis, ein Götzenpriester; seine Mutter aus Ami„da, und lebten zur Zeit des unüberwindlichen „Constantinus. Da er den gottlosen Absichten „seines Vaters nicht beystimmen wollte: so jagte „ihn dieser von sich. Er aber begab sich zu dem „H. Jacob, Bischof von Nisibis, und wurde bis „an Jovinians Zeiten von ihm in der göttlichen „Religion unterrichtet. Von da zog er nach Edes„sa, wo er, ausgerüstet mit den Gaben des hei„ligen Geistes, der Kirche durch Vortrag und „Lehren diente. Nachher reisete er in die ägyp„tische Wüste, und von da aus nach Cäsarea in „Cappadocien, zu dem Basilius, der ihm, durch „Auflegung der Hände, das Diaconat ertheilte. „Bald darauf kam er nach Edessa zuruck, und „starb daselbst am 9. Jun. (Heziran) im Jahr „684. welches das 372. Jahr nach Christi

Ge-

„Geburt ist. Man erzählt, daß vor seiner Be„kehrung, einem gewissen Einsiedler, auf dem „Gebürge bey Edessa, zu Nachts ein Engel mit „einem Buche, das innen und aussen beschrieben „gewesen, vom Himmel herab erschienen sey, „und ihn gefragt habe: wem soll wohl das Buch „geschenkt werden? Er nannte zur Antwort: die „Einsiedler Origenes und Julianus. Der En„gel sagt: Niemand als Ephraem der Syrer „verdient es — Um seinetwillen vergebe uns „Gott unsre Sünden. Amen.„

Die eigentliche Lebensgeschichte aber, ist aus dem Cod. Nitriensi V. nach Assemanns Auszug:

„Der H. Mar Ephraem war von Geburt ein Syrer. Sein Vater war ein Priester des Götzen Abnil, den nachmals Jovinianus schleifen ließ; seine Mutter aus Amida *). Er erblickte

*) Die Copten gedenken in ihrem Synaxario, beym 12. Abib, ebenfalls der heidnischen Eltern Ephraems. Andere aber, ein ungenannter Grieche beym Vossius, das Synaxarium der Maroniten beym 28. Jan. selbst Ephraem, in Cod. Arabico VIII. Serm. 8. Edit. Rom. Assem. T. I. p. 129. nennen sie Christen: er sagt so gar von ihnen: ἤμην περὶ Χριστοῦ ὑπὸ πατέρων προπαιδευθεὶς. οἱ κατὰ σάρκα γεννήσαντές με, τὸν φόβον τοῦ Κυρίου ἐνουθέτησαν. — Οἱ πατέρες οἱ ἐμοὶ ὡμολόγησαν ἐπὶ τοῦ δικαστοῦ. Vielleicht haben sie sich nachher beleh-

blickte unter dem rechtglaubigen Constantino das Licht der Welt. Gott, dessen Güte ihn erwählte, war mit ihm, und bewahrte ihm, daß er sich nicht bey den Opfern und dem väterlichen Gottesdienste, einfand. Da ihn aber sein Vater einstmahl mit einem Christen aus der Stadt reden sahe: so wurde er so böse über ihn, daß er ihn erbärmlich prügelte, und ihm vorwarf: daß er dieses thäte, unterdessen er bey seinem Gott seine Fehler zu versöhnen suchte. In dieser Absicht opferte er einst seinem Götzen; wo ihm aber der Satan erschien nnd sprach: Wir wissen sehr wohl daß du uns seit langer Zeit auf alle mögliche Art verehrest — Aber mit deinem Sohne, der uns beständig verfolgt, kann uns kein Opfer versöhnen. Wenn wir dir günstig seyn sollen: so

stosse

bekehrt, und bey Einnahme Nisibis unter Sapore die Martyrercrone empfangen.

Wenn einige Edessam als sein Vaterland angeben, und ihn Edessenum nennen, so geschiehet dies, weil er sich seine meiste Lebenszeit zu Edessa aufhielt und da Diaconus war.

Amida ist nach dem Chronico Edesseno erst im Jahr 660. (J. C. 349.) von Constantius erbaut worden, wir müssen also merken, daß bey unserm Autor, so wie bey andern, auch unummauerte Städte als Städte angegeben, und das hingegen wieder erbauen hieß, wenn man sie mit einer Mauer umgab: so wird es gleich darauf im Chronico von Tela gebraucht.

stosse deinen Sohn aus deinem Hause, und laß ihn von dir, damit er nicht mehr bey deinem Opfer sey, denn er ist unser ärgster Feind. Sein Vater befahl ihm also; wohin er wollte zu gehen, und verboth ihm sein Haus auf ewig, weil er seiner Götter Feind wäre. Dies war seit langer Zeit schon Ephraems Wunsch. — Mit Freuden floh er ohne etwas mitzunehmen, aus dem väterlichen Hause. Unwissend wohin er gehen sollte, führte ihn die göttliche Güte zur christlichen Kirche und zum damaligen Bischof zu Nisibis Mar Jacob; der ihn in der göttlichen Lehre unterrichtete, und unter die Catechumenos aufnahm. Hier erwarb sich Ephraem die Liebe des redlichen Lehrers Jacobs, und des ganzen Volkes, durch seinen Fortgang in der Tugend, Enthaltsamkeit und Religion.

Satan aber, der aller Rechtschaffenheit feind ist, führte ihn in eine starke Versuchung. Es war an der Kirche zu Nisibis ein Diener, der ebenfalls Ephraem hieß. Dieser verliebte sich in die Tochter eines vornehmen Mannes in der Stadt, und brachte sie zu Fall. Nachmals gab er dem Mädchen den Anschlag: wenn ihre Eltern die Sache merken würden, den Schüler des Bischofs, unsern Ephraem, den sie als einen frommen Mann beständig rühmten, anzugeben. Dies that sie auch. Aufgebracht darüber giengen die Eltern zum Bischof, der sehr erstaunte, und Gott

bat,

bat; aber keine Erläuterung erhielt, weil Ephraem Gott gebethen hatte, daß der heilige Lehrer diese Sache nicht erfahren möchte. Der Bischof rief also Ephraem und fragte ihn: Ist es würklich andem, mein Sohn! daß du dieses gethan hast? Er schwieg und läugnete die Sache nicht. Da er zum anderdmal gefragt wurde: so sprach er ganz niedergeschlagen: ja, Vater! ich habe gesündiget. Weil aber der Lehrer seine heilige Sitten zu gut kannte: so konnte er dies nicht glauben.

Kurz darauf kam das Mädchen mit einem Knaben nieder. Ihr Vater trug solchen zum Bischof, und sagte, vor ihm und der ganzen Clerisey, zum heiligen Ephraem: Hier, nimm deinen Sohn und erziehe ihn. Ephraem sagte unter beweglichen Weinen: Ja, mein Vater, ich habe gesündiget: und nahm den Knaben von ihnen an. Gott aber gab ihm, nachdem er seine Gedult genugsam geprüft hatte, ein; dem ganzen Volke nicht zum Anstoß, und der Kirche zum Nachtheil zu handeln. An einem Versammlungstage also, da die Clerisey, das Volk und ihr Lehrer sich zum Gebet versammlet hatten; nahm Ephraem das Kind auf seine Arme, trug es in die Versammlung und bath den Lehrer um die Erlaubniß, die Canzel besteigen zu dörfen. Da es dieser erlaubte: so kehrte er das Kind gegen den Altar und sagte laut zu ihm: Ich beschwöhre dich

im

im Nahmen J. C. der Himmel und Erde und alles in ihnen geschaffen hat, daß du die Wahrheit sagest, wer dein Vater sey? Das Kind antwortete für der ganzen Gemeine: Ephraem der Kirchendiener ist mein Vater, dies wiederhohlte es dreymal, und starb —

Da einige Zeit darauf die arianische Kezeren ausbrach: so reiste er mit dem nisibenischen Bischof Mar Jacob, auf das zu Nicäa zu versammlende Concilium. u. s. w. *)

Nach dem Tode des grossen Constantin, suchte der persische König Sapor Nisibin einzunehmen. Schon 70. Tage lag er davor, als endlich Ephraem von dem Bischof die Erlaubnis hohlte, die Perser verfluchen zu dürfen, und von Gott über sie Fliegen und anderes Ungeziefer erbat; welches auch geschahe **).

Als der H Jacob bald darauf starb: so begrub ihn Ephraem, und blieb zu Nisibis, biß diese Stadt

*) Das was hier wegbleibt, betrift Jacob von Nisibis, und kann solches in dem VI. Tom. der Ephraemischen Werke nachgesehen werden; wo diese Acta ganz stehen

**) Dies Wunder schreibt Theodoret. in Philotheo und in Hist Eccl. L. II. C. 30. Philostorgius L. III. n. 23. dem Jacob von Nisibis zu. Hingegen versichert Gregorius Abulpharagius in der Historie der Dynastien: „In dem Jahre bekriegte Sapor Nisibin, und belagerte es 30. Tage: „muste aber unverrichteter Sachen zurückziehen; da Gott

Stadt unter persische Bothmässigkeit kam. Dann aber begab er sich in römische Ländereyen, empfieng im 28. Jahre seines Alters die h. Taufe von einem der Väter *), und hielt sich hernach lange zu Amida auf. Von da begab er sich nach Edessa, und verdingte sich, des Unterhalts wegen, zu einem Bader. Was ihm von seinen Arbeiten an Zeit übrig blieb, wande er an, die damals noch heidnische Edessener zu bekehren. Da ihn einst ein Mönch, deren Clöster in den Vorstädten waren, mit den Heiden disputiren hörte: so beredete er ihn ein Mönch zu werden. Er begab sich also in eine Höhle und widmete sich ganz dem Gebete, dem Fasten und der h. Schrift. Dieser Mönch ist der nemliche, der, wie wir oben erzählt haben, das Gesicht des Engels mit dem Buche einige Zeit nachher hatte. Da er noch klein und eben im Schosse seiner Mutter lag, schien es; daß von seiner Zunge ein Zweig ausgienge, der viele Trauben und noch weit mehrere Beere trüge: wo denn die Trauben seine Reden, die Beere seine Hymnen bedeuten sollten **).

Jener

„Gott auf Ephraems Bitte, Fliegen und Mü„cken über die Perser schickte, die ihre Elephan„ten und Pferde verjagten.„ Wahrscheinlich hat einer so viel Theil daran als der andere.

*) Dies ist vermuthlich eine Hysterologie, dergleichen der V. dieses Lebens noch mehrere macht. Denn das was hier erzählt wird, trug sich lange vorher zu. Da Nisibis persisch wurde, war Ephraem 40. Jahre alt. Ammian L. 25. Zosimus l. 3.

**) vid. Oper. Ephr. ed. Assem. T. II.

Jener alte Mönch besuchte einst den Ephraem; da er die Erklärung der Bücher Mosis schrieb, und eben das erste Buch endigte, und das zweyte anfieng. Hier konnte er nicht genug die Weisheit Gottes gegen Ephraem bewundern. Er nahm auch diese Bücher mit sich und zeigte solche den Gelehrten, den Vornehmsten der Stadt und der Clerisey; dadurch wurde Ephraem bekannt, und sehr gesucht. Er flohe aber aus seiner Höhle in dicke Wälder; wo ihn jedoch ein Engel angeredet, und zurücke gebracht haben soll. Weil er nun den ersten Tag vor den Edessern geflohen, den andern Tag hingegen freywillig zurückkam: so konnten die Einwohner lange nicht dahin gebracht werden, zu glauben, daß er würklich der Ephraem, den sie gesucht hatten, wäre. Doch überzeugte sie endlich sein Vortrag, und riß sie zu seiner Bewunderung hin. Dazu soll ein Mönch nicht wenig beygetragen haben, der sonst wegen Erscheinungen berühmt war, und öffentlich vor allem Volk von Ephraem sagte: daß er von Gott bestimmt sey, alle Irrlehren auszurotten und die Kirche zu säubern. Dies gefiel aber den Heiden und Irriglehrenden nicht; daher fielen sie über Ephraem her, schlugen und wurfen ihn mit Steinen. Dies bewog ihn wieder in seine Einöde zurück zu kehren; wo er die Irrlehrer durch seine Reden und Briefe, die voll Kraft waren, widerlegte, und viele

 ihrer

ihrer Anhänger zum rechten Glauben zurück brachte. Unter seinen Schülern *) heben sich insbesondere aus, Zenobius, Diaconus an der Kir-

*) Ephraem gedenkt in seinem Testamente verschiedener davon. vid. Eph. Op. T. II. Beym Abraham entsteht der Zweifel: ob es der, dessen Leben Ephraem Ed. Ass. Tom. II. p. 1. beschreibt? Dies kann nicht wohl gesagt werden, der Abraham Eremita, der seines Bruders Tochter Maria bekehrte, war zwar ein Bekannter und Freund des Ephraems; aber nicht sein Schüler. Denn Abraham Eremita starb noch vor Ephraem: Ἔζησε δὲ ὁ μακάριος ἄλλα ἔτη δέκα, θεωρῶν αὐτῆς τὴν εἰλικρινῆ μετάνοιαν — οὕτως ἀνέπαυε ἐν γήρει καλῷ — ἐτελειώθη δὲ ὢν ἐτῶν ό. Ephraem. T. II. p. 18. Hingegen Abraham, Ephraems Schüler, lebte noch und war gegenwärtig, als Ephraem starb; denn Ephraem redet ihn in seinem Testamente als gegenwärtig an. Die einzige Frage entsteht hier: ob Ephraem würklich der Verfasser des Lebens Abrahams sey? Bolland und Pagius ad annum Ch. 525. machen den Abraham beynahe 200. Jahr jünger als Ephraem, und führen aus dem Leben des Metaphrastes beym Vossius an, daß er als Einsiedler sich bey Lampsacus und Tenea im Hellespont (wohin Ephraem nicht gekommen wäre) aufgehalten habe. Allein 1) Abraham und Ephraem sind syrische Namen. 2) Styl, Affect und Einrichtung dieses Lebens ist Ephraemisch. 3) Der Anhang, der bey diesem Leben steht, ist ebenfalls im ephrae-

Kirche zu Edessa, Isaac, Simeon, Abraham, und andere.

Als Basilius Magnus, Bischof von Cäsarea in Cappadocien, berühmt wurde: so hatte Ephraem ein starkes Verlangen ihn zu besuchen; doch bat er vorhero Gott, daß er ihm zeigen möchte, was dieser Basilius wäre. Gott soll ihm darauf eine feurige Säule, die vom Himmel der Erde sich nahte, gezeigt, und ihn die Anwendung auf Basilium gelehrt haben. Er schob aber seine Reise zu ihm auf, weil er erst die ägyptische Mönche besuchen wollte. Auf der Reise dahin (wo ihn einer seiner Schüler begleitete, der der griechischen Sprache mächtig war) soll er einen Sturm zur See gestillt, und ein Ungeheuer mit dem Zeichen des Kreuzes getödtet haben. Als er ans Land kam: so begab er sich in die Stadt Antinum, und ließ sich da von den Einwohnern den Weg in die Einöden zeigen. Hier schöpfte er insbesondere aus dem Umgange eines gewissen Einsiedlers Pesoe *) (Syr. Bisui) grosse Freude, da Gott

raemischen Tone. 4) Die Namen der Oerter Lampsacus und Tenea, stehe in ächten Ausgaben und Handschriften nicht, sondern blos beym Lipom. Tom. 2.

*) Vom Pesoe redet Palladius Hist. Lausiaca c. 15. unter dem Namen Päsäus. Er ist ein Bruder des

zu ihrem Umgange dem Pesoe die Gabe der syrischen Sprache, dem Ephraem aber der ägyptischen ertheilte. Ueberhaupt brachte Ephraem acht Jahre auf der ägyptischen Reise zu, während welchen er viele, besonders Arianer, zum rechten Glauben brachte; unter andern soll er von einem arianischen Mönche, diese Kezerey, wie einen Teufel ausgetrieben haben. Nach Verfluß dieser acht Jahre, begab er sich endlich zu Schiffe *) nach Cäsarea. Hier kam er um das Fest Epiphania an, und erhielte die Nachricht: daß er Basilium am folgenden Tage in der Kirche sehen könnte **). Auf vieles Bitten Basilii ließ er sich von

des Abbas Esaiä. Doch gedenkt weder er noch Nicephorus seines Umgangs mit Ephraem. Man schließt aus beiden, daß er sich in der nitriensischen Einöde aufgehalten habe. Als Assemann dahin reiste: so sahe er eine Celle die die Einwohner für seine ausgaben.

*) Er that dieses Sicherheits wegen, und vermied die arabischen Wüsteneyen. Diese ägyptische Reise gehört mit unter die Begebenheiten, die wir von den Syrern erfahren müssen. Dergleichen mehrere Begebenheiten nach Sozomeno L. III. c. 16. sich finden.

**) Das übrige von dieser Zusammenkunft findet man im Encomio Gregorii Nysseni, beym Amphilochius und in jedem Leben Ephraems; nur darinn geht unser Scribent von ihnen ab, daß Basilius syrisch, Ephraem griechisch spricht, und das Diaconat, nicht Presbyterat erhält.

von ihm zum Diacono durch Auflegung *) der Hände machen: bey welcher Handlung dem Ephraem die Gabe der griechischen, dem Basilius aber der syrischen Sprache zu theil wurde. Sein ihn begleitender Schüler wurde gleichfalls vom Basilio durch die Auflegung der Hand zum Priester geweihet. Auf die Nachricht, daß zu Edessa eine Irrlehre entstünde, eilte Ephraem vom Basilio weg, der darüber sehr traurig war, und ein Gesicht von ihm soll gehabt haben, wie ihn zwey Engel umgaben, und bildlich die Stelle: Ich bin gekommen, Feuer auf die Erde zu bringen, auf ihn anwandten.

„Da Basilius einstmals nachher das Volk lehrte: und sich des Ausdrucks bediente: Vater, und Sohn, und heiliger Geist: so murrte das Volk hierüber, daß er bey dem heiligen Geist das und vorsezte. Basilius aber sagte: sie sollten nicht darüber murren, auch er hätte ehemals gesagt: Vater und Sohn, heiliger Geist; seit dem aber der Syrer Ephraem zu ihm gekommen wäre, hätte ihn dieser belehrt: daß es billig wäre das und hinzu zu setzen, damit auf diese Art die ganze Dreyeinigkeit, der Vater, der Sohn, und der hei-

*) Baronius zieht zwar beym Jahr 378. nr. 12. in Zweifel, ob Basilius das Recht gehabt habe, Ephraem als einen Syrer zu ordiniren, Pagius aber hebt diesen Zweifel beym nemlichen Jahre.

heilige Geist verherrlichet würde *). Und nun lernten alle Glaubigen und alle Griechen vom Ephraem so zu sprechen. Eben so nahm er auch die Erklärung der Worte: der Geist Gottes

*) Der Scribent dieses Lebens hat hier vieles in einander gemengt, und nicht recht verstanden. Zuerst sagt er: Basilius habe sich der Formel bedient: Vater und Sohn, heiliger Geist. Basilius in seinem 78. Brief sagt das Gegentheil von sich. Oportet glorificare patrem et filium et spiritum sanctum vt credimus. Aber oft bedient er sich auch der Formel in Spiritu S. wo und wegblieb. S. seine Briefe an Amphilochium Cap. 1. und den Br. an seine Mönche. Zweytens; für diese Formel habe er die andere mit und angenommen, und habe dadurch das Volk aufgebracht: dies ist wahr. S. Basilii Br. an Amphilochium: obseruarunt, dicentes, nos non modo peregrinis vsos vocibus, verum etiam inter se pugnantibus. Drittens; daß Ephraem diese Doxologie dem Basilio und den übrigen Rechtglaubigen gelehrt habe. Wenn dies gleich nicht völlig gewiß ist: so ist es doch möglich, daß sich Ephraem um die Zeit zu Cäsarea kann aufgehalten, und den Basilius ermahnt haben, daß er sich der allgemeinen Formel der in dem antiochenischen Patriarchate liegenden Kirchen, (unter welche auch Edessa gehört) bedienen sollte; und daß Basilii Beyspiel einen Eindruck auf die Cappadocischen und benachbarten Kirchen hatte.

tes schwebete auf dem Wasser, von Ephraem an *).

Auf seiner Ruckreise begegnete er zu Samosata am Euphrat, einem heterodoxen Lehrer nebst seinen Schülern. Da sie Ephraem nach dem Befehle des Herrn grüßte: so gab ihm ein Knabe eine Ohrfeige. Er schwieg dazu, die andern lachten ihn als einen geringen Menschen aus. Da sie aber bey Tische sassen: so stach den Knaben der ihn geschlagen hatte, eine Otter, dergestalt, daß der Knabe todt mit verdorrter Hand hinfiel. Auf vieles Bitten half ihm Ephraem wieder zum Leben: worauf die meisten Einwohner von Samosata, nebst den Lehrer selbst, zum rechten Glauben zurück gebracht, sich taufen liessen **). Als er nach Edessa kam: so fand er viel Unheil durch Irrlehren, besonders durch den Bardesanes ***)

 ange-

*) Er erklärt sie vom heiligen Geiste. In einem kürzern Commentar aber Cod. Nitr. VI. bleibt er beym Winde.

**) Da sie Paulinisten oder Anhänger des Paulus von Samosata waren, so mußten sie nach dem 19. Can. des Conc Nicaeni wiedergetauft werden.

***) Es ist ein siebensylbiges Gedicht Ephraems wider ihn vorhanden. Die Copten sagen in ihrem Synaxario, beym 15. Abib: „Bey seinem (Ephraems) Lebzeiten, wäre Bardesanes, ein gottloser Irrlehrer erschienen, welchen er widerlegte.„ Sie fehlen aber; das Chronicon Edessenum

angerichtet. Vor allen widerlegte er dessen irriges Buch.

Und da er dabey bemerkte, wie sehr das Volk an Poesien hieng: so führte er an die Stelle voriger Gesänge und Chöre, Chöre von Jungfrauen ein, die er Oden und Gesänge lehrte, in welche er seine Sentenzen und geistliche Weisheit gebracht hatte. Sie handelten meistens von der Geburt, Taufe, Fasten, dem Leben und Leiden, der Auferstehung und Himmelfarth Christi, ingleichen von den Märtyrern, von der Busse und den Verstorbenen. Diese verbundene Jungfrauen versammleten sich alle Sonn- Fest- und Märtyrertäge unter seiner, als ihres Vaters, Aufsicht; da er sie denn die Veränderungen des Gesanges in Melodien lehrte, dadurch die Stadt bekehrte und seine Gegner schwächte.

Um diese Zeit heilte er auch einen Gichtbrüchigen an dem Thore der Kirche des heiligen Thomas zu Edessa *).

Vier Jahre mochtens ohngefähr seyn, daß Ephraem vom Basilio weg war, als der leztere sich vornahm ihn zum Bischof zu machen. Er schick-

num macht ihn bey 200. Jahre älter als den Ephraem.

*) Von dieser St. Thomas Kirche wird im Edessenischen Chronico beym Jahr 705. und 753. verschiedenes erzählt.

schickte deswegen zwey seiner vornehmsten Schüler, Theophilum und Thomam, an ihn. Ephraem aber entgieng ihnen durch eine vorgegebene Tollheit *). Unterdessen erfüllte das Land Ephraem mit seiner Lehre, und gab um diese Zeit ein Gedicht auf Nisibis; auf den Mar Jacob; auf den Kaiser Constantinum; vom Unglück und Abfall seiner Zeiten; von den Verwüstungen der Gegenden um Nisibis heraus. Diesen fügte er bey, Gedichte auf die heil. Semonithes und ihre Söhne; auf Samona, Guria und Habib, edessenische Märtyrer; ingleichen, da er eben zu der Zeit lebte, ein Gedicht auf Julianum und dessen Verfolgung der Bischöfe. Unter andern heißt es im letztern **): „Als Julianus gegen die Perser Krieg

*) Sozom. H. E. l. 3. c. 16. erzählt diese Geschichte, nennt aber weder Basilium noch die Gesandten.

**) Daß Julianus zu Haran den Götzen opferte; daß er damals nicht gut auf die edessenische Kirche, wegen ihres Flores, zu sprechen war: bestättigt Sozom. L. VI. c. 1. Das folgende von den Gesandten, setzt Theodoret L. IV. c. 17. Sozom. L. VI. c. 18. unter die Regierung Valens. Das obige Zeugniß ist nicht allzu gewiß; weil wir das angeführte Gedicht Ephraems nicht ganz haben, und es also leicht geschehen seyn konnte, daß der Scribent des Lebens Ephraems, das, was dieser von Valens erzählt, zumal da es in dem Gedichte gegen Julian stand, auch unter die Regierung Julians setzte.

Krieg führte, und in der Gegend Edessa, in Haran, sein Lager hatte, wo er den unreinen Götzen opferte: so schickte er einen der Vornehmsten als Gesandten nach Edessa, und ließ ihnen befehlen, zu dem Feste hinaus zu kommen. Die Edessener aber sprachen unerschrocken: das sey ferne von uns, wie dieser Kaiser, der Gott verläßt und Götzen opfert, den Gott, der Himmel und Erde schuf, der uns zu erlösen Mensch wurde, zu verläugnen. Laß uns alle auf einmal umbringen — aber weder Schwerd noch Wuth wird uns zum Abfall bewegen. Eine glaubige Frau kam mit ihren zwey Söhnen zu dem Abgesandten und sagte, nachdem sie der Gesandte befragt hatte: sie bringe ihre Söhne als Erstlinge dem Herrn zum Geschenke, daß sie umgebracht würden und die Märtyrer Crone erlangten. Da der Gesandte den muthigen Glauben der Einwohner sahe, der sie getrost dem Tod entgegen gehen ließ: so hinterbrachte er solches dem Kaiser; der ihnen im Zorn schwur, wenn er aus Persien zurück käme, so wollte er sich an ihnen rächen. Unterdessen eilte Jovinianus heimlich nach Edessa, und verrichtete in der Kirche der Mutter Gottes sein Gebet. Hier wurde ihm geoffenbaret, daß der gottlose Kai-

te. Der Bischof von Edessa, dessen oben gedacht wird, ist Barses, den Constantin von Haran nach Edessa sezte. S. das Chron. Edessen. beym Jahre 672. Theodoret. l. IV. c. 16,

Kaiser bald seine Strafe empfahen würde, wodurch er nicht wenig aufgerichtet und erfreuet wurde. „

Nach diesen Begebenheiten, und da die Kezerey zu Edessa gedämpft war: kehrte Ephraem in seine Einöde zurück, wo ihn der Tod Basilis bald antrieb, seine Feder zum Lobe dieses Mannes zu gebrauchen *).

Da aber einstmal eine Hungersnoth zu Edessa entstand; so eilte er wieder in die Stadt, und suchte durch Vorsprache den Nothleidenden zu helfen **).

End-

*) Greg. Nyss. sagt im Br. an Olympium: Basilius hätte 8. Jahre der Kirche zu Cäsarea vorgestanden, zu Anfang des neunten wäre er gestorben. Amphilochius sezt den Tod in das 5. Jahr Valentis und Valentiniani, nämlich J. C. 368. Combefisius versteht dies vom fünften Consulate des Valens, d. i. J. C. 376. sonst wäre Basilius nach dem Baronius vor Erhaltung des Bißthums gestorben, welches er 369. oder 370. erhielt. Daher sezt man seinen Tod ins J. C. 376. oder 378. Pagius hat das J. C. 380. indem er es vom fünften Jahre Valentiniani versteht, und den Namen Valens für eingeschoben hält. Aber Hieronymus sagt in Catal. c. 115. daß Ephraem noch unter Valente gestorben. Basilius starb offenbar vor dem Ephraem. Nun stirbt Valens nach Pagio 378. Also kann Basilius nicht im J. 380. gestorben seyn.

**) Sozom. l. III. c, 16. Palladius de Ephraem. c. 91.

Endlich kam unter den Bemühungen nach den bewundernswürdigsten Vollkommenheiten das Ende dieses heiligen Mannes heran. Nun schrieb er für seine Schüler ein Testament und betete für sie. Auf das Gerücht von seinem nahen Tode, versammlete sich der größte Theil der Stadt bey ihm, und weinte über seinen Verlust. Er aber betete für sie, und beschwohr sie, ihn bey den Gemeinen und Fremden zu begraben. Als er gestorben war: so begleiteten ihn unter Gesängen und heiligen Psalmen, die Engel, die Bischöfe, Priester, Diaconen, die ganze Clerisey und alles Volk, dazu kamen noch der Chor, die Einsiedler, Styliten *) und Mönche; die ihn mit allen Solennitäten auf den Kirchhof, wie er verordnet hatte, begruben. Nach der Hand aber wurde er wieder ausgegraben, und in seine Kirche beygesezt, bey welcher Gelegenheit seine Gebeine einen angenehmen Geruch gehabt haben sollen. Er starb am 15. Julius u. s. w. „

So weit mag der Auszug aus dem Leben Ephraems gehen. Das eigentliche Jahr seines Todes, ist nicht völlig gewiß. Zu Ende seiner Lebensbeschreibung heißt es den 15. Jun. S. 12. hieß es den 9. Jun. im Jahr 684. griechischer Zeitrechnung, d. i. J. C. 372. (er sezt aber auf eine sonderbare Art die Geburt Christi ins 312. Jahr

*) Zu Ephraems Zeiten gabs noch keine Styliten; der Auctor spricht nach seiner Zeit.

Jahr griechischer Rechnung) das nämliche Jahr giebt der Cod. Vatic. XXXIX. p. 44. das Chronicon Edessenum und Dionysius in seinem Chronicon an; nur daß der lezte den 10. Jun. nennet, und nach seiner Rechnung das 684. Jahr griech. Rechn. das 375. J. C. ist. So viel ist immer gewiß, daß er nach den Hieronymus unter Valente starb, der im J. C. 378. den Weg alles Fleisches gieng; dazumal Dionysius in seinem Chronico sagt: „kurz nach Ephraems Tode wären die Rechtglaubigen aus der Kirche zu Edessa von den Arianern vertrieben worden,„ und dies nach den Theodoret und Sozomen unter Valente geschah. Unter Theodosio, der im Jan. 379. anfieng zu regieren, hätten sie es nicht wagen dürfen. Wir sehen also aus allen, daß Ephraem nicht länger als bis in den Junius des J. C. 378. kann gelebet haben.

Hätte Tillemont T. 8. p. 743. und Cave Hist. Litt. T. I. p. 133. bedacht, daß Theodoret und Sozomen nicht von der griechischen Sprache, sondern griechischen Gelehrsamkeit reden; daß Gegentheils Ephraem nach den meisten Scribenten seines Lebens, auf Basilii Bitte die griechische Sprache bekommen habe: so hätten sie ihn solche nicht abgesprochen, da er überdies oft die 70. Dollmetscher und griechische Kirchenväter anführt. Aus seinem Leben S. 22. schließt man

auch,

auch, daß er Aegyptisch, und aus seinen Werken, daß er das Hebräische verstanden.

Ich werde nicht alle Zeugnisse der Schriftsteller die Ephraem lobten und anführten, nennen; es sey mir genug, einige Namen aus dem Assemann zu entlehnen. Sozomen, Hieronymus u. a. sind bekannt. Von andern führen ihn an Photius Bibl. Cod. 196. Gregor. Nyss. Gennadius c. 66. Philoxenus Mabugensis oder Xenaias, Johannes Maro, Moses Barcepha, Salomon Bostrensis, Dionysius Barsalibäus, Gregorius Barhebräus oder Abulpharagius, Hebediesu, Abulbarcatus; die meisten dieser Schriftsteller, werden unsere Leser erst kennen lernen. Die Anzahl seiner Gedichte soll sich auf 1200. belaufen: obgleich nicht alles das dem Ephraem darf beygelegt werden, was in den Breviariis der Syrer unter seinem Namen vorkommt; Ephraems Name steht blos deswegen dabey, weil sie nach seinen Generibus gemacht worden sind, deren er sich verschiedener bediente. Seine Verse haben bald 4. 5. 6. 7. bisweilen 12. Sylben, und oft sind verschiedensylbigte unter einander gemengt. Die erste Art heißt מְאמֵרָא Mimre, und hat gleiche Füsse. Die andre Art, die unsern Oden beykommt, heißt מַדְרָשָׁא Madroscho; die bald Madroscho eigentlich sind, bald עוּנִיתָא Unito, Gesänge, bald סֵבְלָתָא Gradus, Scala. Es giebt noch eine Art, die קָלָא, Stimmen, heißt, weil

weil ihr beym Absingen in der Kirche ein Spruch aus den Psalmen, oder das Gloria patri vorgesetzt wird. Es ist aber gefehlt, wenn man deswegen ihn als den Erfinder der 7. sylbigten Verse, so wie Narsetem der 6. Balaum der 5. und Jacob von Saruga der 12 sylbigten Verse angeben wollte. Die Syrer hatten lange vorher vom Bardesanes und Harmonius Gesänge. Aber am liebsten schrieb Ephraem 7. sylbigte Verse.

Seine Werke, da sie verschiedentlich herausgekommen, überheben uns der Mühe, den weitläuftigen Catalogum des Assemanns einzurücken; am vollständigsten ist die Edition, die zu Rom 1737. in 6. Foliobänden herausgekommen ist.

Isaac, der ältere.

War einer der vornehmsten Schüler Ephraems S. 21. dessen die orientalischen Schriftsteller meistens gedenken; ob sie solchen gleich mit einem andern Isaac, von dem wir unten reden werden, und der Presbyter zu Antiochien war, vertauschen. Ephraems Leben beschreibt ihn als einen Schriftsteller, und vermuthlich gehört ihm das Werk, das Gennadius in Catal. c. 26. unter dem Titel: de tribus Personis SS. Trinit. et incarnatione domini einem Isaac zuschreibt, und Jac. Sirmond den Opusculis veterum Patrum dogmaticis, Paris 1630. einverleibte.

Suffridus Petri setzt ihn in den Anmerkungen zum Gennadius ins J. C. 450. da er aber beym Gennadius vor den Macarius und Evagrius stehet, die kaum bis 400. lebten, ja Macarius schon 390. starb: so scheint er vielmehr ums J. C 380. berühmt gewesen zu seyn. Sirmond wenigstens setzt ihn vor das 400. Jahr. Und obgleich Isaac beym Gennadius und beym Sirmond S. 151. zwey Naturen in einer Person bey Christo deutlich lehrt: so bedienten sich dieses Ausdrucks doch auch andere Patres, vor den ephesinischen und chalcedonensischen Synodis. Petauius de incarnat. l. 3. c. 6. 7.

Baläus, ein Syrer,

Muß in die Zeiten Ephraems und Isaacs gesetzt werden, und ist als Dichter berühmt. Barhebräus, in Ethicis P. I. c. 8. Sect. 4. sagt von ihm und andern Sängern: „Um die Zeit der nicänischen Kirchenversammlung fieng unser Ephraem an seine heiligen Gesänge und Lieder wider die Irrlehrer seiner Zeit zu schreiben. Auch verfertigten andere Lehrer, z. E. Isaac und ein gewisser Baläus (Syr. בָּלַי) verschiedene Gedichte, nach davidischen Mustern. Um die Zeit des ephesinischen Concilii verfertigten einige besonders fromme Leute, Euchiten *) genannt, aus Antrieb

*) Dies sind nicht die Euchiten deren Ephraem als Ketzer

trieb des Geistes viele Oden. Nach dem chalcedonensischen Synodo verfertigte auch unser (der Jacobiten) treuer Lehrer Severus verschiedene Gesänge, die aus dem Griechischen ins Syrische übersetzt worden, denen er immer Verse aus den Psalmen vorsetzte, und die reine Lehre (der Monophysiten) darinnen vortrug. Um die Zeit des gottseligen Jacobs von Edessa und **Georgs, Bischofs der Araber**, entstunden die Gesänge, die griechisch Canones hiessen. Ein gewisser Schreiber zu Damascus, Cyrinus (ist Johannes Damascenus) ein Sohn Mansur erfand sie. Ein anderer Mönch, den die Griechen Abbas Cosmas nennen, erfand daraus die cyclischen Canones,

 die

Ketzer gedenket: sondern wie Assemann dafür hält, Leute die sich aufs Töpfer Handwerk legten. So erklärt es auch Johannes Gariri Sohn, Presbyter zu Damascus, der im J. C. 1645. dies Buch Gregorii ins Arabische übersetzte. Aber dagegen macht er in unserer Stelle zugleich den Fehler, daß er Georgium zu einen Bischof der Islamiten oder Muhamedaner macht, an die Barhebräus gar nicht denkt. Er sagt, Georgius wäre Bischof der Araber gewesen, nemlich der christlichen, die nach Sozomen. l. III. c. 17. bey aller Zerstreuung Bischöfe hatten; und nach dem Dionysius, iacobitischen Patriarcheus, im Chronico beym 862. J. griech. Rechn. (J. C. 551.) war Theodorus Bischof von Irta, diesem folgte im J. gr. R. 928. Johannes, und diesem im J. 961. der obige Georg.

die noch angenehmer sind. Ob er gleich dem Synodo unterschrieb: so brachte er doch von den strittigen Lehren, die zur Trennung Gelegenheit gaben, nichts in seine Gedichte; daher sind seine Canones, nach dem Zeugniß des Bischofs Lazari Barsabta in unserer orientalischen und occidentalischen [d. i. in der chaldäischen und mesopotamischen] Kirche eingeführt worden.„

Also lebte Baläus zur Zeit Isaacs, des Schülers Ephraems; denn Barhebräus giebt die Zeit genau an. Unterschieden muß er werden vom Beleo, dem Lehrer des Abbas Mios [beym Cotelerius Tom. I. Monument. Eccl. Graec. p. 570.] der in Aegypten berühmt war; ingleichen vom Paulona [Gennadius cap. 3. Paulinus], im Syrischen sind die Namen ganz verschieden; Paulona war ein Irrlehrer, Baläus aber ist so viel man weiß rechtglaubig. Endlich vom Baleo, einem gottlosen Manne, den Ibas, Bischof von Edessa zum Presbyter machte, und deswegen in der 10ten Handlung des Concilii Chalcedonensis verklagt wird. In der griechischen Ausgabe heißt er nicht einmal Baleus, sondern Valentinus, und dann lebte unser Baläus schon vor den ephesischen Concilio, Ibas nachher. Von seinen fünfsylbigten Gedichten befinden sich verschiedene in der vaticanischen Bibliothek.

Zeno-

Zenobius,

Schüler Ephraems.

Ephraem gedenkt dessen in seinem Testamente, als seines Schülers und eines guten Redners. Er nennt ihn Gasirojo, [Vossius hat falsch Gisdrazäum] weil er vermuthlich aus Gazira, oder dem Theile Mesopotamiens, den der Euphrat völlig umfließt, gebürtig war. Oben S. 20. im Leben Ephraems ist er Diaconus an der edessenischen Kirche. Johannes Barsusan, Patriarch der Jacobiten, giebt ihn als Isaacs Lehrer an. Nach dem Ebediesu schrieb er wider die Marcioniten und Pamphilum, Briefe an Isidorum, Lucilium, Abraham und Job.

Absamias,

Presbyter zu Edessa.

Schwester Sohn Ephraems. Lebte ums Jahr C. 400. nach dem Dionysius und dem edessenischen Chronico; die ihm beyde, Gesänge von den Einfällen der Hunnen und Reden zuschreiben; welche man aber noch nicht finden können. Ebedjesu nennt ihn falsch Abselamum, Bischof von Edessa, in der Sammlung der Canonum Synodalium Part. I. Cap. 3. Er redet am angeführten Ort von den Patribus nicaenis, die alle um Christi willen gelitten hätten, ausser Abselamus Bischof von Edessa, Schwester Sohn Ephraems,

raems, Jonas Circesius, Maras von Dara, Georgius von Singara, Jacob von Nisibis, Maruthas von Maipheracta, Johannes von Lystra, Simeon von Amida, Adäus von Aghel, Eusebius von Cäsarea, Joseph von Nicomedien [ist Eusebius.] Er kann als Bischof nicht zu Nicäa gewesen seyn, da nach dem edessenischen Chronico im gr. J. 635. — 657. [also ein Jahr vor den Synodo bis aufs J. C. 346.] Aitilaha Bischof von Edessa war und als solcher sich unterschrieb.

Gregorius Abbas.

Ist ein Zeitgenosse des Epiphanius, lebte also gegen das Ende des vierten Jahrhunderts, und war Abt eines gewissen Closters in Palästina. Von Palästina begab er sich nach Cypern, und stund da den Mönchen vor; daher heißt es in den Aufschriften bisweilen: Rede des heiligen Gregorius, Mönchen auf der Insel Cypern. Er selbst redet eben so von sich zu Theodorum und Epiphanium: „Auch dafür bin ich euch vielen Dank schuldig, daß ihr mir die Liebe erzeiget, und beide um Gottes Willen, ausser dem Erzbischof, mit mir umgienget, und mir grosse Ehre erwiesen habt.„ Nachher also erst wurde Epiphanius Bischof zu Salamin, daher ihn auch Gregorius, als einen Abt, blos Sohn, in seinen Briefen nennt. Assemann folgert hieraus 1) Gregorius kam eher nach Cypern als Epiphanius, und

die

dieser stund, als Mönch, unter ihm. 2) Epiphanius ist nicht gleich, so bald er nach Salamin kam, Bischof geworden; wie Polybius in dessen Leben will: sondern er war einige Zeit blos Mönch.

3) Unser Gregorius muß von dem Abt gleiches Nahmens zu Zevgma am Euphrat, (der schon Abt war, als Theodoret seinen Philotheum heraus gab, (s. das 4. Cap. dieses Werkes); ferner von dem Archimandriten Gregorius, im Kloster Theodosii, in der hierosolymitanischen Wüste, (den Johannes Moschus in Prateo spirituali zu seinem Zeitgenossen macht) unterschieden werden. Denn unser Gregorius starb entweder kurz vor oder nach Epiphanio ums Jahr 400. Jene lebten viel später, und der Archimandrite im 7ten Saec.

Ebedjesu rechnet ihn unter die syrischen, nicht griechischen Schriftsteller. Seine Schriften; sein erster Aufenthalt, Palästina; sein zweiter Cypern, beweisen dies. Der erste hat die syrische zur Landessprache. Im letztern war eine unzählige Menge Syrer; die es meistens mit der syrischen Kirche hielten, s. Nairon Evopl. Part. I. p. 92. und syrische Bischöfe hatten, deren einer Paulus, die Homilien Gregorii Nazianzeni ins syrische ums Jahr Christi 624. übersetzte.

Seine Werke bestehen in 10 meist ascetischen Reden, und 3 Briefen, die zu Rom im Mspt. sind.

 Ma-

Maruthas,

Bischof von Tagrit.

Maruthas war Bischof der Stadt Tagrit *) in Mesopotamien, und lebte gegen das Ende des 4. Jahrhundert. Die grausame Verfolgung, die die Christen unter Isdegerde in Persien auszustehen hatten, liesen ihn nach Constantinopel reisen, um den Arcadius zur Hülfe zu bewegen. Er richtete nichts aus, nach der Hand aber schickte ihn Theodosius zweimal an den persischen König, wo er die Betrügereyen der Magier entdeckte, des Königs Sohn vom Teufel befreite, und den Isdegerdes bald selbst zum Christen gemacht hätte. s. Sozom. l. VIII. Socrat. l. VII. c. 8. Er wollte von den guten Gesinnungen Isdegerdes Gebrauch machen, und hielt also eine Kirchenversammlung zu Ctesiphon. Dionysius setzt sie im Chronico in das gr. Jahr 725. und sagt davon, daß die nicänische darauf bestätigt worden sey; die Häupter der Versammlung wären gewesen Maruthas, von Maipheracta, Jaballah, Catholicus von Ctesiphon; der Ort aber Ctesiphon. Dies war der andere Synodus; denn den ersten hatte Maruthas schon vorher unter Isaac, Bischof von

*) Sonst Maipherkia, Maipherkat, Maipheracta, Medinat Sohde, Stadt der Martyrer, genannt, Hauptstadt der Landschaft Sophosene, wurde nachmals der Sitz eines Maphrians oder Catholici.

von Seleucia und Ctesiphon gehalten. Dessen gedenket Renaudot. Liturg. orient. T. II. p. 272. Bey der ersten Gesandtschaft war also Isaac, bey der andern Jaballah christlicher Bischof in Persien. Da er erst gegen das Ende des 4. Jahrhundert lebte: so konnte er nicht beym nicänischen Synodo gewesen seyn, dagegen soll er nach den Photius auf dem antiochenischen Synodo die Messalianer verdammt haben.

Mares und Amrus, zwey nestorianische Schriftsteller, sagen auch von seiner Gegenwart beym constantinopolitanis. Concilio unter Theodosio M. ob er gleich nicht unterschrieben ist; denn was Renaudotion T. II. Lit. or. p. 271. sagt: „für Mareas Amidenus bey den lateinischen Ausgaben müßte Maruthas gelesen werden;„ ist falsch, weil Amida nicht Tagrit ist, so wenig als sie das Bethgarme des Renaudot. ist. Dies letzte war eine persische Landschaft, hingegen Tagrit eine römische Stadt. Aehnliche Fehler machen die Copten in ihrem Synaxario beym 22. Machir, daß sie Marutham, Maruna nennen, ihn von Theodosio M. zum Sapor schicken lassen, da ihn doch Theodosius der Jüngere an Isdegerdem schickte; ferner statt eines Sohns, Isdegerdi eine vom Teufel besessene Tochter beylegen. Endlich da Michael, Bischof von Melige, nicht wußte, daß Miapherkin Tagrit sey, machte er gar zu einer neuen Stadt; andere begehen andere Fehler, die Renaudot. anführt.

Maruthá Leichnam wurde anfänglich zu Tagrit begraben, endlich aber wegen der vielen persischen und arabischen Einfälle nach Aegypten in das Kloster Mariae scetensis gebracht, wo Assemann sein Grab sahe. In Chrysostomi Werken dessen Freund er war, stehet ein Brief an ihn. Seine Schriften sind:

1. Eine Liturgie, die beinahe in allen Codd. Missall. stehet, und beym Renaudot. Lit. Orient. p. 261. Schultingius Tom. III. p. 106. n. 23.

2. Commentaria über die Evangelia, deren man noch nicht hat habhaft werden können. Assemann führt aus Citationen anderer Codd. folgende Stelle vom Abendmahl an: „dies thut, sagte er zu ihnen, beständig zu meinem Gedächtniß. Es ist also nöthig und billig, daß dieses geschiehet. Denn wäre nicht eine beständige Theilnehmung an den Sacramenten: woher sollten die Nachkommen die Erlösung Christi wissen? oder wer hätte es ihnen sonst erklären, und ihnen eine Kenntniß davon beybringen können? Den meisten ist dieses sehr schwer zu glauben. Es würden auch die nachfolgenden Glaubigen der Gemeinschaft des Leibes und Blutes ermangeln. So oft wir seinen Leib und sein Blut anordnen und in unsre Hand nehmen: so glauben wir, daß wir seinen Leib haben, und von seinem Fleisch und

seinen

seinen Gebeinen sind, wie geschrieben ist. Denn Christus nennt es nicht die Vorbildung und das Gleichniß; sondern, dies ist wahrhaftig mein Leib und mein Blut."

3. Geschichte der persischen Martyrer. Ingleichen Gesänge und Lieder, die Ebedjesu anführt. Die letzten stehen auch in den officiis der meisten syrischen Kirchen. Die Geschichte der Martyrer ist doppelt. Erst die so unter dem Sapor, zweitens die so unter Jsdegerde und Vararane gelitten haben. Wir haben das ganze Werk nach der Hand durch den Fleiß des Herrn Assemanns erhalten. Der Titel ist Acta Martyrum oriental. et occident. in duas partes etc. Rom. 1748. Aus allen Vergleichungen sieht man, daß Maruthas der Auctor dazu ist. Ausser andern Actis Martyrum stehet im ersten die maruthische Sammlung, und kommen darinnen als Martyrer unter dem Sapor vor Simeon, s. oben pag. I. verschiedene andere Martyrer, Milles *), Bischof von

*) Unter andern heißt es in dieser Geschichte des Milles: daß, als er die Kirche von Seleucia und Ctesiphon, durch den Papas, ihren damaligen Bischof, sehr zerrüttet gefunden hätte; so habe er ihm seinen Hochmuth öffentlich vorgeworfen, und da auch dies nichts geholfen, und er sehr ungebührlich gegen das Wort Gottes und die Versammlung der Aeltesten sich bezeugt: so habe ihn Gott, auf Milles Bitte, am halben Körper verdorren lassen. Dieser Papa war der Vorgänger des Simeons im Bißthume.

von Susa; wieder unzählige andere, Sciadostus Barsabia, Marsetes, Daniel, 120 Martyrer, Barbesceminus *), verschiedene andere, Jacob, Thecla, Barhadbescia, gefangene Martyrer nebst 40 andern, Bademus, Acepsimas; nun folgt als ein Anhang die Geschichte einiger anderer Martyrer, die in den letzten Jahren Sapors, ingleichen unter Vararane V. gelitten haben, nemlich Jona, Sapor des Bischofs, Maharsapor, Jacob **).

Die

*) Bischof von Ctesiphon nach den Sciadost. Nach seinem Tode blieb der bischöfliche Sitz bey 20 Jahren leer. Maruthas liefert bey dieser Geschichte das königl. persische Ausschreiben wegen der Verfolgung, das also lautet: „Jeder der mich und mein Reich liebt, wird dafür sorgen, daß kein Christ in seinen Grenzen und Provinzen gefunden werde. Sie sollen die Sonne anbethen, Feuer und Wasser verehren, und das Blut der Thiere essen. Thun sie es nicht; so übergebe man sie der Obrigkeit, nach deren Urtheil sie zur Strafe gezogen und umkommen sollen.„ Die ehemaligen orientalischen Christen müssen sich also vom Blutessen enthalten haben; weil hier die Verehrung der Sonne, des Feuers, des Wassers und das Blutessen von ihnen gefordert wird.

**) Im Martyrio dieses Jacobs, der sonst den Beynahmen Intercisus hat, bemerken wir die Jahrszahl; zu Anfang heißt es: „Im 733. Jahre Alexanders, dem 2ten Jahre des Vararanes, wurde Jacob ein Martyrer.„ Am Ende aber: Jacob erlangte die

Mar-

4. Die 26 Canones, die unser Maruthas mit Hülfe Isaacs, Bischof von Seleucia und Ctesiphon, auf dem Concilio zu Ctesiphon machte. Renaud. l. c. p. 272.

5. Geschichte der nicänischen Kirchenversammlung und ihre Canones, ins syrische übersetzt; Ebedjesu hat sich dieses Buchs bey seinen Auszug der Canon. synod. bedienet. Canones hat er 73 übersetzt s. S. 10.

Acacius,

Bischof von Amida.

Lebte um das Jahr Christi 420. Seine vortrefliche That, da er die persischen Gefangenen durch den Schatz der Kirche loskaufte, und die Socrates l. VII. c. 21. beym J. C. 422. erzählt, bemerkt eben so Dionysius im Chronico, nur daß er das gr. Jahr 735. (J. C. 424.) angiebt. Nach Ebedjesu soll er einige Briefe geschrieben haben; über die Mares, ein Persier, einen Commentar verfertigte.

Rabu-

Martyrerkrone im 732. Jahre Alexanders, welches das erste Jahre Vararanis ist, am 27. Tisri (d. i. November.) Maruthas widerspricht sich hier dem Scheine nach, wir dürfen aber nur merken, daß die eine Zahl die persische Rechnung ist, die im Herbste das Jahr anfängt; die andere aber die syrische Rechnung, die im Frühling angeht, und also wohl das in einem Fall das erste Jahr seyn muß, was im zweiten das andere ist.

Rabulas,

Bischof von Edessa.

Nach dem Edessenischen Chronicon beym J. 723. und 746. und dem Chronicon des Dionysius saß Rabulas vom J. C. 412. bis 435. als Bischof. Zu seiner Zeit waren die Streitigkeiten Cyrilli und Theodori Mopsvesteni, ingleichen kam die nestorianische Ketzerey auf. Rabulas hielt es mit Cyrillo, bekam aber deswegen selbst mit seiner Geistlichkeit, unter denen sich Ibas besonders hervorthat, Händel. s. Theodorum Lect. hist. eccl. l. 2. Beym Bolland nennt ihn ein Mönch (Acoemeta) beym 15. Jenner Rabbulum; und sagt: Alexander, Stifter der Acömeten hätte ihn bekehrt, da er vorher die Stelle eines Präfectus begleitete, hernach wäre er ein Einsiedler und dann 36 Jahre Bischof gewesen. Dies letzte ist falsch, das Chronicon Edessenum ist glaubwürdiger. So irrt sich auch Bolland und Pagius beym J. 435.; wenn sie glauben, Rabulas wäre dem Eulogio im Bißthume gefolgt. Die Ordnung ist nach angeführtem Chronico: Eulogius folgte dem Barsa im Jahr C. 378, dem Eulogio im J. 387 Cyrus, diesem im J. 397. Sylvan, diesem Anno 399. Phachidas, diesem 409. Diogenes, diesem 412. Rabulas.

Er schrieb einen Brief an Cyrillum, der lateinisch in Labbei Concil. T. V. p. 469. steht. Seine im edessenischen Synodo festgesetzte Canones führt Barhebräus im Buche Dehudje sehr oft an. Sie sind im Manuscript in der mediceischen Bibliothek.

Ibas,

Bischof von Edessa.

Nach dem Chronico Edesseno folgte er im J. C. 435. dem Rabulas, und erbaute die Kirche der Apostel zu Edessa. Schon als Presbyter hatte er mit dem Rabulas über die Schriften Theodori Mopsvesteni Streitigkeiten. Rabulä Freunde verklagten ihn also, da er Bischof wurde, bald zu Constantinopel; nach verschiedenen Versuchen die Eintracht herzustellen, wovon Acta Concil. V. im Baron. beym Jahr 448. und beym nemlichen Jahre Pagius nachgesehen werden können, wurde er im Concilio zu Ephesus verdammt, wovon das Chronicon Edessenum beym J. 756, gelesen werden muß, welches beym J. 759, soll 760. heissen, den 1 Jenner als den Tag seines Abzugs angiebt; worauf Nonnus den 21 Julius Bischof wurde, und diese Stelle 2 Jahre behielt. Das chalcedonensische Concilium so A. C. 451. gehalten wurde, setzte Ibam wieder ein, und nach dem Chronico Edesseno gieng er im gr. J. 769. [J. C. 457.] den 28. Oct. mit Tode ab.

Da

Da die Jacobiten das chalcedonensische Concilium nicht annehmen: so halten sie auch Ibam noch immer für einen Nestorianer, und in einem unten mitzutheilendem Briefe des Simeons Betharsamensis, findet man deutliche Beweise davon.

Er schrieb den bekannten Brief an den Perser Marim. vid. Concil. Labb. T. V. p. 661. Diese Schrift war Schuld, daß sich der Nestorianismus im Oriente ausbreitete, und die persische Schule zu Edessa vertheidigte diese Lehre gegen Cyrillum. Rabulas hielt sie in Schranken, aber da Ibas Bischof wurde, ward sie so mächtig, daß Nonnus sein Nachfolger nichts gegen sie ausrichten konnte, bis sie endlich unter Cyro zerstöhrt, und die Lehrer nach Persien verwiesen worden sind. Dies steht weitläuftig in dem Briefe des Simeons.

Isaac, der grosse.

War Presbyter zu Antiochien, und lebte in der Mitte des fünften Jahrhunderts unter Theodosio, dem jüngern, und Marciano. Viele arabische und syrische Schriftsteller gedenken seiner, ob sie ihn gleich gemeiniglich einen Schüler Ephraems nennen, welches er doch nicht war; sondern ein Schüler Zenobii, des Schülers Ephraems ist. Dies sehen wir aus den unten anzuführenden Worten, Abraham Mardeni, eines Presbyters. Isaac schrieb meistens wider die Nestorianer und

Euty-

Eutychianer, und beweint den Untergang Antiochiens. Nun trat J. C. 429. Nestorius mit seinen Irrlehren hervor; Eutyches aber J. C. 448. Antiochien gieng A. C. 459. unter. Ephraem hingegen starb schon 373 oder 378. Damals war Zenobius Diaconus zu Edessa, und ohngefehr A. 390. kann Isaac sein Schüler gewesen seyn. Dies voraus geschickt, führen wir nun die Schriftsteller an, die unsres Isaacs gedenken. Johannes Maro; Gregorius Barhebräus in der Geschichte der Dynastien S. 91. „unter dem jüngern Theodosio, lebten Cyrillus — Nestorius — ingleichen Mar Isaac, Schüler Mar Ephraems, Erfinder der rythmischen Reden;„ Ebnarrahebus, in Chronico Orientali, das Abr. Ecchellensis herausgab; In der Liste der alexandrinischen Patriarchen beym J. C. 435. heißt es: „Cyrillus, der grosse, Schwester Sohn des Patriarchen Theophilus; zu seiner Zeit wurde Mar Isaac, Schüler des Mar Ephraems, und Simeon Stylites berühmt.„ Eben so spricht Georgius Elmacinus Homaidus: „unter Theodosio dem jüngern, und Cyrillo — lebte Isaac, Ephraems Schüler; er wohnte zu Antiochien, schrieb rythmische Reden, vom Unglück, Krieg und Festen.„ Er war von Edessa gebürtig, doch macht Dionysius im Chronico *) beym J. gr. R. 729. in

*) Dieser Dionysius hatte schon beym 1565. Jahr Abrahä gesagt: „daß in diesem Jahre Clarion

D (Vale,

in Ansehung des letzten Punctes, Isaac zu einem Amidenser nicht Edessener. Nach dem edessenischen Chronico ist er Abt, oder Archimandrite gewesen. Vermuthlich um Antiochien herum, daher ihn Gennadius und Marcellinus, Presbyterum Antiochenum nennen. Wir finden zwar bisweilen die Benennung, Kloster des heiligen Isaacs zu Gabula, dies liegt aber an den äussersten Grenzen des Euphrats: Procop. de aedific. Iust. Imp. c. 9. Isaacs Kloster, wenn es Gabula hieß, muß das Gabula in Phönicien seyn, weil Homaid bezeugt, er habe zu Antiochien gelebt; vermuthlich also auf den gabalischen Gebirgen, die sich bis nach Antiochien hin erstrecken, und wo sich verschiedene Mönche aufhielten.

Er starb ums J. C. 460. und überlebte das Erdbeben*) von Antiochien, das 459. sich zutrug. Cave

(Valerion) den Wettstreit der hundert Jahre zu Rom eingeführt habe, und daß Mar Isaac viele Gedichte auf diese Gelegenheit gemacht hätte." Die Erklärung dieser dunkeln Stelle haben wir C. Maiello, Vorsteher der vaticanis. Bibl. zu danken. Statt Elarion ließt er Valerion, erklärt diese Stelle von ludis saecularibus die nach den Censorinus de die natal. c. 17. von M. Valerio A. V. C. 298. welches das 1565. Jahr Abrähä ist, eingeführt worden sind; diese ludos saeculares feierte auch Honorius, die dann in die Zeiten Isaacs fallen.

*) Dies Erdbeben hilft viel um Isaacs Tod zu bestim-

Cave irrt sich also, hist. litt. Tom. I. mit dem J. 456. vermuthlich verführte ihn die gemeine

D 2

Aus-

stimmen. Evagrius sezt es in das 458. J. C. vid. Euagr. L. II. c. 12. Baron. ad A. C. 458. Johannes Maleta aber in das 459. J. C. vid. Norisii diss. 3. de anno et Epochis Syro Macedonum. c. 6. dem Maleta stimmt Dionysius im Chronico bey; „Im Jahr 770. (J. C. 459.) war ein grosses Erdbeben, durch welches auch Antiochien einstürzte, an einem Sonntage früh, in der 3 Nachtstunde.„ Cosmas, der das Leben Simeonis Stylitä sehr accurat beschrieben hat, schreibt; nachdem er erinnert hätte, daß Isaac 40. Jahre vorher die Verheissung bekommen habe, daß ihm der Tag seines Todes sollte vorher verkündiget werden: „da er nun gesehen hätte, daß die Zahl der Jahre, wie ihm vorher gesagt worden, sich nahete: so erwartete er das Zeichen, das ihm versprochen war ꝛc. Da er aber das Zeichen des göttlichen Zorns an der Stadt Antiochien sahe: so sagte er zu seinen Schülern, dies Zeichen ist groß genug, meine Tage sind nun vollendet — Am ein und funfzigsten Tage nachher, im Julio, war eine so grosse Menge Volks bey ihm, dergleichen er noch nie gesehen hatte. Nachher lebte er noch 30. Tage. Am 29. August um 11. Uhr, da der Sonnabend sich endigte und der Sonntag anfieng, wurde er sehr schwach, welches bis Mittwochs den 2. Sept. fortdauerte, da er endlich um 9. Uhr verschied.„ Cosmas verdient allen Glauben als Scriptor coaevus; der Codex worinnen diese Worte stehen ist

nur

Ausgabe des Gennadius, der Isaacs Tod Leone et Marcione imperantibus angiebt; da doch diese beede nicht einen Tag mit einander regierten. S. Pagium ad an. 456. Ein altes Manuscript des Gennadius in der vaticanischen Bibliothek hat aber Leone et Maioriano imp. und so ist es richtig. Aber eben deswegen kann auch Isaac nicht biß 461. gelebt haben; weil in diesem Jahre Majorianus Reich und Leben verlohr.

Zum Unterschied von andern nennen ihn die Syrer **den grossen.** Nairon in Evop. P. I. p. 47. verwechselt ihn mit Isaac Ninivita der erst nach den J. C. 500. lebt.

Gennadius, Marcellinus, Johannes Maro, sind Zeugen seiner Orthodoxie. Dieses erhellet auch daraus, weil ihm das Chronicon Edessenum den Titel Mar und Heiliger giebt, welches nur bey Orthodoxen geschiehet. Die Jacobiten halten ihn zwar auch hoch; dies thun sie aber noch mehrern

nur 14. Jahre jünger als Simeon Stylites Todt; sollten wir nicht schliessen dörfen: Im J. C. 459. ist der 2. Sept. die Mittwoche, an welcher Simeon starb; am 29. Aug. wurde er schwach; 30. Tage vorher hatte er die grosse Versammlung, ist der 29. Jul. 51. Tage vorher war das Zeichen, den 8. Jun. Also war das Erdbeben, wodurch Antiochien ruinirt wurde den 8. Jun. im J. C. 459. In dem nemlichen Jahre, gegen das Ende, scheint auch unser Isaac gestorben zu seyn.

rern berühmten Leuten, insbesondere dem Simeon Stylites.

Was seine Schriften betrift; so werde ich nicht den Gennadius C. 66. ausschreiben, sondern blos die anführen, die in der assemanischen Bibliothek als vorhandene angegeben werden. Seine Streitschriften sind von den Syrern meist unterdruckt worden.

Sechzig Reden; wo der Abschreiber am Ende folgendes hinsetzte: „Ende dieses Buches. Gesammlet aus der reinen Lehre des heiligen Mar Isaacs, eines Lehrers der Wahrheit, und Schülers des Mar Zenobii, eines Schülers des seel. Mar Ephraems. Es sind 60. Reden. Bittet für den elendesten Sünder, der es von dem Exemplare des heiligen und seeligen Mar Johannes Barsusan abgeschrieben hat. In diesem Exemplare waren, zum Behufe des Gott und Nächsten liebenden Lesers, hin und wider Anmerkungen und philosophische Abtheilungen. Nach diesen collationirten und richtigen Exemplare, habe ich im gr. Jahre 1521. [C. 1210.] mit meinen sündigen und unreinen Händen, die Reden des heil. Isaac, eines syrischen Lehrers abgeschrieben, ich Abraham, Presbyter, Sohn des Presbyter Josephs aus Baghedscia einer mardenischen Stadt bey Caphartuta u. s. w. Auf der andern Seite ist eine neuere Bestättigung der Aechtheit dieses Codicis vom J. C. 1478. Vielleicht ist es nicht unange-

 nehm

nehm einige Stellen aus diesen Reden zu lesen. Man kann wenigstens auf Isaacs Lehre und Gedanken daraus schliessen. In der siebenden Rede heißt es von den Reliquien: „träumend sammlen sie die Gebeine der Priester und Magier, und suchen uns aus Gärten und Feldern die Gebeine der Märtyrer. Ein gewisser Kaiser richtete zu Rom zwey hin. Ihre Gebeine vermehrten diese Betrüger an unzähligen Orten. Aus allen Wänden und Zäunen wird Paullus und Petrus zusammen gebracht, in allen Bächen und Brunnen Propheten und Apostel gefunden! Neidisch über die Ehre der Heiligen, betrügt sie der Teufel und macht ihnen durch Vermischung des wahren und falschen, Blendwerke vor.„ Er gedenket auch hier der Feyer des Sonntags als einer bekannten Sache. — Das Abendmahl soll nicht ausser der Kirche gehalten werden: „ Den Juden wurde von Gott befohlen, daß es nur zu Jerusalem erlaubt wäre zu opfern; den Völkern befahlen die Apostel, daß sie nur in der Kirche ordentlich die Sacramente verwalten, zum Heil derer, die sie gebrauchen. Jene Thoren aber, die alles Alte und Neue verachten, beschäftigen sich an Zäumen und Wegen mit dem Verehrungswürdigsten. O! welche Verwirrung entstund für uns, aus der zu grossen Gelindigkeit unserer Vorfahren — u. s. w.

In der neunten Rede vom Glauben. Von der Menschwerdung lehret er: „Christus sey vollkommen in Ansehung der Gottheit, vollkommen in der Menschheit. Er sey Gott und Mensch ohne Vermischung, ohne Verwandlung. Verflucht sey, wer die Gottheit vom Leibe trennt. Es ist eine Natur des Sohnes, eine zusammengesetzte Person ohne Vermischung.„ (Wiewohl Assemann glaubt, daß hier die Jacobiten die Ausdrücke verändert hätten, und heissen soll: eine Person — zwey Naturen ohne Vermischung.) — Vom Abendmahl: „Ich sahe [nemlich im Glauben] den angefüllten Kelch — und sahe für Wein, Blut, und für Brod, den Leib auf dem Tische. Ich sahe Blut und erstaunte, ich sahe den Leib und schauderte. Es wurde mir dadurch angezeigt, daß ich essen und schweigen, daß ich trinken, und nicht forschen sollte — Er [der Glaube] zeigte mir einen getödeten Leib, den ich in meinen Mund nahm, und sagte liebreich zu mir, siehe, was du issest! Er reichte mir die Feder des Geistes und verlangte, daß ich mich unterschreiben sollte. Ich nahm, schrieb und bekannte: dies ist der Leib Gottes. Desgleichen da ich den Kelch nahm, und bey seinem Mahle trank; durchdrang mich der Geruch des Leibes den ich gegessen hatte. Daher sagte ich nun das, was ich vorher vom Leibe gesagt hatte, auch vom Kelche: dies ist das Blut unsres Erlösers.„

Gennadius p. 211. führt diese Rede an. In der 10. Rede vom Fasten, Allmosen, und von dem rechtschaffenen Wandel der Geistlichen, schreibt er von der Kindertaufe: „Laßt uns die Schaafe unsrer Heerde von Jugend auf zeichnen, damit der Räuber das Zeichen an ihrem Leibe sehe, und sich fürchte. Ein ungetauftes Kind sollte nicht an einer getauften Mutter saugen; da es sich nicht geziemen will, daß es von der Milch, genährt durch das Abendmahl, trinke. Gebährt eure Kinder im Schooße der Taufe! bringt eure Söhne des Reichs, von Mutterleibe an zur Taufe —„

In der Frage: ob das fleischgewordene Wort, Gott, habe leiden können? druckt sich Isaac wie alle Lehrer der rechtglaubigen orientalischen Kirche aus, daß einer der drey Personen Mensch geworden, daß Gott gelitten habe, gekreuzigt, gestorben sey.

Was der Teufel über die Menschen vermöge? Isaac antwortet: nichts, wo es Gott nicht zuläßt.

In der Rede von dem vierzigtägigen Fasten, erinnert er: daß man sich nicht sowohl von Speise und Trank, als vielmehr von Lastern enthalten müsse. Die neuern Jacobiten verbiethen in der Fasten auch Wein, Oel und Fische. Isaac sagt aber: „du kannst oder darfst dich des Weins nicht enthalten? Enthalte dich der Ungerechtigkeit und der Laster; dann wird dich der Richter nicht verdammen, daß du Wein trinkest. Er fährt fort: Laßt uns nicht mit Säcken, sondern mit

Trau-

Traurigkeit und Demuth uns kleiden. Niemand bringe seinen Nächsten in Unglück, es ist so Unglück genug da; niemand betrübe seine Mitbürger, es ist an allen Enden Betrübniß genug. Ein heidnischer König herrscht in unsern Grenzen. Ein Heer Heuschrecken stehet in unsern Ländern. Der Sohn Hagar übt Raubereyen, gleich einem reissenden Wolfe, mitten unter uns aus *).

Von der natürlichen Bestimmung des Menschen: „Ehe und freyer Stand sind beide gut, wenn sie den göttlichen Vorschriften gemäß sind. Die Ehe ist nicht aus der Sünde entstanden.„ Assemann führt von 104 Schriften die Titel an, die aber, da wir die Codices nicht haben, meistens unbrauchbar sind. Bald sind es Reden, bald Widerlegungen, bald Gebete und Gedichte, welche letztern meistens ritualisch geworden sind.

Cosmas,

Presbyter.

Von Geburt ein Syrer, Presbyter zu Phanir in Cölesyrien. Er schrieb das Leben Simeon Stylites, auf Bitte Apollonii und Bahator Audun; ingleichen einen Brief an Simeon Stylitam,

*) Der heidnische König ist Vararanes, die Heuschrecken sein Heer, wovon nach dem Theophanes 1000000 im Euphrat umkamen. Der Sohn Hagar, ist der Anführer der alamundarischen Saracenen. vid. Theophanes ad A. C. 420. Pagius ad A. C. 420. nr. 15. Socrates L. VII. c. 20.

tam, woraus man sieht, daß er zur Zeit Simeons gelebt hat. Von beiden Werken wollen wir hier einen Auszug geben.

Der Brief an Simeon Stylitam ist im Nahmen der Clerisey und der Kirche geschrieben, und versprechen sie darinnen die Vorschriften, die ihnen Simeon gegeben hat, treulich zu erfüllen; vor allen den Sonntag *) zu feyern, und Nächstenliebe zu üben. Sie schwören, daß sie dieses thun wollen, bey den drey Personen der Gottheit und bey den Siegen ihrer Kaiser. (Pagius ad an. 395. nr. 8. et 9.) und empfehlen sich seiner Fürbitte.

Der Codex im Vatican, worinn dieser Brief so wie das darauf folgende Leben Simeon Stylitä stehet, ist 15 Jahre nach dem Tode Simeons geschrieben; und also entweder von Cosmas eigner Hand, oder wenigstens von dem Original abgeschrieben.

Simeon Stylita.

Theodoretus in Philotheo c. 26. hat am ersten sein Leben beschrieben. Man findet es auch beym

*) Diese Feyerung des Sonntags schärfte schon Isaac ein; Simeon that dieses ebenfalls, wie aus diesem Briefe und in seinem Officio in der syrischen Kirche erhellt. Nach der Hand befahl es der Kaiser Leo. vid. Theodor. Lector. L. I. Chronicon Edessen. beym Jahre 467. Eben dies sagt Dionysius im Chronico beym Jahre 465.

beym Surio T. I. de vitis Sanctor. beym Rosweid. L. 9. de vitis Patr. Antonius, ein Schüler Simeons, hat es ebenfalls der Nachwelt aufbewahrt. Unter den syrischen Schriftstellern ist Cosmas der vornehmste, der Simeons Leben sehr genau beschrieben hat. Da Cosmas ein Augenzeuge und Freund Simeons war, da alles sehr accurat angegeben worden; so verdient er allen Glauben. Ich werde aber nur das aus ihm anführen, was bey andern falsch oder gar nicht vorkommt *).

Simeons Geburtsort Sisan lag in der Landschaft der Nachnphelier in Arabien. Er hatte verschiedene leibliche Brüder, davon der älteste Semses seine Eltern überlebte, und durch das Beyspiel Simeons angefeuert, sich der Kirche weihte. Seine Eltern starben, ehe er sich selbst dem geistlichen Stande widmete. Nachdem er seine häuslichen Angelegenheiten in Ordnung gebracht hatte: so

*) Man hat dies Leben Simeons vom Cosmas ganz durch Assemann in den schon oft angeführten Actis Martyrum orient. et occidental. erhalten, wo T. II. p. 227. eine Einleitung vorangeht, die meist aus der bibl. orient. entlehnt worden ist; dann p. 232. eine Lobrede vom heil. Jacob von Sarug auf Simeonem folgt; worauf von p. 268. an, die Acta selbst folgen, die am Ende mit Anmerkungen begleitet werden: von ihnen möchte das gelten, was Evagrius sagt H. E. l. I. c. 13. τούτου τὰς θεοσημείας γέγραφε μὲν καί τις τῶν αὐτοπτῶν γενομένων.

so reißte er in das Closter Eusebona in Teleda, wo er einen Anverwandten hatte, und wurde am dritten Tage vom Mar Mara, dem Bischof zu Gabula, unter die Mönche aufgenommen. Auch nahm sein Bruder Semses da die Tonsur an, verkaufte seine Sache, und blieb zu Teleda bey seinem Bruder. Hierauf erzehlt Cosmas sehr viel von den Creuzigungen des Fleisches, die sich Simeon zu Teleda anthat; daß er sich bis an die Brust eingraben lassen; daß er, zur Vertreibung des Schlafes, rundes Holz an die Füsse gemacht u. a. d. Wegen seiner zu grossen Strenge jagte man ihn aus dem Closter. Er reißte also gegen Mitternacht zu nach Telanessa, (sonst Telnescie, Telanisum, Telanesum, Telasinum, Thalampsin, Palanisum) und brachte beym Maris Baraton, der die Herrschaft von Telanessa niedergelegt, sich hier mit Gott beschäftigte, und den Periodevten Bassus bey sich hatte, die Fastenzeit ohne Speise zu. Nach vierzig Tagen begab er sich in eine Höhle eines benachbarten Berges, die ihm sein Schüler Daniel überlies. Hier faßte er den Entschluß, sich auf eine Säule zu stellen. Er soll nemlich einstmals eine Erscheinung gehabt haben, in der ein Mann auf einem Stein kniend, bald mit ausgebreiteten, bald zusammengelegten Händen betete; dies, hielt er dafür, hiesse ihm befehlen, daß er auf einem Stein stehen sollte. Er ließ sich solchen also zu-

richten,

richten, und blieb drey Monathe darauf; nach und nach ließ er solchen immer höher machen, bis er endlich auf 30 bis 40 Schuhe kam. Unterdessen aber, daß er sich zu Telanessa aufhielt, soll er viele Wunder verrichtet haben, davon aber nur das von der 20 schuhigen Kette an Hand und Fuß, und dem geheilten Fußgeschwähr, beym Cosinas völlig den andern Nachrichten gleichlautend erzählt wird; ohngeachtet er 34 Wunder erzählt: dahin z. E. gehört, daß er durch Ausrottung der wilden Thiere, denen er Steine mit drey Creuzen bezeichnet, die man noch zeigt, entgegen setzte, die Einwohner des Bergs Libanons *) bekehrte; daß er durch Erscheinung im Traume, den arabischen Fürsten, Naamanes, dahin gebracht, daß er seinen Unterthanen die Bekehrung erlaubte; daß er eine persische Verfolgung (vermuthlich die unter Isdegerde bald aufgehobene) dadurch, daß er dem Mago, der solche eigentlich erregte, auf eine schreckensvolle Art erschien, stillte, u. w. d. Zusammengerechnet nun, und Evagrium l. I. c. 13. mit Cosma verglichen; hat sich Simeon 56 Jahre mit Bußübungen beschäftiget: 9 Jahre zu Teleda; und 47 zu Telanessa, davon die 10 ersten in dem Winkel

*) Die also wohl nicht erst A. C. 1450. nach den Nachrichten Francisci in Chronico bekehrt worden sind. s. Acta Martyr. T. II. p. 401. Oder ist dies die zweite Bekehrung?

kel der Höhle, die 7 folgende Jahre auf niedrigern Säulen, die 30 letzten auf einer 40 Schuh hohen verflossen. Antonius rechnet anders, aber falsch, so wie Cedrenus und Mich. Glycas.

Nachdem ihm sein Tod schon 40 Jahre vorher war angekündiget worden; so erfolgte er würklich, wie wir oben S. 51. gesehen haben, am 2 Sept. im Jahr C. 459 *). Sein Leichnam wurde in Begleitung der umliegenden Bischöfe und ganzen Clerisey, ingleichen des Generals Ardaburii und verschiedener anderer vornehmer und gemeiner Soldaten nach Antiochien gebracht, wo er in der von Constantino M. erbauten Kirche beygesetzt wurde. Der Patriarch von Antiochien hielte täglich Gesänge bey seinem Grabe. Dies waren Ehrenbezeugungen, die nach Cosmas nur dem Simeon, und zwar zuerst, wiederfahren sind. Leo wollte seinen Leichnam zwar nach Constantinopel schaffen, die Antiochenser aber verbaten solches.

Seine Schriften sind ein Brief an Theodosium juniorem, der auf Anrathen eines gewissen Asclepiades den Juden die Synagogen wieder einräumen wollte. Er steht in Cosmä Actis s. Euagrium l. I. c. 13. Nicephor. L. XIV. c. 51. Evagrius l. II. c. 20. gedenket auch zweyer Briefe von ihm an Leonem wegen des chalcedonensischen Concilii. In der Bibliotheca Patrum T. VII.

*) Eben so das Chronicon Edessenum beym J. 771.

VII. steht eine Rede Simeons, die bisweilen dem Ephraem beygelegt wird; aber wohl Theophilum Alexandrinum zum Verfasser hat. Was Leo Allatius in Diatr. de Simeone von einer professione fidei sagt: muß von seinen Briefen ad Leonem verstanden werden.

Der Ort seiner Geburt und seines Lebens, nebst Cosmä Nachricht, läßt ihn als syrischen Schriftsteller ansehen. Er muß von Simeone Thaumastorita unterschieden werden.

Baradatus und Jacobus,

Mönche.

Evagrius L. II. c. 9. Theophanes beym J. 452. Theodoretus im Philotheo C. 21. und 27. beschreiben das Leben dieser angesehenen Mönche und setzen sie unter syrische Schriftsteller. Baradatus schrieb einen Brief, der in den Actis Concil. Chalcedonens. der 61. ist. [Baron. ad an. 458. nr. 24. Pagius nr. 4. a. c.] Er muß vom Baradato zu Tela, dessen Josua Stylites beym J. C. 507. gedenket, unterschieden werden. Der unsrige lebte ums J. C. 458. Procop. L. I. de bell. persic. c. 7. führt einen Jacob in der Landschaft der Endielier an, unser Jacob aber lebte 50. Jahre vorher in der cyrrhestischen Landschaft.

Maras

Maras,

Bischof von Amida.

Diese Würde bekleidete er A. C. 457. sein Brief an Kaiser Leo ist in Act. Conc. Chalced. der 36. Er muß von einem andern, dessen Zacharias von Melite und Dionysius Barsalibäus gedenken, und den Justinus A. C. 520. wegen der monophysitischen Irrlehre vertrieb, unterschieden werden.

Nonnus,

Bischof von Edessa.

Dies ist Nonnus, der als Ibas vom ephesinischen Concilio abgesetzt wurde, an dessen Stelle kam; ihm aber solche wieder einräumen mußte, biß er nach dessen Tode A. C. 457. diese Stelle nochmals erhielt, und nach den Chronic. Edess. und Dionysio in Chronic. im gr. J. 782. [im J. C. 471.] starb. (Baron. ad A. 451. nr. 127. Nicephor. l. 14 c. 30. Theophanes ad A. 20 Theodos. iun.)

Er schrieb einen Brief an Leonem, der unter den Litteris Encyclicis Chalced. Conc. der 35. ist.

Jacobus,

Diaconus von Edessa,

Unter dem Bischof Nonnus. Schrieb das Leben Pelagiä von Antiochien, die Nonnus soll bekehrt haben.

Mochi-

Mochimus,

mesopotamischer Presbyter.

S. Gennadius c. 71. Cave hist. litt. T. I. nennt ihn falsch Moschimum.

Petrus,

Presbyter von Edessa.

S. Gennadius c. 74.

Samuel,

Presbyter von Edessa.

S. Gennadius c. 82. Diese lebten meist gegen das Ende des fünften Säcul. denn Gennadius kannte sie alle.

Josua Stylites.

Von Geburt ein Syrer, aus Edessa, lebte gegen das Ende des fünften Säculi. Er weihte sich dem Mönchsleben im Kloster Zucnin, das zur Stadt Amida gehörte, und erwählte, aus Nacheiferung Simeons, das Stehen auf einer Säule zu seiner Uebung; daher er bey den Syrern Stylites heißt.

Er schrieb ein Chronicon vom persischen Krieg, welches eine Historie seiner Zeit vom J. C. 490. biß 507. ist, und den Krieg zwischen dem K. Anastasius und den persischen König Cavades beschreibt. Die Geschichtschreiber dieser Zeit, Procopius, Evagrius, Agathias, Theophanes

 wer-

werden sehr dadurch erleuchtet: wir wollen also versuchen einen kurzen Auszug zu geben.

„Ganz Mesopotamien, war den Drangsaalen der Perser unterworfen, das einzige Edessa ausgenommen, welches man insgemein der Verheissung Christi, die er dem Abgaro gab, zuschreibt. Die Ursache dieses Krieges war folgende. Im gr. J. 609. [J. C. 298.] erbauten die Römer Nisibin *); und hatten solches 65. Jahre biß an den Tod Juliani Apostatä besessen. Da aber Jovinian 674. gr. J. mit den Persern Frieden schloß; so überließ er ihnen Nisibin auf 120. Jahre. Unter Zeno war diese Zeit zu Ende, die Perser aber wollten nichts von einer Zurückgabe wissen. Dazu kam noch, daß man im Friedenschlusse sich dahin verglichen hatte, einander, wenn Krieg seyn sollte, mit 300 Reutern, oder für jeden Reuter mit 300 Statern, beyzustehen. Nun hatten die Römer nie nöthig von Persien Hülfe zu begehren: hingegen erlöste Zeno den persischen König Pherozes, als er von den Hunnen, die schon unter Arcadio und Honorio in den Orient einfielen, gefangen wurde; nachdem er ihm vorhero mit grossen Summen, zu Führung des Krieges beygestanden war. Unter der Regierung Pherozes zettelte Basilicus **) [sonst Basiliscus]

*) S. Sozomen. l. 9. c. 4. Euagr. L. I. c. 19.
**) Pagius ad an. 277. n. 6.

liscus] eine Verschwörung gegen Zenonem an*); Illus erregte auch einen Aufruhr; und Leontius**) den Zeno gegen ihn schickte, schlug sich zu ihm. Während diesen Unruhen starb in Persien Pherozes. Sein Nachfolger und Bruder Balasces***) hielt den Zustand des Reichs für bequem vom Zeno das stipulirte Geld zu verlangen. Zeno der so genug zu thun hatte, gab ihm zur Antwort: Er sollte die Zölle von Nisibis, die er wider alles Recht hätte, haben; sonst aber nichts. Aus Mangel des Geldes konnte Balasces keine Soldaten halten, und da er sich ohnedem die Magier durch Errichtung der Bäder****) zu Feinden gemacht hatte: so stachen sie ihm die Augen aus, und setzten Cavades den Sohn Pherozes, der bißher als Geisel bey den Hunnen gewesen war, auf den Thron. Cavades wollte dem Zeno den nemlichen Antrag thun; Zeno aber starb, ehe es geschahe. Er muthete es also dessen Nachfolger Anastasio zu. Dieser schlugs ab, und begehrte Nisibin zuruck. Dieses erfuhren nicht sobald die Armenier: so jagten sie die Feueranbeter von sich, und rebellirten gegen Cavades. Anastasius aber, den

 sie

*) Pagius a. c. nr. 4. A. 478. n. 1. Euagrius L. III. c. 27.

**) Euagr. l. c. Theodor. Lect. L. II. p. 558.

***) Beym Agathias L. 4. Obola. Procop. de Bell. Pers. L. I. c. 5. Blases.

****) Weil sie das Wasser verehrten.

sie sich unterwerfen wollten, nahm ihren Vorschlag nicht an, um keine Gelegenheit zum Kriege zu geben. Auch rebellirten die Cadsener und suchten Nisibin zu erobern. Die Tamyrener konnten so wenig als die vornehmsten Perser ruhen, weil Cavades den Eheweibern zu viele Freyheiten erlaubte *). Gegen Anastasium rebellirten die Isaurier **): dem ungeachtet aber schlug er dem Cavades das Geld vom neuen ab; und würde er selbst die Isaurier nicht bezwungen haben, und Cavades vom Throne gestossen worden seyn ***), so würde es schon damals Krieg gegeben haben. Da sich aber nachher Cavades durch Hülfe der Hunnen wieder auf den Thron schwang; so bediente er sich auch ihrer Hülfe zu einem Kriege wider die Römer. Dies geschahe im gr. J. 806 ****). Im gr. J. 808 stellte Cyrus Bischof von Edessa eine

*) Theodor. Lect. L. II. p. 567.

**) Marcellinus ad Consul. Anastasii et Rufini. Euagr. L. III. c. 35. Theophanes an. 484. Niceph. L. XVI. c. 24.

***) Agathias L. IV. Procop. de B. P. L. I. c. 6.

****) Biß hieher geht Josue Vorrede; beym 806. J. gr. R. fängt sein Chronicon an; dies ist das J. C. 495 in welchem Anastasius schon regierte. Eustathius beym Evagrio L. III. c. 29. irrt, wenn er: ab Alexandri Maced. regno octingentos et triginta annos sagt; es muß octingentos et duos heissen. S. Pagii diss. de Periodo Graeco-Rom. nr. 81.

eine Collecte an, um silberne Kirchengefässe anschaffen zu können. Gegen das Ende dieses Jahrs wurde Alexander anstatt Anastasii Stadtpfleger zu Edessa. Er wird wegen seiner Gerechtigkeit sehr gelobt. Die Gerichtsorte waren der Tempel Johannis des Täufers und des Apost. Thomä.

Im gr. J 809 wurde das Volk zu Edessa in Lustbarkeiten sehr ausgelassen. Xenaias Mabugensis soll sie deswegen öffentlich gestraft haben. Besonders freuten sie sich über die Gnade des Kaisers Anastasius, der ihnen *) den Zoll, welchen auch die Künstler alle 4 Jahre geben mußten, erließ. Sie liefen vor Freuden in die Tempel Sergii und Simeonis Stylitä, räucherten, sangen, dankten, lobten Gott darüber, und beschlossen, diese Feyerlichkeit jährlich zu wiederholen. Am 5 Junii starb der Bischof Cyrus **), dem Petrus folgte. Dieser letzte brachte das Hosiannafest ***), die Wasserweihung an Epiphania und die Weihung des Crisma ****) vor allem Volke auf. An die

*) Euagr. L. III. c. 39. Cedrenus. Theod. Lect. L. II. p. 566. Theophanes ad an. 463. Baron. ad an. 491. nr. 11. Pagius nr. 12. Chronicon Edessenum ad an. 809.

**) Chron. Edess. l. c. sein Vorgänger war Nonnus.

***) Ephräms Palmfest ist blos die Endigung der Fasten, nicht das eigentliche Hosiannafest.

****) Theodor. Lect. L. II. p. 566. eignet die letzten Stücke Petro Fulloni zu. Wir müssen aber wegen

die Stelle des Stadtpflegers Alexander kam Demosthenes, der die Spaziergänge der Stadt weissen ließ.

Im J. 810 [J. C. 499] im May kam eine erstaunliche Menge Heuschrecken ins Land. Im August verboth der Kaiser Anastasius die Thierkämpfe. [κυνηγια] Im September *) war das grosse Erdbeben, von welchem der Euphrat einige Zeit ohne Wasser war, und ausser andern Städten Nicopolis einstürzte. Alle Einwohner kamen biß auf den einzigen Bischof und zwey seiner Leute, die sich auf dem Altar aufgehalten hatten, um. Da man den Bischof heraus zog: so begehrte er vor allen etwas Wein und Brod. Ein Reisender gab ihn etwas weniges, woraus er das Abendmahl administrirte und solches den Umstehenden reichte.

Im Jahr 811 [J. C. 499 - 500.] am 23 des ersten Monaths Tisri [October] war eine Sonnenfinsterniß, auf die 8 Stunden. Am nemlichen Tage fiel ein guter Theil der Stadt Edessa ein;

wegen des Chrisma bemerken, daß die Orientalen die Verfertigung desselben bisweilen blos den Patriarchen von Antiochien zugestehen wollen. Das chalcedonensische Concilium soll es allen Bischöfen erlaubt haben. So viel ist heut zu Tag richtig, daß die Patriarchen sich dies Recht ausschliessungsweise zueignen.

*) Chronic. Edess. l. c.

ein; dadurch erschreckt, stellten die Einwohner feyerliche Gebethe an, und hielten Umgänge. Im Merz kamen wieder viele Heuschrecken *) über Arabien, Rhesina, Tela und Edessa. Ihr Zug erstreckte sich über Assyrien biß ans syrische Meer, und die iberische Grenze. Die Folge davon war, daß es im April an Lebensmitteln gebrach: so daß drey Scheffel Waizen, so wie 6 Scheffel Gersten, einen Denar kosteten. Die Einwohner verliessen also das Land nnd begaben sich in die occidentalischen Gegenden. Der Bischof Petrus suchte eine Erlassung des Zolls für das unglückliche Volk. Er konnte es aber nur blos den Edessenern auswürken, weil diese die römischen Soldaten mit Wasser versehen mußten. Demosthenes der Stadtpfleger begab sich selbst in die Residenz und ließ blos seinen Vicarium Eusebium zurück. Dieser ließ alles Brod öffentlich verkaufen. Die Hungersnoth war so groß, daß einige in die Kirchen liefen und das Brod des Abendmahls hohlten, andere die Leichname ausgruben und assen.

Im Jahr 812. zu dem Unglück des vorigen Jahres kam im November noch die Pest. Demosthenes kam von Constantinopel mit Geld zurück, und gab gewissen Personen, denen er ein bleyernes Zeichen anhieng, täglich ein Pfund Brod. Im December kam noch eine ausserordentliche

*) Chronic. Edess. l. c. Abulpharagius beym 11. Jahr Anastasii.

liche Kälte dazu. Daher die Oeconomen der Kirche Mar Tutael ein Presbyter und Mar Stratonicus nachmals charrensischer Bischof, die Armen aufnahmen, und Demosthenes die Basiliken öffnen ließ, und ihnen Heu und Streu reichte. Täglich sollen bey 100 gestorben seyn; bisweilen noch mehrere. Nonnus, ein Armenpfleger, und die oben genannten Oeconomen begruben sie, bald in alte bald in neue Gräber, meistens auf den Kirchhof Cononis *), mit allen Ceremonien; voran gieng ein Haufe Volks, darauf folgte der Stadtpfleger, die Vornehmsten der Stadt, und der Bischof. Im Merz hielt man öffentliche Gebete. Diese Unglücksfälle betrafen nicht allein Edessa; sondern erstreckten sich über den ganzen District von Antiochien biß Nisibis.

Im Jahr 813 [J. C. 501 - 502] im May verboth der Kaiser Anastasius die Schauspiele, worauf sich die Theurung legte: und im Julius 12 Scheffel Waizen, so wie 22 Scheffel Gersten einen Denar kosteten. Am 22 August erschien am Himmel eine feurige Kugel, und [wie wir aus Briefen von Jerusalem ersehen] so wurde am nemlichen Tage, Ptolemais, Tyrus und Sidon durch Erdbeben erschüttert. Dies Erdbeben traf auch die Judenschule zu Beryt. An eben diesem Tage fiel Cavades mit einem grossen Heer von Persiern und Hunnen in die nördlichen Gegenden der Römer

*) Chron. Edeff. ad an. 624.

mer ein und belagerte Theodosiopolin *) in Armenien, die er durch Untreue des Befehlhabers Constantinus einnahm und verheerte. Dieser Constantin wurde dafür sein Anführer als er in Mesopotamien einbrach.

Im Jahr 814 [J. C. 502-503] belagerte Cavades Amidam. Anastasius schickte den Rufinus mit Geld an ihn, und ließ ihn bitten, die römischen Grenzen zu meiden. Rufinus erfuhr zu Cäsarea in Cappadocien, daß Cavades schon über die Grenze wäre, und Aghel, Sophene und Arabien verheere. Er ließ also das Geld hier, und bath ihn die Grenzen zu räumen und sich am Gelde begnügen zu lassen. Cavades aber nahm ihn gefangen und setzte der Stadt Amida heftiger zu. Den arabischen Fürsten Naamanes schickte er in die mittägigen haranitischen Gegenden. Die mit einander verbundenen Araber und Perser streiften biß nach Tela oder Constantina. Am 19 Nov. erfocht Olympius Befehlshaber von Tela und Eugenius Befehlshaber von Melitine den ersten Sieg über die Perser; wurden aber, da sie sich mit der Beute zu lange aufhielten, von dem ganzen Heere der Perser, Hunnen und Araber bey Telbesme völlig geschlagen. Am 26 Nov. streifte Naaman so gar biß an die Mauern von Edessa und der Gefangenen sollen 18500 gewesen seyn. Die Edessener befestigten auf gemeine Kosten ihre Stadt.

 Euge-

*) Theophanes ad an. 497. Euagr. l. 3. c. 47.

Eugenius, der sich nicht ans ganze persische Heer wagen durfte, sammlete seine übrigen Soldaten und schlug die persische Besatzung zu Theodosiopolis. Die tapfere Gegenwehr der Amidenser hatte den Cavades schon zu dem Entschluß gebracht, die Belagerung aufzuheben, da er in 3 Monathen über 50000 Soldaten verlohren hatte. Doch eroberte er solche noch am 10 Jenner, entweder durch Nachlässigkeit der Besatzung oder Verrätherey *), und ließ über 80000 Bürger über die Klinge springen, diejenigen ungerechnet, die im Tigris, in den Brunnen oder sonst umkamen. Dann legte er 3000 Fußgänger zur Besatzung **) ein, und setzte seinen Marsch nach dem Berge Sigar fort. Hier ließ er Rufinum loß, damit er Anastasio die Einnahme von Amida hinterbringen könnte. Die Syrer, die gegen die orientali-

*) Ein anderer Codex im Vatican, dessen Auctor Zacharias von Melitine seyn soll, sagt: „einer von den amidenischen Thürmen wäre von den Mönchen des iberischen Klosters Johannis bewacht worden; sie hätten aber zu viel Wein getrunken, und hätten nicht auf die einbrechenden Perser acht gegeben. Sie wären dafür auch zu erst umgebracht worden.“ Dies letzte meldet auch Dionysius bey diesem Jahre; aber von der Trunkenheit meldet er nichts. Procop. L. I. de B. P. c. 7. Theophanius, Glonem Theones ad an. 503.

**) Ihren Anführer nennt Zacharias, Eglon; Procophanes, Cloën.

enkalischen Gegenden des Euphrats wohnten, begaben sich meist in die Abendländer. Doch gab sich Jacobus Periodevtes *), der durch verschiedene Homilien berühmt war, auch Gesänge und Lieder über die Heuschreckenplage geschrieben hatte, alle Mühe, die Leute zum Vertrauen auf Gott zu bewegen, und schrieb deswegen einen Brief an alle Bürger, darinnen er sie ermahnte, Gott zu vertrauen und nicht vor der Zeit zu fliehen. Im May war Anastasius genöthiget, wegen der noch fortwährenden Geldforderung des Cavades, drey Armeen gegen die Perser unter Areobindi, Patricii und Hypatii **) Anführung ins Feld zu stellen. Areobindus zog mit 12000 Mann gegen Dara und Amudim; Hypatius und Patricius näherten sich Amida mit 40000 Mann. Appion, der über die Kriegscassa war, befahl den Edessenern bey der Gelegenheit die Soldaten mit Brod zu versehen. Areobindus schlug die Perser und verfolgte sie biß Nisibis. Im Julio wurde er aber, weil ihn die beyden andern Generale nicht unterstützten, von den Persern besiegt und mußte sich nach Tela und Edessa zurück ziehen. Patricius und Hypatius verliessen Amidam und setzten den Persern nach; da denn die römischen Generale Pharesmanes und Theo-

*) Ist Jacobus Sarugensis, der vom Jacobo Eremita, Procop. l. 1. c. 7. zu unterscheiden.

**) Procop. l. c. L. I. c. 8.

Theodorus *) durch List 400 Perser schlugen, und ihren Anführer kreuzigten, weil er seinem Versprechen gemäß Amidam nicht verrathen hatte. Die persischen Araber griefen die Stadt Chaburam an; wurden aber vom Timostrato, Befehlshabern von Callinicum geschlagen. Die römischen Araber [sonst Taalabenses] fielen in das Gebiet Naamanes ein, plünderten, raubten und trieben die Naamanischen Truppen in die innern unbewohnten Gegenden. Im August lieferte Cavades bey Euphedia dem Patricio ein Treffen, worinnen Naamanes verwundet und in der ersten Unordnung einige getödtet wurden. Patricius hingegen mußte sich über den Euphrat zuruck ziehen; Petrus Comes warf sich in Aspharinum **) und wurde an Cavadem verrathen, der ihn selbst leben, seine Soldaten aber hinrichten ließ. Auf Anrathen Naamanes ließ Cavades seine Armee gegen den Areobindus nach Edessa marschiren; da aber ein Christ, der einen ansehnlichen Posten bey Naamanes Armee bekleidete, ihnen die Unmöglichkeit, Edessa einzunehmen, vorstellte, weil Christus solches dem Abgaro versprochen hätte: so redete er heftig wider Christum und drohte der Stadt Edessa eine noch härtere Begegnung als Amida erfahren hätte; er starb aber zwey Tage hernach an seiner Wunde. Cavades drang den Arabern

*) Beym Theophanes, Theodotus.

**) Siphrin, Syfrea, bey andern.

dern einen neuen König auf, und zog mit seiner ganzen Armee nach Tela; welche Stadt die Juden, da ihre Schule dicht an der Mauer lag, durch Verrätherey in seine Hände spielen wollten: aber von Petro Comite, der sich noch beym Cavades aufhielt, den Römern entdeckt wurden; die ihre Vorkehrungen darnach nahmen und die Schuldigen bestraften. Barhadades, Bischof von Tela, bewieß seinen Amtseifer, da er auf der Mauer herumgieng, die Wachen ermahnte und ihnen das Abendmahl reichte; damit niemand unter dem Vorwande, es zu gebrauchen, seinen Posten verlassen sollte. Er begab sich sogar ins feindliche Lager und brachte Cavadem zur Aufhebung der Belagerung. Cavades marschirte darauf gegen Edessa und hielt sich 20 Tage lang ruhig in seinem Lager am Flusse Gatab. Am 6 September verheerten die Edessener ihre Vorwerke und Gärten, steckten auch das Dorf Negbat, mit Wegnahme der Reliquien der Märtyrer, an. Am 9. verlangte Cavades vom Areobindus, entweder seinen Abgesandten in die Stadt zu lassen, oder selbst heraus zu kommen, um Unterhandlung zu pflegen. Dieser that das letzte. Es hörte aber die Unterhandlung gleich auf; weil die Perser 10000 Pfund Goldes für die Befreyung der Edessener verlangten, Areobindus hingegen nur 7000 both. Naamanes neueres Beyspiel bewegte Cavadem doch die Belageruug von Edessa aufzuheben, sich

nach

nach Haran zu wenden, und seine Araber Saruga angreifen zu lassen. Bey einem Ausfalle der Besatzung von Haran, tödteten sie 60 Araber und nahmen den Anführer der Hunnen gefangen. Da dies eine vornehme Person war: so verlangte Cavades dessen Auslieferung gegen Versicherung seines Abzugs. Die Haraniten begnügten sich nicht blos den Anführer, sondern noch überdies 500 Schafe an den Cavades zu schicken. Die Araber streiften von Saruga biß an den Euphrat. Der römische General Patriciolus und sein Sohn Vitalianus schlug sie und wollte nach Edessa, begab sich aber auf die Nachricht, daß Cavades die Stadt vom neuen belagere, nach Samosata. Am 17 hatte nemlich Cavades sich wieder vor Edessa begeben; richtete aber nichts aus, und kein Perser wagte sich in die Stadt, obgleich die Edessener ihre Thore den ganzen Tag offen liessen. Cavades verstund sich auch endlich zum Wegzug, wenn ihm Geisel, seine Gefangenen und das versprochene Geld gegeben werden würde. Areobindus schickte ihm Basilium Comitem als Geisel, gab die Gefangenen loß, und versprach in 12 Tagen 2000 Pfund Gold zu bezahlen. Cavades zog also ab; aber gleich den Tag darauf schickte er Hormisdam um das Geld zu verlangen. Dies war wider die Bedingungen; die Edessener verlangten ihre Geiseln zurück und rüsteten sich zur Gegenwehr. Cavades belagerte also am 24 Sept.

Edessa

Edessa zum drittenmale, eben so fruchtlos als vorher, und mußte sich nach Verwüstung einiger Aussenwerke nach Batnas zurück ziehen. Areobindus theilte hierauf den Bürgern 300 Denarien aus.

Im Jahr 815. (J. C. 503 - 504.) schickte Anastasius den Celer *) mit einer starken Armee gegen Cavadem, der über den Euphrat gesetzt und einen gewissen Marzabanen, Callinicum zu belagern, abgeschickt hatte. Timostratus, der in Callinicum lag, nahm den Marzabanen gefangen und tödtete seine Soldaten. Cavades aber wußte ihn durch Drohungen wieder frey zu machen und zog von Callinicum ab. Da dies Celer zu Mabug erfuhr: so vertheilte er seine Truppen in die Winterquartiere. Den 25 Dec. erließ Anastasius allen Mesopotamiern die Steuer. Die zu Amida in Besatzung liegende Perser hielten sich für den Römern sicher, öfneten die Stadtthore und hielten die Märkte. Patricius, der zu Melitine im Winterquartier lag, grief Amidam unversehens an: Cavades schickte zwar Hülfe, die Patricium anfänglich zum weichen brachte; da ihn aber die Perser bis an den Fluß Calat verfolgten; so wurde der römische Soldat desperat, setzte sich zur Wehre, fiel die Perser an, schlug sie, nahm ihren Anführer gefangen und zog wieder vor Amida. Am 19 May soll eine Ente ein Ey mit

*) Theophan. Celler.

mit der Aufschrift: die Creuze siegen, gelegt haben. Cavades schickte ohngefähr 10000 Mann gegen Patricium. Während daß diese bey Nisibis blieben, fiel Timostratus, auf Celers Befehl, die Hirten am Berge Sigar an, und trieb ihr Vieh weg. Darauf verband sich die ganze römische Macht mit dem Patricio, der bey Amida stand. Im May wurde auch Calliopius Alepinus Feldschatzmeister bey Edessa. Apion begab sich nach Alexandrien um Vorrath anzuschaffen. Die Römer suchten also die Amidenser durch Hunger zu zwingen. Ein gewisser Constantinus, der ehemals den Persern Theodosiopolin verrathen hatte, flohe aus Amida und wurde vom Kaiser, doch so, daß ihm die Hauptstadt verboten wurde, wieder begnadiget. Cavades, der während seines Aufenthalts zu Amida den Nutzen der dasigen Bäder erfahren hatte, lies, da er nach Persien zurück gieng, in allen seinen Städten dergleichen errichten. Hadides, Fürst der Araber, unterwarf sich den Römern. Im Julio streifte Celer in die persischen Grenzen; Areobindus aber schlug in Armenien 10000 M. und machte 30000 Gefangene. Bey Nisibis stieß er wieder auf die Perser, und schlug nochmals 10000. Muslack, ein Armenier, unterwarf sich den Römern.

Im Jahr 816. (J. C. 504. 505.) Die Edessener hatten bisher die römische Armee mit Ge-

Getraide versorgt. Ihr Bischof, Petrus, reißte zum Kaiser und bat um Erlassung der Steuer. Zwar verwieß es ihm Anastasius, daß er bey dieser Noth seine Stadt verlassen hätte: erließ aber doch den Mesopotamiern die ganze, und der Stadt Mabug den dritten Theil der Steuer. Die Truppen des Patricius streiften noch immer in die persischen Länder und hieben 10000 Mann disseits des Tigers nieder. Cavades schickte daher den Astabides des Friedens wegen an Celer. Celer verlangte die Gefangenen, insbesondere Petrum Comitem, Basilium und den Befehlshaber von Amida. Er empfieng sie auch vom Astabides und zugleich den Leichnam des Olympius, Befehlshabers von Tela, der an einer Krankheit gestorben war. Dagegen verlangten die Perser ihre Gefangene und die freye Zufuhr der Lebensmittel nach Amida. Celer mußte ihnen dies letzte mit einem Eide zusagen. Aber Nonnosus, den Celer von der Versammlung und dem Eide entfernt hatte, fiel 300 Cameele, die mit Waffen und Mundvorrath für Amida beladen waren, an. Als die Perser deswegen sich beym Celer beklagten: so entschuldigte er sich mit der Unwissenheit, und versprach die Schuldigen zu bestrafen. Doch fuhr Astabides in den Unterhandlungen fort. Celer, der die Sache immer verschob, wurde endlich durch die rauhe Witterung, und seine darüber murrende Soldaten genöthiget, da ihn Astabides

bides schreckte; auf die blosse Restituirung von Amida *) Friede zu machen. Doch mußte der Kaiser diesen Schluß genehmigen. Anastasius ließ aber nicht bloß seine Zufriedenheit darüber zu erkennen geben, sondern schickte auch überdies dem Cavades durch den Leo Geschenke, mit dem Wunsche: daß der Friede fest und lange dauern möchte.

Während daß Amida in persischen Händen war, starb der Bischof Johannes. Der Patriarch von Alexandrien Flavianus belegte, auf Bitten der Amidenser, den bißherigen Presbyter und Oeconomen Nonnus mit dieser Würde. Nonnus schickte seinen Chorbischof Thomas nach Constantinopel, um die dahin gezogene Amidenser zurück zu bringen, und um einige Gnade für sie beym Kaiser anzuhalten. Thomas bat aber dagegen, auf Anstiften der Amidenser, beym Kaiser um das Bißthum; welches er auch erhielt **), und an Flavian der Befehl gegeben wurde, diese Wahl für gültig zu erkennen. Er verdrängte also bey seiner Rückkunft Nonnum.

Die Noth und das Elend des Landes wurde noch dadurch vermehrt, daß die Raubthiere, die denen im Kriege gefallenen Leichnamen nachzogen, aus

*) Theophanes, Marcellinus, Procopius sagen: die Römer hätten Geld dafür geben müssen. Zacharias Melit. ebenfalls. Vielleicht sind dies die Geschenke, deren Josue gleich erwähnt.

**) Eben so erzählt Dionysius.

aus Mangel des Raubs in die Dörfer und Städte drangen. Celer kehrte nach Constantinopel zuruck; Areobindus bekam Antiochien; Patricius Melite; Pharesmanes Apamea; Theodorus Damaskus; Calliopus Mabug. Eusebius setzte die Mauern und Wasserleitungen zu Edessa wieder in guten Stand, und führte verschiedene neue Gebäude auf. Anastasius schickte dazu 20 Pfund Goldes, welches auch andere nachthaten. Die Araber, die das ruhige Leben nicht vertragen konnten, fiengen zwar Unruhen an; die so persische Unterthanen waren, fielen in das römische Gebiete, so wie die römischen in das persische: Celer aber, der nach Apamea zurück kam, schickte den Timostratus von Callinicum gegen die letztern; so wie Mazabanes die ersten zu Ruhe brachte. Celer setzte auch Pharesmanem aus Apamea nach Edessa an Hypatii Stelle.

Im Jahr 817 [J. C. 505 · 506] ließ Athanasius Dara bevestigen. Da die Perser dies zu hindern suchten: so legte er Pharesmanem aus Edessa nach Amida.

* * * *)

Der Bischof von Birta, Sergius, bevestigte auf Athanasii Unkosten diese Stadt. Celer umgab Europus, in der Provinz Mabug am Euphrat, mit einer Mauer. Anastasius erließ auch dies Jahr den Mesopotamiern die Steuer. Die Go-

*) Hier fehlt ein Blat im Codice.

Gothen beunruhigten die Edessener; um sie ab=zuhalten, mußten sie den römischen Soldaten mehr Oel und Holz geben. Celer, der im April zur Erneuerung des persischen Friedens nach Edessa kam, erwarb sich durch die Ausgelassenheit seiner Soldaten kein gutes Lob; man schlug sogar an öffentliche Oerter Pasquille gegen ihn an.

In Jahr 818 [J. C. 505 - 506] erneuerte Celer den Frieden mit einem andern Astabides, da der vorige unterdessen gestorben war. Er erließ auch, mit Bewilligung des Kaisers, den Amidensern die ganze, den Edessenern die halbe Steuer, kehrte am 28 Nov. nach Edessa zurück, ließ den Zorn gegen sie fahren und blieb 3 Tage da. Seine Armee hatte er gleich am Tage seiner Ankunft aus einander gehen lassen. Am Ende sagt Josue noch: „Wenn Anastasius am Schlusse seines Lebens *) anders dachte: so darf ihm dieses nichts von seinem Lobe entziehen. Laßt uns an das denken, was Salomo am Ende seines Lebens that.“ Es kann seyn, daß Josue noch andere historische Schriften verfertigte; sie sind aber noch nicht gefunden worden.

Ja-

*) Vermuthlich ziehlt er auf den Schutz den der Kaiser den Ketzern angedeihen ließ. Theodor. Lect. L. II. Theophanes ad an. 499.

Jacob,

Bischof von Saruga.

War Bischof von Batna in Mesopotamien, von welchem Orte Stephanus von den Städten, Suidas, Iosephus de Bello iud. L. II. p. 782. Procopius de Bello Perf. L. II. c. 12. Iulianus Epist. 27. Concil. Antioch. Act. X. reden. Die Syrer nennen sie Batnon. Nach dem Josue Stylites ist sie J. C. 505 vom Eulogius mit Mauern umgeben worden. Sie lag in der Landschaft Sarug; daher Batna Sarugi und Batne in Sarugo. Sarug war der Name einer Provinz. Bey Jacobs Leben muß hieraus erklärt werden, daß er bald Bischof des sarugischen Batna, bald Bischof von Batna in Sarug heißt. Nach der Hand, da Mesopotamien saracenisch wurde, bekam Batna den Namen Sarug. Das Leben Jacobs wollen wir aus einem Anonymo Syro ins Kürze ziehen.

„Der heilige Lehrer Mar Jacob, das Werkzeug des heiligen Geistes und Dichter der gläubigen Kirche, war aus Curtom, einem Orte am Euphrat. Er war ein gewünschter Sohn christlicher aber unfruchtbarer Eltern. Im dritten Jahre soll er am Epiphanienfeste, da ihn seine Mutter mit in die Kirche nahm, aus freyem Antrieb drey Hände voll geweihtes Wasser *) geschöpft

*) Theod. L. II. p. 566. legt die Wasserweihe am Epi-

schöpft haben. Dies soll der Grund seiner Weisheit gewesen seyn. Da er anfieng berühmt zu werden: befahlen ihm die Bischöffe, zur Probe vom Wagen Ezechiels zu reden. Er that es mit allgemeinen Beyfall. Da sie ihm es nieder zu schreiben befohlen: so fieng er schon im 22. Jahre seines Alters an zu schreiben. Er war 67 und ein halbes Jahr alt, als er Bischof von Sarug, im gr. J. 830 [J. C. 519] wurde. Nachdem er der Kirche als treuer Lehrer gedient: so starb er im gr. J. 833 am 29 Nov. und wurde zu Sarug begraben. Er lebte in allen 70 Jahre und war zwey und ein halbes Jahr Bischof.„

Nach diesem Auctor ist also Jacob gebohren im gr. J. 763 [J. C 452], examinirt J. C. 472. Im J. C. 503 schrieb er den Brief dessen Josue S. 75. gedenket, und ausser ihm noch Gregorius Abulphar. in Dynast. beym 11 Jahr Athanasii. Im J. C. 519 wurde er Bischof und starb J. C. 521. Eben so schreibt Dionysius. „Im 833 J. gr. R. starb der heilige Mar Jacob, Lehrer und Bischof von Batna in Sarug. Sein Nachfolger war Moses.„

Nairon

Epiphanienfeste Petro Fulloni; Josue aber S. 69. Petro von Edessa bey. Wie kann nun Jacob dies schon im gr. J. 863 gethan haben? Assemann glaubt, daß sie nicht sowohl die Sache, als vielmehr, daß sie zu Abends geschehen sollte, verordnet hätten.

Nairon sowohl als Cave irren, wann sie ihn mit Jacob von Edessa [S. 64.] in gleiches Zeitalter setzen.

Er gehört mit unter die rechtglaubigen Lehrer der Kirche; dies erhellt 1) weil ihn Johannes Maro in seiner Schrift wider die Nestorianer und Monophysiten anführt. Diese Anführung ist ein Stück aus der Rede von Lazaro; in welchem er Mariam Magdalenam zu Christo reden läßt: „Maria sagte: Ich glaube Herr, daß du Messias seyst, der kam und einst kommen wird in grosser Herrlichkeit mit seinem Vater. Ich glaube Herr! daß du keinen menschlichen Vater, keine himmlische Mutter habest. Wie könnten zween Väter einen Sohn haben? Joseph ist nur dein angenommener Vater. Ich glaube, Herr! daß du den ersten Adam erschaffen habest, und von dem alten Simeon im Tempel gehalten worden bist. Ich glaube, Herr! zwey Naturen in dir, eine von oben, die andere vom menschlichen Geblüte. Die geistliche Natur, die du hast, ist die Natur des Vaters; die leibliche ist von der Tochter Davids. Die eine von Gott, die andere von Maria; ohne Verwirrung. Ich glaube, Herr! daß der Vater nicht älter als du; du aber älter als deine Mutter bist.„ In einer Rede von der Kirche, die redend eingeführt wird, sagte er: „durch das Wort Immanuel bekennen wir zwo Ideen; daß er wahrhaftiger Gott, und wahrhaftiger Mensch

 sey.

sey. „Durch Inman, wird uns unsere Natur zu erkennen gegeben; durch El, die Gottheit; ohne Trennung. Immanuel ist so viel als sagte man: Gottmensch. Nicht vermischt; sondern auf beiden Seiten vollkommen.„ 2) Für rechtglaubig erklären ihn auch Josue Stylites, Isaac von Ninive, Timotheus, Presbyter von Constantinopel, beym Cotelerius Tom. III. Monum. Eccl. Graec. p. 396. und andere. Die Maroniten nehmen ihn daher als einen rechtglaubigen Schriftsteller und Heiligen an. 3) Er lebte überdies in Mesopotamien, ehe noch die Syrer von Jacobo Baradäo oder Zanzalo monophysitisch gemacht wurden. Er war Presbyter, da die meisten Bischöffe, Flavianus von Alexandrien, Petrus von Edessa, Baradatus von Constantina; den einzigen Philoxenum von Mabug mit einigen wenigen ausgenommen, rechtglaubig waren. Da er Bischof wurde, ließ Justinus die meisten Irrlehrer aus Syrien, Severum aus Antiochien, Philoxenum aus Mabug verjagen. Würde dies nicht auch unserm Jacob begegnet seyn? 4) Wer wider die letztern schrieb, gedachte Jacobs mit keinem Worte; da er doch keine unbekannte Person war.

Es ist wahr, man hat unter Jacobs Namen verschiedene Schriften die heterodox sind: die aber theils einen andern Jacob zum Verfasser haben, theils, wie Euagrius L. III. c. 31. bemerkt interpolirt sind. Seiner Schriften und Homilien

milien sind 793. Die erste handelt vom Wagen Ezechiels, die letzte, die er nicht endigte, von Maria und Golgatha. Dies sind aber nur blos die 12 sylbigten. Man hat noch weit mehrere von ihm in den vaticanischen Manuscripten. Wir wollen erst einige Proben aus seinen **prosaischen Werken** geben. Er schrieb

1. Eine Liturgie, oder Anaphora. Renaud. l. c. p. 356. Conr. Schultingius p. 106. nr. 24. [nur muß hier für Sexugensem, Sarugensem gesetzt werden]. Ludolph. in Lexic. Aethiop. *) Stephanus. Edenensis C. II. de orthodoxis Anaphor. Auctor. eignet ihm eine zwote Liturgie zu, die aber mehr dem Severo Antiocheno gehört.

2. Taufordnung **).

3. Brief an den Abt Samuel im Kloster Mar Isaac Gabula, von den harten Schicksaa-

 len

*) Nach Aethiopien kamen die syrischen Liturgien so gut als nach Aegypten. Die Aethiopier hatten auch 2 Klöster am Libanon und zu Jerusalem ein Hospitium.

**) Die syrische Kirche hat sieben Taufordnungen. 1) die nestorianische; die sie die apostolische heissen. 2) des Apostel Jacobs. 3) Severi von Antiochien. 4) Philoxenis von Mabug, diese vier gebrauchen die Jacobiten. 5) Basilii M. 6) unsres Jacobs und 7) Jacobs von Edessa. Dieser drey letzten mit der zwoten, bedienen sich die Maroniten.

len der Kirche durch die Irrlehren, vom Anfang der Welt, biß auf seine Zeiten. Besonders beweißt er gegen die Eutychianer, daß Christus eine Person sey, und Maria Gott gebohren habe. „Eigenschaften der göttlichen Natur sind, daß er unsichtbar ist, nicht im Leibe empfangen worden, nicht seine Entstehung vom Weibe habe, nicht wie Menschen gebohren werden, nicht in Windel gewickelt, nicht wachsen, nicht älter werden, nicht gesäugt, getauft, gekreuzigt, begraben werden kann. Die Handlungen, die Christus unbegreiflich verrichtete, sind verborgen und geheimnißvoll. Wenn hingegen der menschlichen Natur das ihrige gelassen werden soll; so wird der Mensch nicht ohne Beywohnung gezeugt, nicht durch den Stern die Weisen aus Morgenland mit ihren Geschenken zu seiner Verehrung herzugebracht, er verwandelt nicht Wasser in Wein, wandelt nicht auf den Wogen des Meeres, ruft nicht die schon modernde Todten ins Leben zurück. Wir müssen deutlich Gott das göttliche, dem Menschen das menschliche beylegen. Aus dieser falschen Annahme würde folgen: daß Gott an den Handlungen der menschlichen Natur keinen Antheil; so wie der Mensch, vom Weibe gebohren, keinen Antheil an den Vorzügen und Wundern des eingebohrnen Sohnes Gottes habe.„ und schließt mit dem Bekänntnisse von der Dreyeinigkeit: „Vater und Sohn und heiliger Geist, sind bekannt gemacht

und

und geprediget worden, daß sie der einzige anzubetende Gott sind; neben welchen keine andere Person Theil an dieser Verehrung hat. Es ist ein heiliger Vater, ein heiliger Sohn, ein heiliger Geist. Der Vater ist nicht gebohren; der Sohn ist gebohren, der heilige Geist geht vom Vater aus, und empfängt es vom Sohne.„ Dies letzte drücken die Orientalen sonst aus: und empfängt sein Wesen, und was dazu gehört, vom Sohne. Renaud. l. c. p. 136. 533. 274.

4. Brief an Stephanum Barsudaili von Edessa, von der Ewigkeit des Paradieses und der Hölle.

5. Brief an Mar Jacob, Abt im Kloster Maphesciat zu Edessa: erklärt einige biblische Stellen.

6. Einige andere Briefe und Homilien.

Was seine metrischen Werke betrift: so sind ihrer weit mehrere. Ihre Anzahl erstreckt sich auf 231. Wir wollen einige Stellen liefern. Aus der Rede auf die Gottesgebährerin: „Ohne Vermischung ist der Sohn Gottes Mensch geworden, der Sohn Gottes und der Menschensohn ist einer. Aus dem hohen und niedrigen ist ein einziger Eingebohrner.„

Vom Apostel Adäus und dem König Abgarus: „Abgarus ein frommer König ließ den Sohn Gottes bitten: in seine Stadt zu kommen. Er öfnete sie ihm zu einem freundlichen Einzug, um

Arzt

Arzt und Lehrer seines Volkes zu werden. Er übergab sie dem auf Erden erschienenen eingebohrnen Sohne. Dieser versprach auch den König anzunehmen, wenn er zu seinem Vater käme, sich seiner als seiner Braut zu erinnern und ihn zu heiligen. Er wolle ihm einen seiner Jünger schicken, der seiner Familie und seinem Volke Heil und Segen bringen sollte. Da er sich nun von der Erde erhub: so schickte er aus der Zahl seiner Brüder Adäum, und erfüllte durch ihn das schriftlich geschehene und unveränderliche Versprechen *).„

In der Rede vom Untergang der Götzen kommen folgende alte Götzen von Edessa und Haran vor: „Nach Antiochien brachte der Teufel den Apollo. Zu Edessa verschafte er dem Nebo und Bel viele Anhänger. Haran verehrte Besin, Baalschemin, Barnemre, Mari [Okälbaui] Hundsherrn, Tarata und Gadlat **).

Georg,

*) Dies liest man auch beym Ephraem in seinem Testamente, und im Josue Stylites. S. Euseb. Hist. E. L. I. c. 13. Pagium ad an. 41. Daß Thomas auch Judas oder Adäus heisse s. Ephraem vom Glauben, Hymne 7. Uebrigens ist nach der allgemeinen orientalischen Meynung dieser Adäus nicht aus den 12 Aposteln, sondern nur aus den 70 Jüngern. S. Hieron. in C. X. Matth.

**) Viele davon stehen beym Selden de Diis Syr. und Girald de Diis Gentil. Vom Besin hat das Dorf Dair Besin bey Eiden den Namen.

Baal-

Georg,

Schüler des vorhergehenden Jacobs.

Es ist nichts weiter von ihm vorhanden, als eine Lobrede auf seinen Lehrer. Man weiß nicht einmal, wer er gewesen seyn mag. Doch ist er vom Georg, dem Bischof von Tagrit, und vom Georg, dem Bischof der Araber zu unterscheiden. Er lebte ums Jahr C. 520.

Simeon,

Bischof von Betharsam.

Er hatte den Beynamen persischer Philosoph oder Prediger, und war besonders vom J. C. 510-525 in Persien berühmt. Dionysius meldet in seinem Chronicon beym 821 gr. Jahr folgendes von ihm: „Im Jahr 821 war Mar Simeon Bischof von Betharsam *), berühmt. Er wurde sonst auch Simeon, der persische Prediger genennt. Einstmals unterrichtete und taufte er drey vornehme angesehene Magier. Ihre Collegen, die dies hörten, erhielten vom Könige den Befehl, daß jene, wo sie die wahre Lehre nicht verlas-

Baalschemin ist Jupiter, Barnemre ist Bacchus. Mari ist ein allgemeiner Name. Der Hundsname scheint ein Spott Jacobs zu seyn; oder hatte der Götze ein Hundsgesicht. Tarata ist wahrscheinlich Janus unter weiblicher Gestalt. Gadlat kann die Erfinderin des Spinnens seyn.

*) Griechisch: Arsomopolis.

lassen und dem Christenthum absagen würden, hingerichtet werden sollten. Sie aber, bestimmt zur Krone des Lebens, sahen unerschrocken das ihnen vom König drohende Schwerdt. Aufgemuntert durch Simeon für das ewige Leben Märtyrer zu werden; widersetzten sie sich dem gegen sie ergangenen Befehl und sprachen: Fern sey es von uns den Gott, der Himmel und Erde machte, und seinen Sohn Jesum Christum, der uns rief und durch seine Gnade zu sich brachte, zu verläugnen, oder an seiner statt seine Creaturen zu verehren. Auf diese Rede wurden sie 10 Tage nach ihrer geistlichen Geburt hingerichtet." Man sieht hieraus, daß Simeon ein eben nicht unangesehener Lehrer gewesen. Zwar schwächte das seinen Ruhm, daß er Zenons Henoticum annahm; aber er war deswegen nichts weniger als ein Monophysite, wozu ihn Stephanus Edenensis in Exposit. Miss. c. 7. macht. In seinen Werken findet man nie, daß er das chalcedonensische Concilium tadelt. Er stimmt vielmehr den Bischöfen bey, die encyclicas litteras an Leonem schrieben. Er lobt Justinum, als den Vertheidiger des Concilii, und war des rechtglaubigen Presbyter Abrahamius Freund. Daß er das Henoticum annahm, daran that er, was verschiedene andere ebenfalls gethan hatten.

Seine Schriften sind.

1. Anaphora. S. Renaud. l. c. p. 801.

2. Brief

2. Brief vom Barsauma, den Bischof von Nisibis und der nestorianischen Ketzerey:

„Gleichwie unsre wahre christliche Religion vom Abraham dem Erzvater, vermöge der Verheissung: in deinem Saamen [durch den Messias, nach der Stelle; durch den wahren Glauben ist Abraham ein Vater aller Völker, zu denen auch wir gehören,] sollen die Völker gesegnet seyn, abstammt: so hat auch die Irrlehre der Nestorianer von Hanna und Caiphas, den Hohenpriestern, und übrigen Juden jener Zeit ihren Ursprung, die sich den Messias als Menschen dachten, als sie sagten: du lästerst; da du ein Mensch bist, so machst du dich selbst zu Gott. Dies erhielt sich bey jenen Juden. Unter ihnen, nannten ihn einige Menschen; andere den Gerechten, Propheten, guten Lehrer, König Israels; noch andere, den Beelzebub, das Haupt der Teufel, den Lästerer, und den der wider das Gesez handelt. Sie hatten also seinetwegen Streit, beyde Theile aber hielten ihn für einen Menschen, und diese Meynung erhielt sich biß auf diesen Tag bey den Nestorianern.„

„Von den Juden empfieng diese Irrlehre Simon der Zauberer, aus den samaritanischen sogenannten Juden, der sich den Aposteln zu Rom entgegen sezte, sich selbst groß machte, solches von sich sagte, und sich für den Messias ausgab; wie er es vom Hanna, Caiphas und ihres gleichen empfangen hatte.„

Vom

„Vom Simon empfieng sie Ebion; vom Ebion Artemon, von diesem der vormalige Bischof der syrischen Stadt Antiochien, Paulus von Samosata, zur Zeit der heidnischen Kaiser, da der rechtglaubige Constantinus noch nicht regierte, und keine Furcht für den römischen Kaisern da war. Dieser Paulus von Samosata, machte es noch ärger als seine Lehrer Simon, Ebion, und Arteman, und sagte von der heiligen Maria: daß sie einen blossen Menschen gebohren habe, nicht Jungfrau geblieben, und blos Maria sey. Christum nannte er geschaffen, gemacht, sterblich und einen Sohn aus Güte. Von sich selbst sprach er: Ich könnte, wenn ich wollte, Messias seyn, weil ich und Christus das nemliche Wesen habe. Er predigte die Ketzerey zwoer Personen, ihrer besondern Eigenschaften und Würkungen.„

„Vom Paulo empfieng sie Diodorus von Tarsis in Cilicien, der von Jugend auf in dem Irrthum des Macedonius steckte und den heiligen Geist lästerte. Er wurde in der christlichen Lehre unterrichtet, wurde Bischof von Tarsis und breitete die Irrlehre des Macedonius aus. Er theilte die beyden Naturen, ihre Eigenschaften und Würkungen bey Christo; stellte sich den Messias als Menschen, geschaffen, gemacht, sterblich, uns gleich und Sohn aus Güte vor, und folgte in diesem allen seinem Lehrer Paulus von Samosata.„

Vom

„Vom Diodorus empfieng es Theodorus von Mopsveste in Cilicien, der alle Schriften des A. und N. Testamentes erklärte, überall aber die jüdische Meynung, die er vom Messias hatte, wie Diodorus und Paulus von Samosata, seine Lehrer, vortrug. Alles was von Simon dem Zauberer, Paulo und Diodoro war, das erhielt und bestätigte er, und nahm den Messias als Menschen, geschaffen, gemacht, sterblich, unserer Natur, Gnaden Sohn und Tempel des ewigen Sohnes an, der nicht Sohn Gottes von Natur, sondern aus Gnade sey. Damit verband er seine übrigen Lästerungen, die seine sämtlichen Reden und Auslegungen anfüllen.„

„Vom Theodorus empfieng sie Nestorius, aus Germanice. Dieser war erst Presbyter an der Kirche der grossen Stadt Antiochien, nachher Bischof von Constantinopel. Er gab sich alle Mühe, die oberste Stelle bey dieser Ketzerey seiner vorhin genannten Lehrer zu haben, und alle Anhänger derselben nach seinen Namen zu benennen, wie vom Marcian die Marcionisten, vom Eutyches die Eutychianer. Nestorius als ein Feind der Gerechtigkeit, warf sich öffentlich zum Feind der constantinopolitanischen Kirche auf. Seine Lehrer Simon, Ebion u. s. w. breiteten solche nur heimlich unter sich aus. Er aber eignete sich aus Hochmuth die Stiftung dieser Sekte zu, stund in der Gemeine öffentlich auf, und sprach: Rühme dich nicht Maria! du hast keinen Gott, sondern einen geschaffenen, gemachten, sterblichen, uns gleichen Menschen gebohren, dem die Benennung, Sohn Gottes, aus blossen Gnaden zukommt, und der durch seine Verbindung mit den Sterblichen Jesus ist. Dieser, und anderer Lästerungen wegen, wurde er von den heiligen Vätern zu Ephesus aus der Gemeinschaft der ganzen heiligen Kirche, mit allen seinen Lehrern und ihren Anhängern gestossen. Von der Zeit an haben sie den Namen Nestorianer."

"Vom Nestorius bekam sie Theodoretus, der aus Eifer für den Nestorius wider die heiligen ephesinischen Väter, die den Nestorium seinen Lehrer in den Bann gethan hatten, ein gottloses Werk verfertigte."

"Von ihm empfieng sie Ibas, der zu den Lästerungen seiner vorhergenannten Lehrer, noch diese hinzu that, daß er in einer Rede sagte: Ich beneide den Messias nicht, daß er Gott ist, da er es nur dem Namen nach ist. Er ist Mensch und meiner Natur. Deswegen wurde Ibas und Theodoretus mit ihren Anhängern in den Bann gethan."

"Vom Ibas bekam sie ein gewisser Mares aus der Stadt Hardascir, von dessen Zeit an Persien mit dem Nestorianismo sonderlich durch

Ibas

Ibas Briefe, Erklärungen, Reden und Uebersetzungen seiner Lehrer *) verdorben wurde."

"Nebst dem Mares überlieferte Ibas seinen Irrthum einem gewissen Presbyter zu Edessa, Maro **), der von Elite und Lehrer der damaligen persischen Schule zu Edessa ***) war."

"In dieser Schule zu Edessa waren zur Zeit der Perser ****) die vornehmsten Lehrer: Acacius *****), ein Aramäer, Barsumas

G 2

*) Die Schriften Theodori Mopsvest. s. Chalced. Concil. Act. 9. 10. Sonst übersetzte die persische Schule zu Edessa die Schriften Diodori, Nestorii, u. a. Als sie Cyrus zerstörte; so nahmen die Lehrer selbige mit nach Persien.

**) Ein Diacon. Maronius unterschrieb im Antiochenis. Concilio wegen Iba. s. Concil. Chalc. Actu 10. Vielleicht ist er nachmals Presbyter geworden. Elite ist vermuthlich das Dilaita in Mesopotamien; denn nach den Erzählungen der Jacobiten soll Maro erst zu Dilaita gelebt haben, ehe er nach Edessa kam. Ein anderer rechtglaubiger Maro lebte nach Theodor. in Philotheo cap. 6. zu Ende des 4. Saec. Noch einen andern werden wir unten anführen.

***) Zu Edessa waren nach einem Auctor des Lebens Alexandri Acömetä beym Bolland ad d. 15. Ian. p. 1023. verschiedene Schulen. In der Persischen wurden die Christen, so persische Unterthanen waren, unterrichtet. Theodor. Lect. Lib. II. p. 558. 566.

****) Oder nach einer andern Lesart; Unter den sich damals daselbst aufhaltenden Persern, waren u. s. w.

*****) Ein Anverwandter Babuaci Cathol. nach Salomon

famas *) Maro von Carbua Knecht, Maanes von Hardascir, Absuta von Ninive, Johannes von Garmache, Micha, Paulus Cachai Sohn aus den Huziten, Abraham ein Meder, Narses der Aussätzige, Ezelias aus dem Kloster Caphar Maris **). Diese und viele andere vertheidigten mit einer starken Hartnäckigkeit die Irrlehre des Ibas. Doch waren auch andere die dem Ibas kein Gehör gaben, als Mar Papas aus Bethlaphet einer huzitischen Stadt, Mar Xenaias aus Tachal Bethgarme und sein Bruder Adäus, ingleimon

mon Bostrensi in Libr. Apum c. 51. Der Verfasser des Catalogi der chaldäischen Patriarchen sagt von ihm: „Nach den Märtyrer Tode Babuäi wurde Acacius Catholicus. Diesem setzte Barsauma. so lange zu, bis er mit ihm übereinstimmte. Von der Zeit an waren die Catholici in Persien Nestorianer.„

*) Der Verf. des Catal. der chaldäischen Patriarchen sagt: „Barsaumas wurde beym König (Pherozes) der Ankläger des Catholicus Babuäus, und beschuldigte ihm heimlich und falsch, daß er und die seinen den römischen Glauben hätten und ihre Spionen wären. Aber gieb nur mir, sagte er, die Gewalt über sie, daß ich sie gefangen nehmen kann. Pherozes machte also Barsaumam zum Bischof von Nisibis, und gab ihm die verlangte Gewalt.„ In einem andern syrischen Codice findet man das 746. gr. Jahr als das Jahr angegeben, da Barsaumas Bischof von Nisibis wurde.

**) Von allen diesen wird in der Folge geredet.

gleichen Mar Barhadbesciaba von Carbua nachher im Kloster Juchene, und Mar Benjamin ein Aramäer, der über das Kloster Carith gesetzt wurde, in welchem die Umriner die Herrschaft über die Schule hatten. Diese und noch viele andere giengen vom Ibas ab.„

„Nach Ibä Tod wurden alle die Perser mit ihren Schriftstellern aus Edessa gejagt, die Schule selbst durch den Eifer des seel. Bischofs Mar Cyrus auf Befehl des Kaisers Zeno geschleift, und an ihre Stelle der heiligen Gottesgebährerin Maria eine Kirche erbauet „

„Die verjagten liessen sich bey den Persern nieder und wurden verschiedene aus ihnen Bischöfe. Acacius bey den Assyrern, der böse Barsaumas in Nisibis, Maanes in Hardascir, Johannes in Bethsori bey den Garmäern, Micha in Loscium bey den Garmäern, Paulus Cuchai Sohn in Ledan bey den Huziten, Phuses Curtäi Sohn in Sustra bey den Huziten, Abraham bey den Medern, der aussätzige Narses aber errichtete zu Nisibis eine Schule.„

„Die Huziten und Perser selbst hielten, zur Ausbreitung der vom Nestorio und Theodoro durch Ibam erhaltenen Lehre, verschiedene Versammlungen in Persien; zu Bethlaphet der Hauptstadt der Huziten, im 27. Jahre des Königs der Köni-

Könige *) Pherozes; zu Seleucia und Ctesiphon assyrischen Städten; und zu Bethardi im Gebiete Nuhadar. Auf diesen Versammlungen brachten sie verschiedene neue Canones auf und trennten sich von der wahren Lehre der Vorfahren; welche sie durch die heilige Apostel empfangen hatten, und die durch den heiligen Geist zu Nicäa von 318 Bischöfen, so wie vom rechtglaubigen Kaiser Constantinus, ingleichen von 150 glaubigen und heiligen Bischöfen zu Constantinopel unter Theodosio dem grossen, von 253 Bischöfen **) zu Ephesus unter Theodosio dem Jüngern, von 495 Bischöfen zu Alexandrien ***), Antiochien, in Syrien, Cappadocien und Galatien, vom Zeno durch sein Henoticum, ferner unter dem Bischof Maruthas,

*) So heißt der persische König, weil er verschiedene kleine Könige unter sich hat, z. E. den K. von Cerma, Nuhadar. Agathias L. IV p. 137. legt der Regierung Pherozis nur 24 Jahre bey: Pagius setzt also aus ihm seinen Tod ins J. C. 48.. Aber Simeon, ein Schriftsteller dieser Zeit, alle Araber und Perser, die sich um die Genealogie ihrer Könige bekümmerten, geben ihm 27 Jahre. Pherozes muß also erst nach dem J. C. 489. umgekommen seyn; da der Synodus, dessen Simeon gedenket, nach der Verjagung der Perser, diese aber nach dem Chronicon Edeff. im J. C. 489. geschehen ist.

**) In den Ephesinischen Actis sind nur 153. unterschrieben. Die Acta selbst reden von mehr als 200.

***) Das Chalcedonensische Concilium läßt er aus; doch

thas *), [der vom Kaiser an den König Isdegerdes im 11 Jahre seiner Regierung geschickt wurde] von 40 persischen Bischöfen, nachher auch von 33 Bischöfen des Landes Gursan **) mit ihrem Könige und dessen Ministern, von 32 Bischöfen des grösern persischen Armeniens mit ihren Marzabanen, und vielen andern orthodoxen Bischöfen und Königen, vom rechtglaubigen Constantin an, bis auf unsern seel. Anastasium ***), bestättiget worden war."

"Alle diese Bischöfe thaten zu ihren Zeiten alle die in Bann, die sich einen andern als den von mir oben beschriebenen Glauben, schriftlich oder mündlich zu lehren unterfiengen. Alle orthodoxe Kirchen in Persien und an allen Orten hatten ihn. Erst nach dem 27 Jahre Pherozes fiengen die persischen Bischöfe an, sich über die Flüche der obgenannten Bischöfe und über die obrigkeitlichen Befehle wegzusetzen und führten einen andern Glauben ein, nach welchem sie anstatt der Dreyfaltigkeit eine Vierfaltigkeit annahmen; nemlich den Vater, Sohn, heiligen Geist und Christum in zwo Naturen."

 Daher

doch nimmt er es durch Anführung der 495 Bischöfe, die litteras encycl. an den K. Leo schrieben, an.

*) S. 40.

**) Arabisch, Chorasan.

***) Anastasius starb im J. C. 518. Man kann daraus das Alter dieses Briefes bestimmen.

„Daher haben wir uns seit dem 27 Jahre Pherozes biß jezt von den Nestorianern getrennt, und verfluchen zugleich mit ihnen Simeon den Zauberer, ihren ersten Lehrer, Ebion, Artemon, Paulum von Samosata, Diodorum, Theodorum, Nestorium, Theodoretum, Ibam und alle ihre Anhänger und Feinde der Wahrheit. Mit ihnen verfluchen wir auch den Manes, Marcion, Eutyches *), Arius, Apollinares, ihre Lehre und alle ihre gewesene und zukünftige Anhänger. Wir verfluchen auch völlig alle die in Briefen, Versammlungen, Reden, Gedichten, Gesängen, es sey bey Haltung des Abendmahls, der Wasserweihe, oder der Taufe, sich unterstehen zu sagen: der vollkommene Gott, habe von uns einen vollkommenen Menschen, blos zur Verbindung und Wohnung angenommen: so wie alle die, welche trennen und das göttliche Gott dem ewigen Sohne, das menschliche, die Leiden, den Tod, Jesu dem Menschen, dem Sohne aus Gnade, zueignen; und zwey Söhne, einen von Natur, den andern aus Gnade annehmen: ingleichen alle, die nach geschehener wahren und unaussprechlichen Vereinigung

*) Die Monophysiten sind keine Eutychianer, wohl aber sind die Eutychianer Monophysiten. Denn die Acephali, Severianer, Jacobiten, verwerfen die Eutychianische Vermischung der Naturen. Die vielen Arten der Monophysiten dürfen nicht vermengt werden. Renaud. Lit. Or. T. II. p. 296

gung der zwo Naturen, zween Söhne mit ihren besondern Eigenschaften und Würkungen lehren. Ueberdies verfluchen wir die Lehre, die Canones und was sonst Acacius, Barsaumas, Barses und ihre Anhänger festsetzten. So verfluchen wir auch den Mares von Tachala, den Lehrer des Catholicus Babuäus, zu dessen Zeiten er anfieng die Irrlehre des Paulus von Samosata und des Diodorus unter den Aramäern zu lehren und solche auch dem Catholicus Babuäus, Hormisdä Sohn, vormaligen Schreiber des assyrischen Marzabanes Zabarganes, einflößten. Verflucht sey endlich jeder der nicht bekennet, daß Maria eine Gottesgebährerin sey."

8. Brief von den homeritischen Märtyrern, an Simeon Abt von Gabula. Dionysius, der solchen seinem Chronicon einverleibt hat, setzt ihm drey Capitel aus Johannis Bischofs von Asia Geschichte vor. Dieser Johannes lebte unter Justiniano. Wir liefern sie wegen der äthiopischen Geschichte.

Aus der Geschichte Johannis B. von Asien.

Vom Reiche der Indier *) und wie sie durch Krieg zur christlichen Religion kamen **).

 Um

*) Unter die gehören auch die Aethiopier und Homeriten. Stephanus de Vrbibus Theophyl. L III. c.9.

**) Die Axumiten oder Aethiopier waren schon seit Constantin des grossen Zeiten Christen. Rufin.

Um diese Zeit *) entstund unter den indischen Königen Krieg. Xenodon ein indianischer König führte solchen gegen Aidog **), der im innern Indien regierte und ein Heide war. Nach geendigtem Kriege zog der letzte gegen den homeritischen König Dimion ***) in Indien ****) aus folgender Ursache. Das äthiopische Reich *) liegt weiter als das homeritische von Aegypten und Thebais. [Eigentlich sind sieben Reiche, drey indische und vier äthiopische. Diese liegen zerstreut bald weiter, bald näher an der mittägigen Küste des grossen Weltmeeres.] Die römischen Kaufleute

L. I. c. 9. Socrat. L. I. c. 19. Sozom. L. II. c. 24. Theodoret. L. I. c. 23. Aber unter Constantin fielen die Homeriten zu den Arianern. Philostorg. L. III. Pagius hätte also J. C. 541. nr. 5. die Erzählung des Theophanes nicht als Fabel behandeln sollen. Johannes ist ein Scriptor coaevus. Theophanes schrieb ihn sehr fehlerhaft aus.

*) Um das vierte Jahr Justini. J. C. 521. wie aus der Folge erhellet.

**) Theophanes, Adad, sonst Elesban.

***) Theoph. Damianus. Pagius confundirt ihn mit Dunaano. Nicephor. Damuma L. XVII. c. 22.

****) Philostorg. L. II. n. 6. L. III. n. 4. Theodor. Lect. L. II. p. 567. Theophan. Byzant. in Excerpt. de Legat. nennt die Homeriten Aethiopier, vielleicht weil die Aethiopier ihre Herren waren.

*) כוש

leute *) hatten in Gewohnheit durch das Land der Homeriten in die innern Theile Indiens [Euzelien genennt] zu reisen. Der homeritische König Dimion ließ es sich einfallen, sie gefangen zu nehmen, ihre Güter zu confisciren und sie zu tödten; weil die römischen Christen gegen die in ihren Ländern sich aufhaltenden Juden allerley Bosheiten verübt und viele umgebracht hätten. Da die übrigen dadurch abgeschröckt wurden und zurücke blieben: so wurde der Handel nach Indien und Aethiopien aufgehoben.

Der König der Aethiopier schickt an den homeritischen König. Krieg zwischen ihnen.

Der äthiopische König schickte darauf Gesandte an den König der Homeriten und ließ ihm sagen: du hast sehr schlecht gehandelt, daß du die römischen und christlichen Kaufleute umgebracht hast. Du hast dadurch dem Handel einen Stoß gegeben, und nicht bloß meinem Reiche, sondern auch andern geschadet. Mein Reich aber empfindet es am stärksten. Aus der Ursache kam es zum Zank, vom Zank grief man zu den Waffen. Ehe es noch zum Treffen kam, stellte Aidog die Erklärung von sich: Ich räche das von diesem räuberischen Könige der Homeriten vergossene Blut der Christen; werde ich ihn überwinden, so will ich ein Christ werden. Das Treffen wurde geliefert.

Aidog

*) Von hier an schreibt Theophanes Wort für Wort ab.

Aidog siegte, nahm den homeritischen König gefangen, tödtete dessen ganze Armee und nahm von dessen Reiche Besitz. Nach diesem zauderte er nicht lange, sein Gelübde zu erfüllen. Er schickte zwey seiner Vornehmsten an den Kaiser Justinian *) und bat ihn um Bischöffe und Clericos. Justinian erfreut über diese Begebenheit überließ ihnen die Wahl der Bischöfe. Nach langem Suchen, fiel ihre Wahl auf den Kirchendiener **) an der Johannis Kirche Johannes, einem keuschen, frommen und eifrigen Mann; den sie nebst mehrern Clericis voll Freuden in ihr Land mitnahmen. Aidog erfreut über ihre Ankunft, ließ sich mit seinen Vornehmsten von ihm unterrichten und taufen. Eben so begierig nahm sein ganzes Land die christliche Religion an, und überall wurden Kirchen, dem wahren Gott der Christen zu Ehren erbaut. Auf diese Art erlöste Gott diese irrende Völker.

Noch etwas vom homeritischen Reiche. Von der Rebellion der homeritischen Juden.

Nach dem Tode des christlichen Königs, welchen Aidog über sie gesetzt hatte; fuhren die homeritischen Juden zu, und erwählten aus ihrer Mit-

*) Dies ist Justinus I. den die Orientalen Justinian heissen. Pagius ad an. 541. n. 6.

**) Phirmunoro. Theophanes. Paramonarius. Vermuthlich ein Monophysite, weil ihn Johannes ein Monophysite so sehr lobt. Pagius an. 519. nr. 19.

Mitte einen König *) über sich. In der ersten Erbitterung brachten sie auch die daselbst befindliche Christen, Männer und Weiber, grosse und kleine, ansehnliche und geringe; ohne Unterschied um. Die Historie dieser Märtyrer hat Mar Simeon, der Philosoph, beschrieben. Aus ihm setzen wir solche hieher.

So weit Dionysius aus dem Johannes. Nun folgt

Simeons, Bischofs von Betharsam und über die persischen Christen, Brief an Mar Simeon, Abt zu Gabula, von den homeritischen Märtyrern.

„Am 20 verwichenen Monaths Januarii des gegenwärtigen gr. J. 835 [J. C. 524] sind wir nebst dem Presbyter Abraham, Euphrasii Sohn, welchen der Kaiser Justinian an den arabischen König Monder **) mit Friedensvorschläges schickte, aus dem Gebiete Naamans weggereißt. Von diesen habe ich in meinem vorigen ***) Briefe geschrieben und zugleich für die Unterstüzung der Gläubigen gedankt. Welches Abraham sowohl als das, was ich jezt schreibe, weiß. Nach einer zehentägigen nach Mittag und Morgen gerichteten Reise durch die Wuste, kamen wir zum Mon-

*) Dunaanum, einen Feind der Christen.

**) Sonst Almonder, Alamundarus. Procop. de Bel. Perf. Euagrius L. IV. c. 12. 13.

***) Verlohren gegangenen.

Monder an den Sandberg [arab. Ramle]. Da wir in sein Lager wollten: so kamen uns heidnische Araber und Maaddener *) entgegen und sagten: Was wollt ihr nun thun, da euer Christus von den Römern, Persern und Homeriten vertrieben worden ist? Wir waren sehr unruhig darüber, zumal da mit uns zugleich ein Abgesandter **) des homeritischen Königs an den König Monder eintraf und folgenden stolzen Brief überreichte:

Du wirst wohl wissen, König Monder, mein Bruder, daß der von den Aethiopiern über uns gesetzte König mit Tod abgegangen ist. Weil nun wegen des Winters ***) die Aethiopier nicht zu uns kommen konnten, um uns wie sonst einen christlichen König zu geben: so habe ich das ganze homeritische Reich an mich gebracht. Hierauf nahm ich alle Christen gefangen und befahl ihnen Juden, wie wir sind, zu werden. 280 Priester, die ich finden konnte, habe ich, nebst den Aethiopiern, die die Kirche bewachten, umbringen lassen. Ihre Kirche machte ich zu einer Synagoge. Dann

zog

*) Procop. de B. P. c. 19. 20. Maeddeni.

**) Siehe das Leben Aretä beym Surius Tom. V. p. 493.

***) Dies alles geschahe kurz vorher, ehe Simeon diesen Brief schrieb. Da nun der Brief das gr. J. 835 (J. C. 524.) Justini 7tes angiebt: so mus daraus Theophanes, Cedrenus u. a. verbessert werden, die das 522 Jahr setzen....

zog ich mit 120000 Mann nach der königlichen Residenz Nagran. Einige Zeit lag ich vergebens dafür. Endlich gab ich ihnen eine eidliche Versicherung, mit dem Vorsatze, selbige den Christen nicht zu halten. Kaum war ich Herr von der Stadt: so befahl ich ihnen ihr Gold, Silber und Vermögen herzubringen und eignete mir es zu. Ihr Bischof Paulus sollte schon gestorben seyn. Zur Bestättigung zeigten sie mir sein Grab, woraus ich seine Gebeine nehmen und verbrennen ließ. Ihre Kirche, ihre Priester und die so in die Kirche geflohen waren, opferte ich ebenfalls den Flammen auf. Die übrigen zwang ich zur Verleugnung Christi und seines Kreuzes. Sie wollten aber nicht, sondern bezeugten vielmehr, daß er Gott und der Sohn des Höchsten sey und daß sie für ihn zu sterben, bereit wären. Ihr Fürst Aretas sprach für mich viel schimpfliches. Ich ließ daher alle seine Vornehmsten hinrichten. Die Weiber ermahnten wir unterdessen, sich zu geben, an ihren Männern sich zu spiegeln und ihrer Kinder sich zu erbarmen. Sie hörten aber nicht und beklagten nur, daß andere ihnen vorgezogen und sie von ihren Männern getrennet seyn sollten. Wir liessen sie also alle hinrichten, biß auf Rumam, die Frau des bestimmten Königes. Wir suchten sie durch Wiedergabe ihrer Kinder und ihres Vermögens

gens zur Jüdin zu machen, und gaben ihr unterdessen blos eine Wache. Kaum war sie aber von uns weg: so lief sie mit entblößtem Gesichte auf die Gasse unter das Volk, das sie seit langer Zeit nicht auf der Gasse gesehen hatte, und schrie: Höret mich, Weiber von Nagran, meine Freundinnen! Christinnen, Jüdinnen, Heidinnen, höret mich. Ihr wißt, daß ich von Geburt und Geschlecht eine Christin bin. Ihr wißt daß ich viel Geld, Gesind und Vermögen besitze. Würde ich, da mein Mann um Christi willen getödtet worden ist, zur zwoten Ehe schreiten wollen: so hätte ich ausser den Schätzen meines Mannes über 40000 Goldstücke; der Menge Edelgesteine, Kleider, Gold, Silber und Kostbarkeiten nicht zu gedenken. Ihr wißt daß ich hieran die Wahrheit rede. Ihr wißt auch, daß der Hochzeittag der fröhlichste Tag des Frauenzimmers ist; ob ihm gleich Verdruß und Schmerzen bey Geburt und Leichen der Kinder folgen. Ich entsage allen diesen. Ich genoß der hochzeitlichen Freuden; nun überliefere ich Christo mit fröhlichem Geiste meine fünf unbefleckte ledige Töchter. Seht auf mich, meine Freundinnen! seht mich zum zweytenmal unter euch. Am Tage meiner Verheyrathung wurde ich vor euch allen mit ofnem Gesichte meinem Manne angetraut; mit ofnem Gesichte gehe ich nun zu Christo, meinem

nem Gott, mein und meiner Töchter Herrn, der sich aus Liebe zu uns herab gelassen, zu uns gekommen und für uns gelitten hat. Folge mir! Ich gebe euch nicht an Schönheit nach. So schön ich aber auch seyn mag; so will ich doch lieber bey Christo seyn, als zu dem Judenthum übergehen. Meine Schönheit zeuge alsdann bey meinem Gott, daß sie mich nicht habe abtrünnig machen können, daß ich Gott mehr als Silber und Gold geliebt habe. Dieser aufrührische König hat mir das Leben, unter der Bedingung meine Religion zu verleugnen, zugesagt. Ferne sey es von mir, daß ich Christo, dem Gott, an den ich glaube, absagen sollte. Ich und meine Töchter sind auf den dreyeinigen Gott getauft, wir verehren sein Kreuz und sind mit Freuden für ihn zu sterben bereit. Ich, ich und meine Töchter. Denn er hat für uns im Fleische gelitten. Ich verlasse allen Reiz der Augen, alle Kostbarkeiten der Erde. Sie sind vergänglich. Mein Herr wird mir unvergängliche geben. Heil euch, meine Freundinnen, wenn ihr meine Stimme hört, die Wahrheit annehmet und den Heiland liebt, für welchen ich und meine Töchter sterben. Friede und Ruhe sey über das Volk Gottes! Das Blut der um Christi willen hingerichteten Brüder und Schwestern sey der Stadt eine Mauer, wenn sie an Christo

 sto

sto hält. Mit aufgedecktem Angesichte gehe ich und meine Töchter aus dieser zeitlichen Wohnung in ewige Welten. Bittet, meine Freundinnen, für mich den Herrn, daß er mich annehme, und sich meiner erbarme. Schon ist es der dritte Tag, daß ich meinen Mann überlebe.

Da wir nun ein Geheul aus der Stadt hörten: so wurde uns das, was wir erzählt haben, hinterbracht, mit dem Beysatz, daß auf die Rede der Ruma die ganze Stadt weine. Mit ihrer Wache, die ihr so viele Freyheit erlaubte, würde ich strenge verfahren seyn, wenn nicht andere fürgebeten hätten. Aus der Stadt kehrte sie darauf wie eine Rasende zurück, hatte ihre Töchter als Bräute geschmückt an der Hand, trat vor mich, löste ihre Haare bald auf, bald raufte sie solche mit den Händen, und schrie mit dargereichtem Halse und gesenktem Haupte: Wir sind Christinnen, für Christum wollen wir sterben. Schlag diesen Kopf herab: laß uns, laß uns zu unsern Brüdern und Schwestern, zum Vater meiner Töchter. Ihrer Raserey ohngeachtet, suchte ich sie doch zur Verleugnung Christi, oder wenigstens dahin zu bringen, daß sie ihn einen blossen Menschen heissen sollte. Sie wollte aber nicht, und ihre eine Tochter lästerte mich wegen dergleichen Anmuthung. Nun

sahe

sah ich keine Wahrscheinlichkeit mehr, daß sie verleugnen würden: befahl also zum Schrecken der übrigen, sie auf die Erde zu werfen, ihre Töchter zu enthaupten, das Blut in ihren Mund laufen zu lassen und sie dann auch hinzurichten. Ich schwöre bey Gott, ihre und ihrer Töchter Schönheit rührte mich.

Meinem Hohenpriester und mir selbst schien es gesezwidrig zu seyn, die Kinder wegen der Eltern zu tödten. Ich theilte daher die unmündigen Kinder unter meine Soldaten aus, daß sie solche erziehen und unterrichten sollten einst Juden zu werden. Halten sie an Christo: so müssen sie sterben. Dies wollte ich dir, König! zu wissen thun und dich ermahnen, keinem Christen unter deinem Volke, wenn er nicht deine Religion annimmt, nachzusehen. Die Juden aber, meine Brüder, die unter deinem Scepter stehen, empfehle ich deinem Schutze, und erwarte deine Befehle, was ich dir dagegen thun soll.

Dies schrieb dieser gottlose jüdische König an Monder. Da wir ankamen: so rief er seine Armee zusammen und las ihnen diesen Brief vor. Zugleich bestättigte der gegenwärtige Gesandte die Hinrichtung und Vertreibung der Christen aus Homerien. Monder redete die Christen unter seiner Armee an: Ihr hört was sich zugetragen hat. Entsagt also Christo. Ich bin nicht gütiger als ande-

andere Könige, die die Christen verjagen. Ein gewisser Soldat gab darauf voll Eifer und getrost die Antwort: Wie kannst du dies verlangen, da wir nicht erst zu deiner Zeit Christen geworden sind? Monder fragte ihn zornig: ob er sich so vor ihm zu reden unterstünde? Er antwortete: Niemand soll es mir wehren, für die Religion meines Gottes zu reden. Biß in den Tod will ich sie vertheidigen. Mein Schwerdt ist nicht kürzer als andrer ihres. Monder schwieg, weil es ein Soldat war, der mit einer vornehmen Herkunft Ansehen und Tapferkeit verband.

Als wir am ersten Sabbath der Fasten in das Gebiet Naamans zurück kehrten; fanden wir den Gesandten des vorigen homeritischen Königs, der auf unsere Erzählungen von den Grausamkeiten des jüdischen Tyrannen eiligst einen Unterthanen des Naamans nach Nagra sandte, um das Vorgegangene zu erfahren. Dieser erzählte nach seiner Rückkunft alles obige mit dem Beysatz; daß 340 Vornehme, die dem Tyrannen vor die Stadt entgegen gegangen wären, umgebracht worden; daß er dem Arethas, dem Sohne Calebs, dem Fürsten und Mann der Ruma sehr schimpflich begegnet sey und zu ihm gesagt habe: Bringt dich also dein Vertrauen auf Christum zur Rebellion gegen mich? Schone deiner grauen Haare, verleugne und sey nicht an deinem und deiner Gefährten Tode schuld. Arethas antwortete: In der

That

That muß ich mich über meine Gefährten beklagen, daß sie meinem Rathe nicht folgten, der dahin gieng; dich für einen Betrüger zu halten, nicht zu dir hinaus zu gehen, dir nicht zu trauen, sondern es auf ein Treffen ankommen zu lassen, in welchem uns Christus, durch unser Vertrauen den Sieg und die Errettung der Stadt, nach seiner [illegible]cht, verschaft hätte. Du bist ein Betrüger, kein König. Ich habe viele Könige gese[illegible] Sie hielten alle ihr Wort, entfernt von [illegible]gerechen. Zu verleugnen und wie du ein [illegible] zu werden, dieses Betrugs gegen meinen [illegible] bin ich nicht fähig. Ich weiß es, mein [illegible] hängt von meiner Wahl ab. Aber ich ha[illegible]n zu lange für diese Welt gelebt. Ich ha[illegible] Gott lob! als Held gestritten. Bald wird un[illegible] christliches Volk, gleich einem beschnittenen [illegible]ock, in dieser Stadt sich vermehren, und [illegible] dir eingeäscherte Kirche wird grösser er[illegible] werden. Bald wird die christliche Religion [illegible] Könige herrschen, das Judenthum niederge[illegible], dein Reich zerstöhrt, deine Gewalt dahin [illegible] Rühme dich deiner Thaten nicht; bald [illegible] dem Hochmuthe plötzlicher Fall. So habe [illegible] ehrwürdige Aretas gesprochen, dann sich her[illegible] gewandt, und die an seiner Seite stehenden Christen folgendergestalt ermahnet: Ihr, meine Brüder! habt gehört, was ich zu diesem Juden gesagt habe. — Ja, Vater! wir haben alles

 ge-

gehört, war ihre Antwort. — Ist es der Wahrheit gemäß, oder nicht? — Es ist die Wahrheit — Fürchtet sich also jemand vor dem Schwerdte, und ist willens seine Religion zu verleugnen: so entferne er sich von uns — Nein! wir fürchten uns nicht, Vater! wir sind alle entschlossen mit dir um Christi willen zu sterben; niemand wird dich verlassen. — So hört denn ihr versammleten Völker, Christen, Juden und Heiden! wenn sich es einer meiner Anver[illegible] und Befreunde in den Sinn kommen läße, [illegible] stum aus Achtung gegen die Juden zu verleugnen: so verkenne und enterbe ich ihn. Mein [illegible] gen soll alsdann zur Erbauung der Kirche [illegible] wandt werden. Ueberlebe mich aber [illegible] treuer Bekenner; so erbt er mein Vermögen; [illegible] die Kirche hat das Recht eines von meinen [illegible] Gütern sich zu wählen. Nach dieser Re[illegible] de er sich wieder zum Könige und sprach: [illegible] sage dir und allen die Christo entsagen. [illegible] bin ich, in deiner Gewalt. Seine Gefehr[illegible] den dadurch beherzt und sprachen: Wohlan! [illegible] raham das Haupt der Väter sehe auf [illegible] uns herab. Wer Christo entsagt, dem [illegible] von uns entsagt. Der Tyrann befahl sie [illegible] an den Bach Wadi zu führen, ihnen die Häupter da abzuschlagen und ihre Leichname hinein zu werfen. Aretas hob seine Hände nochmals gen Himmel und betete: Gott, Christus! verlaß uns nicht.

nicht. Stärke uns und nimm uns an. Laß dir das Blut deiner Knechte, dir zu Ehren vergossen, gefallen. Gieb uns, nach deiner Verheissung, Zeugniß vor deinem Vater. Baue deine Kirche und gieb ihr einen andern Bischof anstatt deines Knechts Paulus, dessen Gebeine sie verbrannten. Hierauf grüßten sie sich untereinander, der ehrwürdige Greiß segnete sie ein und reichte dann seinen Hals dem Schwerdte hin. Seine Gefährten drängten sich hinzu, um mit seinem Blute besprengt zu werden, und kamen alle als Märtyrer um.

Unter andern führte eine Mutter ihren dreyjährigen Knaben mit sich zum Richtplatz, der, so bald er den König im königlichen Ornate sahe, zu ihm lief und seine Knie küßte. Der König schmeichelte ihm und fragte: Willst du lieber mit deiner Mutter sterben, oder mit mir leben? der Knabe antwortete: Herr! ich will lieber mit meiner Mutter sterben. Ich will also wieder zu ihr. Sie sate zu mir: komm mein Sohn, laß uns für Christum sterben. Laß mich hin zu ihr, damit sie nicht eher sterbe, als ich sie sehe. Sie erzählte mir, daß der jüdische König alle die zu tödten befohlen habe, die nicht verleugnen; und ich mag nicht verleugnen. — Woher kennst du denn Christum? — Ich sahe ihn alle Tage, wenn ich mit meiner Mutter in die Kirche kam. — Liebst du mich oder deine Mutter am meisten — Herr!

 meine

meine Mutter. — Hast du mich oder Christum lieber? — Christum. — Warum hast du denn meine Knie geküßt? — Ich dachte, du wärest der christliche König, den ich in der Kirche sahe, und glaubte nicht, daß du ein Jude seyn könntest. — Ich will dir Nüsse, Mandeln und Feigen geben — Bey Christo, ich mag keine jüdische Nüsse essen. Laß mich zu meiner Mutter — Bleibe lieber bey mir, du sollst mein Sohn seyn. — Nein, bey Christo, ich werde nicht bey dir bleiben, du riechst zu sehr, meine Mutter hat einen weit bessern Geruch. Der König sagte nun zu den Umstehenden: Seht doch diese böse Brut, von Jugend auf hat Christus diesen Knaben verdorben und schuldig gemacht. Einer der Vornehmsten redete ihn liebreich an: Komm mit mir, ich will dich zum Knaben der Königin machen; bekam aber die Antwort: daß du geprügelt würdest, meine Mutter ist noch schöner für mich, wenn sie mich in die Kirche führt. Als er merkte, daß man ihn mit Gewalt halten wollte: so biß er den König in die Seite und setzte: o du gottloser König! Laß mich doch fort, um mit meiner Mutter zu sterben. Der König gab ihn einem seiner Vornehmsten mit dem Befehle, ihn zu erziehen und es an der Warnung nicht fehlen zu lassen; daß wenn er leben wollte, er Christum verleugnen müsse, sonst wäre sein Tod gewiß. Da ihn der Sclave desselben wegführen wollte: stampfte er mit Füssen und rief seiner Mutter. Komm hilf mir meine. Mutter! nimm mich mit in die Kirche. Sie aber rief ihm zu: Gehe nun, mein Sohn! halte fest an Christo. Gehe voraus in die Kirche, ich komme nach. Hierauf wurde sie enthauptet.

Die hiesigen Christen wurden durch diese Briefe und Nachrichten sehr bestürzt. Wir haben daher dieses geschrieben, damit die heiligen und glaubigen Bischöfe, die Vorfälle bey den Homeriten wissen und das Andenken der heil. Märtyrer erhalten möchten. Sonst ist unser Rath, dies bald an die vornehmsten Bischöfe und Geistliche, insbesondere an den Patriarchen von Alexandrien zu berichten. Es kann an den König von Aethiopien um Hülfe für Homerien geschrieben werden. Man könnte auch den Hohenpriester der Juden zu Tiberias anhalten, daß er an diesen kaum erschienenen jüdischen König schreibe und ihn von fernerer Verfolgung abmahne.„ Den Beschluß machen die Grüsse an die christliche Patriarchen und Geistlichen jener Zeit.

Simeons Brief endigt sich hier. Folgendes sind noch einige Capitel aus dem Chronicon Johannis B. von Asien, die wir um des Zusammenhangs aus dem Dionysius liefern:

Von dem Knaben, dessen oben in der Märtyrer Historie gedacht worden ist.

Wir halten es für billig den Knaben nicht zu vergessen, von dem oben erzählt worden, daß er den König in die Seite gebissen und gesagt habe: laß mich zu meiner Mutter. Der König übergab ihm, da seine Versuche ihn zu überreden fruchtlos waren, einem seiner Hofbedienten zur Erziehung. Der Tod war ihm bestimmt, wenn er nicht verläugnen würde. Dieser jüdische König wurde von den Aethiopiern umgebracht, die zugleich die homeritischen Juden ausrotteten. Der Knabe blieb also beym Leben. Der christliche König erfuhr seine Geschichte, nahm ihn, da er etwas grösser wurde zu sich und ließ ihn völlig erziehen. Er hatte das ganze Ansehen eines Märtyrers, bekam nachher die Aufsicht über die Patricier und hatte an allen Geheimnissen und Anschlägen des Königes Theil. Sein Name war Baisar. Sein König schickte ihn als Gesandten an den Kaiser Justinian. Bey dieser Gelegenheit haben wir lange Zeit seine gute Gesinnung, seine Demuth und Bescheidenheit, seine aus allen Mienen hervorleuchtende Redlichkeit und beständige Busse bewundert. Sein Geist war ordentlich im Gebet beschäftiget. Vom Morgen biß an den Abend besuchte er die Kirchen der Residenz, betete, gab von dem was er einnahm reichlich Allmo-

sen

[illegible] Krieg und [illegible]

[illegible] König [illegible]

[illegible] gegen [illegible] Tyrannen [illegible]

[illegible] Heere und allen [illegible]

[illegible] Den Sonderlichen setzte er [illegible]

[illegible] eifrigen Christen zum [illegible]

[illegible] Furcht und Schrecken [illegible]

[illegible] in [illegible]

und erhielt von daher noch vor dem chalcedonensischen Concilio einen Bischof *), der kurze Zeit darauf wieder starb. Weil aber der homeritische König **) erfuhr, daß man zu Alexandrien [illegible] ges Concilium annähme, und Theodosium de[illegible] gen vertrieben habe: so wegerte er sich auch seines Seits einen Bischof von Alexandrien zu nehmen.

Aus Mangel der Prediger schleichen sich verschiedene Ketzereyen in jene Gegenden ein.

Um diese Zeit litte Aethiopien, Homeriten und Indien sehr, wegen des Mangels an [illegible] stern. Sie schickten zwar jährlich eine Ge[illegible] schaft mit vielen Geschenken an Justinianum [illegible] baten um einen Bischof, der das chalcedon[illegible]

doch Asterium als Patriarchen zu Anfang [illegible] gierung Justini an Timothei Stelle ein. [illegible] rus asmonäischer Bischof und Ebnarrheb[illegible] Chronico Orientali gedenken eines Apoll[illegible] nach Timotheo.

*) Gergentium, Bischof von Taphar.

**) Ein anderer als obiger Abraham. Nach [illegible] rahams Vertreibung, wählten sich die Homeriten einen andern. Hellestäus der König von [illegible] pien vertrieb ihn und wählte Esimiphäum. [illegible] ser wurde ins Gefängniß geworfen und [illegible] mius folgte ihm. Von diesem ist hier di[illegible] de; denn aller Wahrscheinlichkeit nach verbindet Johannes Geschichten, die viele Jahre nachher sich zutrugen.

... nicht annähme. Weil aber dieser ein ... Vertheidiger des Concilii war: so rieth er ... einen Bischof zu nehmen, der es mit dem ... hielte und zu Alexandrien wohnte.. Ob ... gleich verschieden, daß sie keinen andern ... einen solchen, der es nicht mit dem Concilio ... hielte, annehmen würden: so wollte der Kaiser ... in ihr Begehren willigen. Dies dauerte ... Jahre hindurch, biß alle Geistliche dieser 3 ... dahin waren. Nach vielen vergeblichen ... einen Bischof zu bekommen, der dem ... nicht beygetreten; giengen sie endlich so ... daß die versammleten Presbyters, wider ... Ordnung der Canonum einem aus ihrer Mit... Evangelien Buch auf das Haupt legten, ... sich selbst einen Bischof machten. Sie glaub... auf diese Art die bischöfliche Würde zu erthei... da doch die also ordinirte Person nicht einmal ... Lage war. Hieraus entstunden starke ... und der Mangel der Bischöfe gab ... heit zur Irrlehre der Melchisedechianer *), ... verwegen genug vorgaben, Melchisedech wäre ... Diese Zerrüttung betraf nicht blos ... Verfassung; ihr Einfluß erstreckte ... auf das weltliche Regiment, das in zwo ... getheilt wurde, woraus langwührige ... entstunden. Endlich schliechen sich noch die

*) Epiphan. haer. 55.

die Phantasiasten *) aus Juligas und [illegible] Secte ein und verderbten die Religion die[illegible] der **).

Chronicon von Edessa.

Der Auctor ist unbekannt. Aus [illegible] Worten beym 838 Jahr sehen wir, daß er orth[illegible] dox war. Weil er beym J. C. 540 schließt, so mag er im J. C. 550 gelebt haben. Er trug sein Chronicon aus dem Archive der edessen[illegible] Kirche und andern öffentlichen Denkmälern zusammen. Seine Zeitrechnung ist die seleucidische, [illegible] 311 Jahre eher angehet als die christliche. [illegible] ist es Wort für Wort.

„Im J. 180. fiengen die Könige von [illegible] an zu regieren ***).

*) Leontius Byzantinus L. de Sectis c. [illegible] Diac. Breuiarium histor. Eutych. c. [illegible]

**) (S. Christ. Guil. Franc. Walchii histor. [illegible] in Homeritide Saec. VI. cum a rege [illegible] contra Christianos, tum ab Habessinis [illegible] vlciscendos gestarum. Goett. 1774.)

***) Der Patriarch Dionysius rechnet [illegible] später: „Im 1880 Jahre Abrahams [illegible] Edessa der erste König Osrhoes, [illegible] via, fünf Jahre. Von ihm hieß Edessa [illegible] Es fieng also das edessenische Reich [illegible] Olympiade an und endigte sich in der 24[illegible] Und beym 2233 J. Abrahams sagt er: „So hörte

Im J. 266 kam der Kaiser Augustus zur Regierung.
309 wurde unser Heiland gebohren *).
400 erbaute sich der König Abgarus **) ein prächtiges Grabmal.
449 fiel Marcion von der rechtglaubigen Kirche ab ***).
465 am 11 Jul. wurde Bardesanes gebohren.
Lucius Cäsar unterwarf mit seinem Bruder im fünften Jahre seiner Regierung die Parther den Römern ****).

Im

hörte auch das osrhoenische Reich auf, das 352 Jahr gedauert hatte. Von der Zeit an, war es unter römischer Bothmässigkeit.„ Dies ist nach Dionysii Rechnung das erste Jahr Heliogabali, J. C. 217. S. Pagium ad ann. 218 nr. 10. Dio L. 77. p. 875. Doch können wir nicht leugnen, daß nach der Hand noch einige Abgari regiert haben sollten. Da sie aber römische Vasallen waren; so rechnet sie Dionysius nicht.

*) Eben dies Jahr giebt Gregorius Barhebräus an.

**) Der 19te König.

***) Also schon vor Hygini Tod. S. Epiphan. haer. 42. Iustini Apol. I. wo er A. C. 139. Marcions gedenket. Philastrius de haeres. c. 46.

****) Diese Stelle stund nach dem J. 449 Assemann setzt sie hieher. Denn das fünfte Jahr L. Veri ist das gr. Jahr 476. C. 165. Cassiodorus und Hermannus Contractus setzen den Sieg über die Parthen in das vierte, den feyerlichen Triumph in das fünfte Jahr. Mediobarbus aber beydes

in

Im J. 513 unter Severi Regierung, da Abgarus, Maani Sohn, König von Edessa war, trat im Novemb. nach sonstiger Gewohnheit das von dem grossen abgarischen Pallaste herab fliessende Wasser dergestalt aus, daß es alle Pallöste, Spaziergänge und königliche Häuser überschwemmte. Abgarus entwiech auf die Höhe des Berges, wo die königlichen Bedienten und Arbeitsleute wohnten. Man berathschlagte sich zwar, was wegen des Wassers anzufangen sey; in der Nacht fiel aber ein starker Regen durch den der Fluß Daisan immer mehr wuchs. Die eisernen Schleusen und Dämme hemmten seinen Abfluß, er floß also wieder zurück. Das neue Wasser vermehrte ihn, er überwältigte die Stadtmauer und strömte in die Stadt. Der König Abgarus stund damals auf einem hohen Thurn, der von den Persern den Namen hatte, besahe das Wasser mit Fackeln, befahl die Quellen zu verstopfen, und acht Schleusen auf der westlichen Seite der Stadt, woher der Fluß floß, zu

in ein Jahr. Dionysius hält es mit dem letztern. „Im vierten Jahr (M. Aurels und L. Verus) verheerte Vologeses der König der Parthen verschiedene römische Städte. Im sechsten Jahre bezwang ihn Lucius.„ Unser Chronicon setzt das fünfte Jahr. Dies will auch Dionysius; denn er sagte vorher, daß Lucius im J. Abrahams 2177 zur Regierung gelangt sey. Sechs Jahre dazu, geben das 2183 Jahr, welches das 165 J. C. ist.

zu öfnen. Auch dies war vergebens. Das Wasser riß die westliche Mauer der Stadt ein, strömte in die Stadt, riß den grossen und schönen Pallast unsres Königs Abgari nieder und überschwemmte alles was ihm von schönen und vortreflichen Häusern auf beyden Seiten des Flusses im Weege stand. Die Kirche der Christen hatte das nemliche Schicksal. Mehr als 2000 Menschen, die das Wasser währendem nächtlichen Schlafe mit sich fortriß, büßten dabey ihr Leben ein. Abgarus befahl nachher den Oeconomen der Stadt, das Beet des Flusses zu erweitern uud die Häuser und Werkstätte nicht mehr an den Fluß zu erbauen. Dies geschahe auch mit Beyziehung der Meßkünstler und Bauverständigen. Weil aber doch 25 Bäche in den Fluß Daisan flossen und von allen Seiten sein Wasser vermehrten: so befahl Abgarus, daß die Künstler die am Flusse wohnen mußten, vom Octobr. bis in April nicht in ihren Häusern sich aufhalten, ingleichen daß von den Gasirädern, welche die Stadtwache hatten, den Winter hindurch immer fünfe auf der Flußseite die Wache haben und bey bevorstehender Gefahr die Stadt wecken sollten Wie denn überhaupt jeder, der eine bevorstehende Wassergefahr nicht anzeigen würde, als Uebertreter der königlichen Befehle angesehen werden sollte. Dies Gesetz erhielt von der Zeit an eine beständige Gültigkeit. Abgarus selbst ließ sich zu Tabara einen Winterpallast erbauen; des

Sommers hielt er sich in dem an der Quelle wieder zugerichtetem Pallaste auf. Ihm folgten seine Staatsbediente bald nach und bauten auf dem erhabenern Theil Sahar um den königlichen Pallast herum. Endlich ließ der König, um die Ruhe völlig herzustellen, den Einwohnern der Stadt und des Landes die Steuer auf fünf Jahre nach. Diesen königlichen Befehl schrieben Mar Jab, Semes Sohn, und Kajumas Magartats Sohn, als Schreiber von Edessa; Bardin aber und Bulid, als Vorsteher des edessenischen Archivs, zur öfentlichen Nachricht, nieder.

Im J. 517 baute Abgarus den Pallast in seiner Stadt

551 wurde Manes gebohren.

614 Unter Diocletians Regierung fielen die Mauern von Edessa zum zweytenmal ein.

624 Legte der Bischof Cono *) den Grund zur edessenischen Kirche die sein Nachfolger Saades ausbaute.

635 Ein Jahr vor dem grossen Synodus zu Nicäa, wurde unter Aitallah der Begräbnißacker zu Edessa eingerichtet.

635. Wurde Aitallah Bischof von Edessa. Er erbaute den Begräbnißacker und die östliche Seite der Kirche **).

Im

*) Vor dem Cono waren vermuthlich schon Bischöfe, die wohl gar bis auf Thaddäum steigen möchten. Cono heißt sonst fehlerhaft Cognatus.

**) In den nicänischen Unterschriften Ethilaus, Aetho,

Im J. 636 versammlete sich der grosse Synodus von 318 Bischöfen zu Nicäa.
639 Wurde die Kirche zu Edessa erweitert.
649 Starb Jacob Bischof von Nisibis.
657 Wurde Abraham Bischof von Edessa und baute das Haus der Bekenner.
660 Baute Constantius, Constantini Sohn die Stadt Amida.
661 Baute er noch die Stadt Telam *), die vorher Antipolis hieß.
667 Machte sich der eingesperrte Abraham von Chiduna **) berühmt.
670 Fiel Nicomedien ein ***).

tholaus und Aetolus. Dionysius setzt ihn ins gr. J. 646. Dies ist falsch: denn Aitallah war als Bischof zu Nicäa gegenwärtig. Dionysius schaltet ihn auch zwischen 641 und 642 ein. Es ist also blos ein Versehen des Abschreibers.

*) Sie bekam den Namen Constantina. Dionysius legt ihre Wiederherstellung nicht Constantio; sondern, wiewohl falsch, seinem Bruder Constantino bey.

**) Chiduna ist ein Flecken nicht weit von Edessa, dessen Dionysius im gr. J. 1072. gedenket.

***) Dionysius erzählt: „daß der Religion wegen auf Constantii Befehl sich die occidentalischen Bischöfe zu Arimini, die orientalischen zu Nicomedia versammlet hätten. Da aber Nicomedien durch ein heftiges Erdbeben eingefallen wäre, hätten sie sich in die isaurische Stadt Seleucia begeben.„ Ammianus L. XVII. Dionysius und unser Chronicon setzen diese Begebenheit ins J. C. 359. nicht 358 wie Baronius sagt.

Im Jahr 672 starb Abraham Bischof von Edessa und Vologesus Bischof von Nisibis. Im nemlichen Jahre wurde Barses vom Kaiser aus Haran nach Edessa versetzt.

674 Im Junius führte Julianus seine Truppen nach Persien und kam daselbst um.

675 Im Febr. kam Valentinus der grosse mit seinem Bruder Valens zur Regierung.

6.8 Starb Mar Julianus Saba.

681 Wurde das grosse Taufhaus zu Edessa gebaut.

684 am 9. Jun. starb der gelehrte Ephräm.

Im September vertrieben die Arianer das Volk aus der Kirche zu Edessa.

689 Im Merz starb Mar Barses Bischof von Edessa.

Am 27 Dec. kamen die Rechtglaubigen wieder zum Besitz ihrer Kirche.

Um die nemliche Zeit, da Theodosius der grosse eben seine Regierung antrat, wurde Mar Eulogius Bischof. Er erbaute die Kirche Daniels und gab ihr vom Domitius den Namen.

692 Baute Theodosius der grosse in Osrhoene die Stadt Rhesaina.

693 War eine Kirchenversammlung von 150 Bischöfen zu Constantinopel *).

698 Am sechsten Tage der Charwoche (den 23 April) starb der Bischof Eulogius.

705 den 22 Aug. brachte man unter dem Bischofe

*) Also zu Ende des J. C. 381 nicht zu Anfang, wie Baronius und Pagius wollen. Dionysius stimmt dem Chronicon bey.

schofe Cyrus den Sarg des Apostel Mar Thomas in die ihm geweihte grosse Kirche *).

Im J. 706 am 7 Jan. starb Theodosius der grosse **). Am 27 April kam Arcadius nach Constantinopel. Theodosii Leiche wurde am 8 Nov. nach Constantinopel gebracht. Im Jul. dieses Jahrs fielen die Hunnen in das römische Gebiete.

707 den 22 Jul starb Cyrus Bischof zu Edessa.

708 wurde Mar Silvanus Bischof von Edessa, der

710 am 17 Oct. wieder starb, worauf den 23 Nov. Mar Pachidas Bischof wurde.

In diesem Jahre wurde auch Chrysostomus Bischof zu Constantinopel ***).

714 Fieng Theodorus Bischof von Mopsveste an die Schrift zu erklären.

715 Verfertigte der Presbyter Absamias, Ephraems Schwester Sohn, seine Gedichte und Reden vom Einfall der Hunnen.

720 wurde Mar Diogenes Bischof von Edessa und fieng die Kirche Mar Barlaha zu bauen an. Mar Pachidas Bischof zu Edessa war im nemlichen Jahre, im Neumond des Augusts gestorben.

721 wurde Cyrillus Bischof von Alexandrien.

723 Empfieng Rabulas das edessenische Bißthum,

*) Rufin. L. II. c. 5. Pagius an. 327 nr. 10.

**) Socrat. L. V. c. 26. l. VI. c. 1.

***) Socrat. L. VI. c. 2. Gregorius Alexandrinus im Leben Chrysostomi nr. 20. und Marcellinus geben den 26 Febr. des 398 J. C. an. Es mag also wohl der Fehler im Chronikon liegen.

Bißthum, und baute auf kaiserlichen Befehl die Kirche des heil. Stephanus, die vorhero eine jüdische Synagoge war.

Im J. 724 wurden unter den Kaisern Honorius und Arcadius *) die Mauern von Edessa zum drittenmal vom Wasser niedergerissen.

732 Stund ein Mönch, Eutyches auf, und verwirrte die Lehre von der Menschwerdung.

Dies war auch die Zeit, da der seel. Jacob, der Umgebrachte, den Martyrertod litte.

739 Entstund die Irrlehre: daß die Sünde in der Natur läge **).

740 Wurde Andreas Bischof von Samosata.

741 Regnete es Staub vom Himmel

742 ***) War die erste ephesinische Kirchenversammlung.

7 6 am 8 Aug. starb Rabulas Bischof von Edessa. Ihm folgte der grosse Ibas, der die neue Kirche, jetzt die Kirche der Apostel genannt, erbaute

749 Schenkt ein Senator unter dem berühmten

*) Am Ende verbessert sich unser Schriftsteller selbst, und setzt statt des Arcadius den Theodosius. Das J. 724 ist das sechste nach Arcadii Todt.

**) Assemann glaubt, daß unser Schriftsteller entweder ein Pelagianer sey; oder daß, da er doch das ephesinische Concilium annimmt, nicht, im Texte ausgelassen sey: daß die Sünde nicht in der Natur.

***) Nach Assemanns Verbesserung. Das Chronicon und aus ihm Dionysius setzen 744.

ten Ibas eine grosse silberne Tafel von 720 Pfunden in die alte Kirche zu Edessa.

Im J. 753 schenkte Anatolius, ein Kriegsobrister, ein silbernes Gefäß zu den Gebeinen des h. Thomas.

756 Wurde Dioscorus Bischof zu Alexandrien. Er that auf der zwoten ephesinischen Kirchenversammlung *) den Flavianus Bischof zu Constantinopel, Domnus zu Antiochien, Ibas zu Edessa, Eusebius zu Dorilas, Daniel zu Haran, Sophronium zu Tela, und Theodoretum zu Cyrus in den Bann.

759 Am 1 Jan. kam der Bischof Ibas von Edessa weg. Ihm folgte am 21 Jul. Nonnus, saß drey Jahre und ließ das Jeration **) in der Kirche verfertigen.

760 Wurde der römische Bischof Leo berühmt.

762 Wurde die Kirchenversammlung in der Stadt Chalcedon angestellt.

763 Wurde Mar Isaac ***) ein Schriftsteller und Archimandrite berühmt.

769 Am 28 Oct starb Ibas Bischof zu Edessa ****). Nonnus kam wieder zum Bißthum und erbaute die Kirche Johannis des Täufers, ingleichen ein Armenhauß vor dem Thore Bethsemes und dabey die Kirche der beyden Märtyrer Cosmas und Damians. Er stif-

*) Im gr. J. 760. S. Pagium an. 449 nr. 11 und 12 daraus muß das folgende verbessert werden.

**) S. Suiceri Thesaur. in voce Ἱερατεῖον.

***) S. S. 48.

****) S. S. 47. 64.

stiftete verschiedene Klöster, errichtete Thürme, baute Brücken und besserte die Wege aus.

Im J. 771 den 2 Sept. an einer Mittwoche um 11 Uhr, starb Simeon Stylites *).

777 Baute Leo Callinicum im edessenischen, nennte solche nach seinem Namen Leontopolin und bestellte daselbst einen Bischof **).

782 starb Nonnus Bischof von Edessa. Sein Nachfolger war Cyrus.

795 rebellirte Leontius gegen Zeno und herrschte 2 Jahre zu Antiochien.

800 wurde die persische Schule zu Edessa ausgerottet.

809 im May wurde den sämtlichen Künstlern die Steuer nachgelassen. Am 6 Jun. starb Cyrus Bischof von Edessa. Ihm folgte am 12 Sept Petrus.

810 Kamen viele Heuschrecken, die aber dies Jahr keinen grossen Schaden thaten, weil die Pflanzen vom neuen trieben. Ein starkes Erdbeben trocknete das iberische Baad drey Tage lang aus und richtete Nicopolin dergestalt zu Grunde, daß ausser der Kirche, dem Bischof und 2 Kirchendienern alles verschüttet wurde. Es ließ sich desfalls ein blutiges Zeichen viele Tage hindurch am Himmel sehen.

Im

*) Der 2 Sept. fällt im J. 770 nicht 771 auf eine Mittwoche. Da wir S. 51 schon gezeigt haben, daß Simeon im 459. J. C. gestorben sey: so scheint hier ein Versehen vorgegangen zu seyn.

**) Die Stadt war schon vorhero da; so wie das Bißthum. Er verbesserte beydes, und wählte nach Damians Tod einen neuen Bischof.

Im J. 810 setzte der Kaiser Anastasius den Bischof von Constantinopel Euphemium ab, und gab Macedonio seine Stelle *).

811 Kamen die Heuschrecken wieder und verzehrten allen Vorrath des Jahres.

813 Sahe man am 22 Aug. ein grosses Licht am Himmel gegen Mittag, welches die ganze Nacht zu brennen schien.

814 am 5 Oct. schloß der persische König Cavades Amidam ein und eroberte sie nach 97 Tagen.

Im September belagerte er auch Edessa. Gott ließ es aber nicht zu, daß er sie beschädigte. Blos die Kirche des heil. Sergius und die mittägige Basilice der Märtyrer wurden ein Raub der Flammen.

821 am Ostertag (den 10 Apr.) entschlief Petrus Bischof von Edessa. Sein Nachfolger hieß Paulus.

Anastasius befahl im 21 Jahre seiner Regierung den Sarg der Märtyrerin Euphemia zu eröfnen und die vom chalcedonensischen Concilio da niedergelegte Schrift heraus zu nehmen und zu verbrennen. Ein aus dem Sarge herausfahrendes Feuer verhinderte die Ausführung.

Doch setzte er den Bischof von Constantinopel ab, weil er dem Concilio nicht entsagen wollte und gab Timotheo die Stelle.

J 5 Im

*) Dionysius setzt diese Begebenheit ins J. 809 und beschuldigt Euphemium der nestorianischen Irrlehre, welches Dionysio, als einem Monophysiten, nicht zu verdenken. S. Pagium an. 519 nr. 3.

Im J. 821 in seinem 24 Jahre rebellirte Vitalinus gegen ihn.

829 am 9 Jul. starb dieser Kaiser Anastasius. Justinus folgte ihm auf dem Throne und vertrieb im zweyten Jahr seiner Regierung Severum aus Antiochien und Xenaiam aus Mabug. Alle, die die vier Concilia nicht annahmen, hatten gleiches Schicksal. Der Eifer des gottseligen Kaiser Justinians ließ endlich die vier Concilia der Kirche, das nicänische, constantinopolitanische, erstes ephesinische und chalcedonensische in die Kirchenbücher eintragen *).

831 am 4 Nov. kam Patricius **) nach Edessa um Paulum ***) zu vertreiben. Er ließ ihm

*) Dies geschahe im ersten Jahr Justini am 15 Jul. im constantinopolitanischen Concilio. Denn Justinum I. nennen die Syrer und Araber Justinianum.

**) Dionysius vermehrt diese Geschichte mit folgendem Umstande: Daß Paulus durch Vorschub des Stadtvogts von Antiochien, der auch Paulus hieß, wieder eingesetzt worden; weil er blos mit dem Munde das Concilium verdammte, im Herzen aber solches annehme. Dies ist eine Fabel der Monophysiten, wodurch sie den Beytritt Pauli zur orthodoxen Kirche widerlegen wollen. Paulus gab selbst zu diesem Gedanken Gelegenheit, weil er nicht eher als nach Asclepii Tod sich mit der Kirche vereinigte.

***) Er hieß sonst der Ausleger. Dionysius beym J. 821 erzählt von ihm aus dem Johannes Bischof von Asia, daß er mit einigen Mönchen wegen des

ihm die Wahl entweder das Concilium anzunehmen oder sein Bißthum nieder zu legen. Er wollte keines von beyden thun, sondern flohe ins Taufhauß. Patricius wollte den kaiserlichen Befehl vollziehen, ließ ihn von da weg und nach Seleucia bringen. Dies mißbilligte der Kaiser: suchte aber blos Paulum dadurch zur Annahme des Conciliums zu bewe-

des gesäuerten Brodes im Abendmahl einen Streit gehabt habe. „ Um diese Zeit erregte der Satan im Lande der Perrhoer einen Irrthum. Einige daselbst befindliche Mönche rühmten sich mit ihrem Vorsteher, daß sie weder Brod, noch Wasser, oder Wein genössen. Ihrem natürlichen Bedürfniß kämen sie durch den Genuß des Sacramentes zu Hülfe und ernährten sich durch das Abendmahl. Wenn sie nun das Brod zum Abendmahl, das doch ungesäuert seyn sollte, bereiteten: so säuerten sie es so lange und so viel, daß sie es anstatt des Brodes gebrauchen konnten. Hungerte sie es dann: so nahms einer vom andern und aß. Mußten sie reisen: so assen sie des Tags wohl drey bis viermal den Leib Christi und tranken sein Blut. Kamen sie an den Ort ihrer Reise: so hielten sie Abends, eben als wären sie noch nüchtern das Abendmahl. Sie thaten dies auch in der 40 tägigen Fasten. Man will so gar sagen, daß sie nach genommenem Leibe, das heilige Blut im Kelche mit warmen Wasser vermischt und es einander zugetrunken hätten. Paulus von Edessa und Gamalinus Bischof von Perrhoe setzten sich männlich wider diese Irrlehre. „

wegen. Dies war auch der Grund, warum er ihm nach 44 Tagen sein Bißthum wiedergab. Da alles vergeblich war, verwieß ihn der Kaiser endlich nach Euchaita und er mußte im J. 833 am 27 Jul. von Edessa fort. Sein Nachfolger war Asclepius, der drey Monathe nach Pauli Absetzung am 23 Oct. 834 seinen Einzug zu Edessa hielt. Dieser Asclepius verjagte darauf am 24 Dec. die orientalischen Mönche *) und alle die es mit ihnen

*) Dionysius erzählt aus dem Johannes diese Geschichte, freylich etwas günstig für seine Secte; „Da die Mönche des grossen und berühmten orientalischen Klosters zu Edessa merkten, daß der Bischof Paulus nicht rechtglaubig denke: so fielen sie von ihm ab, und wollten nicht einmal mehr, wie es doch gewöhnlich war, das Abendmahl in der edessenischen Kirche geniessen. Dies thaten ihnen die übrigen zu Edessa und Amida nach, und verwarfen schriftlich den chalcedonensischen Synodus, den Tomus Leonis, und alle die sagten: daß nach der persönlichen Vereinigung zwey Naturen in Christo wären. Sie schlugen es sogar an die Thüren an. Pharesmanes, Soldatenoberster, vertrieb sie auf Anstiften des gottlosen Asclepius. Doch hielt er Asclepium an, weil sie die Härte der Zeit, das Alter und die kränklichen Umstände vorschützten, ihnen Thiere und Cameele zum Abzug zu geben. Dieser geschahe 2 Tage vor Weyhnachten „ Sechs Jahre hernach kamen sie durch der Kaiserin Theodora und Belisars Gnade zurück. Der Kaiser

ihnen hielten und das chalcedonensische Concilium nicht annehmen wollten.

Im J. 8 6 Wurde Edessa zum viertenmal überschwemmt. Mauern und Häuser wurden niedergerissen, viele Einwohner verlohren ihr Leben und es entstand ein allgemeines Elend. Asclepius verließ deswegen Edessa und zog nach Antiochien zum Patriarch Euphrasius*). Hier starb er ohngefahr nach 70 Tagen, und und wurde am 27 Jun. daselbst begraben. Nach der Hand wurde am 4 Sept. seine Leiche von da weg und in die Kirche Barlahä an der Seite des Bischofs Nonnus bey-

ser lies sie 8 Jahre darauf nochmals ausjagen, weil sie von neuem Uneinigkeiten anfiengen.

*) Johannes beym Dionysius: „Drey Tage vor dieser Ueberschwemmung hatte der gottlose Asclepius verschiedene Mönche ergreifen lassen, um sie zu seiner Meynung zu zwingen. Schon hatte er ihnen am dritten Tage mit Tortur und Sclaverey gedrohet, als in der Nacht die Ueberschwemmung hereinbrach. Alle hielten sie für ein Zeichen des göttlichen Zorns. Nach überstandener Gefahr rotteten sich die übrigen mit Steinen wider Asclepium zusammen. Er aber flohe heimlich zum Patriarch Euphrasius nach Antiochien, der ihn freundschaftlich aufnahm und der ganzen Stadt mit folgenden Worten vorstellte: Sehet hier den zweyten Noah, der der zwoten Sündfluth entronnen ist. Nach seinem daselbst erfolgten Tode hatten die Glaubigen Ruhe, die Gefangenen wurden wieder frey und giengen in ihre Klöster zurück.„

beygesetzt. Als Paulus die Nachricht von Asclepii Tode erhielt: so bat er den frommen Patricius Justinian, gab auch beym Patriarch Euphrasius eine Bittschrift ein, daß ihm sein Bißthum wieder gegeben werden möchte. Er kam darauf am 8 Merz 837 acht Monathe nach Asclepii Tode nach Edessa zurück, lebte nach dieser seiner dritten Einsetzung noch 8 Monathe weniger 8 Tage und starb am 30 Oct. 838. Andreas wurde im Februar des nemlichen Jahres sein Nachfolger.

Im J. 837 am 29 May, Freytags um 7 Uhr war ein heftiges Erdbeben, durch welches ein grosser Theil Antiochiens, nebst vielen Bürgern und Einwohnern verschüttet wurde. Dies Schicksal wiederfuhr auch dem Patriarch Euphrasius *) und will man ihn einen ganzen Tag noch unter den Ruinen winseln gehört haben. Sein Nachfolger war Ephräm von Amida, Comes des Orients.

838 am ersten April wurde Mar Justinianus Cäsar. Am 10 Aug. starb der Kaiser Justinian (Justin) und Justinianus bekam die Regierung allein

839 am 15 Nov. entstand ein grosser Brand in Antiochien, durch welchen ein grosser Theil dessen, was das Erdbeben verschont hatte, niederbrannte. Man konnte keine Urheber ausfindig machen.

Im

*) Eben so Dionysius. Daher braucht man mit Pagio an. 526. nr. 12 nicht blos zu muthmassen.

Im J. 842 im Jul. kam der römische General Demosthenes nach Edessa.

84 am 18 Dec. fielen die Hunnen in das römische Gebiete, und streiften bis ins Land der Alepiner und bis nahe an Antiochien. Mar Demosthenes grämte sich darüber am 10 Jan. zu todte.

Im Sept. schloß Rufinus, ein Patricier, zwischen den Persern und Römern Friede, der bis 851 dauerte.

84 am 6 Dec. starb der Bischof Mar Andreas und wurde in der Kirche des heil. Barlahä neben Nonnum und Asclepium begraben. Im Bißthume folgte ihm am 28 Aug. Adäus.

850 im 3 Jahre der Regierung Justinians in der zwoten Indiction erschien am 5 Oct. das Zeichen eines Pfeils am Himmel.

In diesem Jahre *) . . brach Cosroes König von Persien das Bündniß, fiel im August in die römische Lande ein und bemächtigte sich der Städte Sura Aleppo, Antiochien und Apamea. Er ruckte zwar auch für Edessa, aber Gott machte, daß er sich an zwey Talenten Goldes, die ihm die Stadtobrigkeit anboth, begnügen ließ und in sein Land zurück zog.

Aus den alten Geschichten ersiehet man, daß seit Christi Himmelfarth das gesegnete Edessa vier Ueberschwemmungen ausstehen mußte. Die erste geschahe unter dem römischen Kaiser Seve-

*) Nemlich 851. dem Schlußjahre des Chronicons.

Severo, im Monathe November des 513 gr. J. bey welcher die Mauern der Stadt sehr litten. Die andere wo ebenfalls die Mauern das meiste auszustehen hatten, war unter Diocletian im May 614. Die dritte unter den grossen Kaisern Honorio und Theodosio, am 18 Merz, einem Dienstage 724. Rabulas war damals Bischof von Edessa. Die vierte unter dem Kaiser Justino im J. 836. unter dem Bischofe Asclepius.„

Folge der Könige von Edessa.

Aus Dionysii Chronicon.

J. v. C.	J. Abrah.	
136	1880	I. Orrhoes, Hevià Sohn. Der Stifter des Reichs, regierte 5 Jahre. Von ihm heißt Edessa Orrhoe. Dies Reich fieng also im 1880 J. Abrahams, in der 161 Olympiade an und endigte sich in der 249sten. Procop. de B. P. c. 17.
132	1884	II. Abdo, Mazuri Sohn, soll 7 oder vielmehr 9 Jahre regiert haben. Denn ihm folgte
122	1894	III. Paradestes, Gabarài Sohn.
116	1900	IV. Bacrus, Paradestà Sohn.
113	1903	V. Bacrus, Bacri Sohn. Regierte 20 Jahre. Doch hatte er in den lezten Jahren Maanum und

J. v. C.	J. Abrah.	
		und Abgarum zu Gehülfen. Abgarus brachte ihn am Ende gar um.
		VI. Maanus, regierte blos mit Bacro 4 Monathe. Unter ihm endigte sich das Reglment der Seleuciden zu Antiochien.
98	1918	VII. Abgarus, regierte mit Bacro 2 Jahre 4 Monathe; alleine 23 Jahre 5 Monathe.
72	1944	VIII. Abgarus, Abgari Sohn. Er soll 15 Jahre also bis 1960 regiert haben und dann ein Interregnum von einem Jahre gefolgt seyn. Vielleicht sollten es 19 Jahre seyn. Denn Crassi Todt, an welchem dieser Abgarus schuld war, fällt ins 52 J. vor Christi Geburt. Dio L. 40.
55	1961 (1965)	IX. Maanus Allaha (Diuus) Dionysius giebt ihm 18 Jahre, vielleicht sind es nur 11 denn er starb 1975 weil
36 (40)	1980 (1976)	X. Pacorus im folgenden Jahre sich der Regierung bemächtigte und gleich Anfangs mit Bar Zaphron in Syrien einfiel, und Hyrcanum und Phasael den Bruder Herodis gefangen nahm.

Io-

J. v. C.	J. Abrah.	
		Ioseph. Antiq. Iud. L. XIV. c. 24. Dio L. 49. Er regierte nach Dionysio fünf; eigentlich nur 3 Jahre, weil er vom Ventidio im 38 J. v. C. umgebracht worden. Pagius in Apparat. nr. 85. 77.
31 (38)	1985 (1978)	XI. Abgarus, regierte nach Dionysio 3 eigentlich 9 Jahre.
	1986	XII. Abgarus Sumacha [der rothe.]
	1990	XIII. Maanus Saphelolus.
	2018	XIV. Maanus, Maani Sohn.
	2024	XV. Abgarus Uchama [der Schwarze.] Er schrieb an Christum nach Jerusalem im J. 2046 und wurde von Christo durch Thadäum geheilet. Von ihm redet Tacitus L. XII. Denn ausser ihm regierte zu Claudii Zeiten kein Abgarus.
J. Christ. 45	2061	XVI. Maanus, Abgari Sohn.
	2067	XVII. Maanus, Maani Bruder, Abgari Sohn.
	2081	XVIII. Abgarus, Maani Sohn.
	2101	XIX. Abgarus, Aiazetä Sohn.
	2107 (2108)	XX. Pharnataspates. Vorher war wegen Unruhe der Edessener ein zweyjähriges Interregnum.

XXI.

J. Christ.	J. Abrah.	
	2113	XXI. Pharnataspates II. scheint im 10 Monathe vom Maanus Aiazetá vertrieben worden zu seyn, worauf ihn Trajan das parthische Reich gab.
	2113	XXII. Maanus, Aiazetá Sohn. Dio nennt ihn L. 68. Abgarum.
	2130	XXIII. Maanus, Maani Sohn, flohe im J. 2154 nach Rom. Nun wird man Iulii Capitolini Stelle besser als Tillemont Tom. VIII. p. 280. verstehen.
138	2154	XXIV. Wales, Sahari Sohn regierte 2 Jahre; hernach setzte Antoninus Pius
		XXV. Maanum, Maani Sohn nochmals ein.
152	2169	XXVI. Abgarus, Maani Sohn.
	2203	XXVII. Abgarus Severus.
188	2204	XXVIII. Maanus, Abgari Sohn.
200 bis 217	2216 bis 2233	XXIX. Abgarus, Maani Sohn. S. das Chronicon von Edessa, beym 513 und 517 Jahre. Seine Söhne lieferte er Severo als Geisel aus, wurde im Triumph aufgeführt und vom Caracalla gar ins Gefängniß geworfen. Dio L. 79. und 77. Tillemont l. c.

Folge der Bischöfe von Edessa
vom 624 - 1080 gr. J.
Aus dem Chronicon von Edessa und Dionysio.

1. Cono saß bis 624 gr. J.
2. Saades von 624 - 634.
3. Aitallah von 635 - 657.
4. Abraham von 657 - 672.
5. Barses kam 672 von Charris nach Edessa und stirbt 689 im Exilio.
6. Eulogius von 690 an. Stirbt 698 am Freytag vor Ostern.
7. Cyrus von 698 - den 22 Jul. 707.
8. Silvanus von 708 - den 17 Oct. 710.
9. Pachides vom 23 Nov. 710 - Anfang Aug. 720.
10. Diogenes von 720 - 723.
11. Rabulas von 723 - den 8 Aug. 746.
12. Ibas von 746 an. Wurde im Jenner 759 vertrieben 762 wieder eingesetzt, und lebte bis den 28 Oct. 769.
13. Nonnus kam den 21 Jul. 759 an Ibas Stelle, räumte ihm solche 762 wieder ein. Nach dessen Todt bekam er sie wieder bis 782.
14. Cyrus von 782 - den 6 Jun. 809.
15. Petrus vom 12 Sept. 809 - Ostern 821.
16. Paulus von 821 bis den 27 Jul. 823 da er vertrieben wurde.
17. Asclepius vom 23 Oct. 824 starb den 27 Jun.

Jun. 836 zu Antiochien. Nach ihm saß Paulus bis den 30 Oct. 838.

18. Andreas vom Febr. 838 - den 6 Dec. 844.

19. Adäus vom 28 Aug. 844 - 852 *) (So weit aus dem Chronicon von Edessa; die folgenden danken wir Dionysio.)

20. Jacobus Baradäus oder Zanzalus, von dem die Jacobiten ihren Namen haben, von 852-889.

21. Severus von 889 - 914. Da ihn der persische General Narses bey Eroberung von Edessa steinigen ließ. Die Stadt war darauf bis 939 in persischer Gewalt und so lange blieb auch der bischöfliche Stuhl leer.

22. Simeon von 939 - 961 in welchem letztern Jahre auch Mar Johannes Patriarch von Antiochien starb und zu Amida begraben wurde. Ingleichen starb der arabische Bischof Mar Johannes. Simeon starb zu Amida und wurde in der Kirche Mar Zoarae beygesetzt.

23. Cyriacus von 962 - 988.

24. Jacobus bis 1021. unter ihm fiel Batna Sarug und die Kirche zu Edessa durch Erdbeben ein.

25. Abib von 1021 - 1040.

26. Constantinus von 1030 - 1065. unter ihm wurde 1054 Edessa zum fünftenmale überschwemmt.

*) In der Unterschrift des Concil. V. heißt er Amazonius.

27. Timotheus von 1065 - 1072. Er hielt es mit dem Patriarch Georgius.

28. Simeon war sehr mildthätig und wurde wider Willen Bischof. Er sahe dies Amt für so beschwehrlich an, daß er zuerst einen äthiopischen Mönch Anastasium an seine Stelle setzen wollte. Da dieser entflohe; so that er ein gleiches, noch vor der Ordination.

29. Zacharias ein Stylite, wurde im J. 1080 vertrieben.

30. Elias von Cartamin ein grausamer und lasterhafter Mensch. Er schickte sich für die Edessener, aber das Bißthum zu Edessa nicht für ihn. Er wurde auch von niemanden angenommen und Edessa blieb ohne Bischof.

Xystus,
Bischof.

Nach Evagrio L. III. c. 21. hatten die Syrer im sechsten Säcul. die Gewohnheit, vielen Werken die Namen berühmter griechischer und lateinischer Scribenten vorzusetzen. Daraus leitet Assemann den Irrthum her, daß man Xystum, der nach seinem Styl zu urtheilen, ein Syrer ist, zum Bischof von Rom macht. Dieser Titel wird ihm vom Johanne aus Apamea, vom Elia zu Anbar und in den Aufschriften seiner Bücher gegeben. Bischof kann er, wie Renaud. T. II. Lit. Or. p. 398. beweißt, immer gewesen seyn.
Aber

Aber nur nicht zu Rom, da die griechische und lateinische Schriftsteller nichts von seinen Schriften wissen. Rufinus macht ihn zu einen pythagoräischen Philosophen. Roswidus in vit. pat. Proleg. 4. zeigt Rufins Irrthum. Er lebte ohngefähr im fünften Säculo. Dahin setzt ihn Ebediesu. Johannes von Apamea, ein Schriftsteller des sechsten Säculi kennt ihn schon.

Er schrieb ein Buch von denen die Gott lieben. Sigebertus Gemblacensis gedenket eines Buches de vita hominis perfecta, in Cat. c 41. ad ann. 470. Vermuthlich sind beyde einerley. Ferner schrieb er einen Band Reden und eine Liturgie, die im Missale der Maroniten und beym Renaudot. Tom. I. p. 134 stehet.

Johannes,

Mönch von Apamea,

Wurde zu Apamea gebohren und hielt sich in einem Kloster Cölesyriens als Mönch auf. Ebediesu setzt ihn zwar gleich nach Nilum, Palladium und Hieronymum, die im vierten Säculo lebten. Da ihn aber Theodoret, der doch sonst sehr accurat ist, nicht anführt: so muß er jünger als das fünfte Säculum seyn, in welchem Theodoret schrieb. Er selbst führt den vorhergehenden Xystum an, der erst im fünften Säculo lebte.

Ma-

Masius *) verwechselt ihn mit Johanne Chrysostomo. Bey den Syrern heißt er Johannes der Mönch.

Sein Styl ist syrisch; daher rechnet ihn Ebediesu mit Unrecht unter die griechischen Schriftsteller.

Er schrieb eine Rede von der neuen Welt; zwo Reden an Eusebium und Eutropium, von den Leidenschaften des Körpers und der Seele, und einige andere Reden; Rathschläge an einen auswärtigen Bruder; Zwanzig Hauptstücke der Lehre: davon handelt das zweyte, von der menschlichen Schwachheit, das dritte von Ursachen der Furcht und Traurigkeit, das vierte wie das Unglück zu ertragen, das sechste, welches der Schatz sey, der nicht geraubt werden könne; das siebente, welche Werke Gott angenehm u. s. w. Hierzu kommen noch fünf Briefe.

Johannes Saba.

Ein syrischer Mönch aus Ninive, lebte im Kloster Dilaita über dem Tyger im sechsten Säc. um die Zeit Isaacs von Ninive. Sein leiblicher Bruder setzte folgende Nachricht vor dessen Reden: „Ich bitte die Leser um Gottes willen, daß sie sich alles Tadels über den Schriftsteller enthalten. Er schrieb mit Freymüthigkeit von den Geheimnissen

*) In der Vorrede zum Barkepha, da doch dieser sie S. 216 deutlich unterscheidet.

sen des Geistes. Er schriebs aber an mich, seinen leiblichen Bruder, und suchte mich dadurch zu trösten. Da mir bey seiner Erwählung eines einsamen Lebens, seine Abwesenheit schwer fiel: so schrieb er diese trostreiche Briefe an mich; mit dem Befehl, solche niemanden zu zeigen. Ich glaube aber doch daß viele sie mit Vergnügen lesen werden, und bitte blos den Schreiber zu entschuldigen. Die Demuth dieses Mannes, die bis zu seiner Geringschätzung gieng, ist mir bekannt. — So oft er an mich schrieb, unterzeichnete er sich, Schwein — „ Sein Styl ist angenehm, affectreich, überredend, voll Digressionen, welches meist Seufzer zu Gott sind.

Seine Schriften sind 1) zwey Bücher Reden an der Zahl 30. 2) acht und vierzig Briefe, meist an seinen Bruder.

Isaac,

von Ninive.

Folgende Geschichte ist seinen Schriften in den Manuscripten vorgesetzt: „ Mar Isaac war von Geburt ein Syrer aus der orientalischen Gegend. Sein leiblicher Bruder war Mönch im Kloster des h. Mar Matthäus, wo ihm wegen seiner Verdienste die Aufsicht über die Mönche anvertraut wurde. Der h. Mar Isaac begab sich nach abgelegtem Gelübde in eine vom Kloster entfernte Celle, lebte da abgesondert von allem menschlichen Umgange entfernt und ließ sich durch kein Bitten bewegen, ins Kloster zurück zu kehren. Der Ruf von seiner Heiligkeit brachte ihm das Bißthum Ninive zuwege. Als er am ersten Tage nach seiner Ordination in der bischöflichen Celle saß, liefen zwey streitende Leute hinein. Der eine verlangte etwas Geliehenes zuruck, der andere bat ihn um einen kleinen Aufschub. Da der erste mit dem Richter drohte: so sagte Isaac; das Evangelium verlangt, das Gelehnte gar nicht wieder zu verlangen, und du willst nicht einmal einen Tag warten? Jener gab zur Antwort: laß jetzt das Evangelium an seinen Ort gestellt seyn. Isaac dachte also, was soll ich hier machen, wenn sie dem Evangelio nicht gehorchen wollen? Da überdies das einsame Leben sich mit dem Bißthume nicht vertrug; so legte er das letzte nieder und begab sich in die scetensische Wüste, wo er sich der größten Heiligkeit bis an sein Ende befließ. Er war ein Lehrer der Mönche und eine allgemeine Hülfe der Glaubigen. Seine Schriften bestehen in folgenden 4 Büchern vom Klosterleben. — Er lebte im 7000 Jahre der Welt, das ist im fünften Jahrhundert nach Christi Geburt; denn die Syrer rechnen vor Christi Geburt ohngefähr 5500 Jahre. Eigentlich lebte er gegen das Ende des sechsten Säc. Denn 1) führt er in seinen Schriften Jacobum von Saruga an; 2) in den Codicibus steht unter seinen Schriften ein Brief an den

heil.

heil. Simeon Styliten, den jüngern, Thaumastoritam genannt, der nach Euagrio Histor. Ecc. L. VI. c. 23. und Nicephor. in eius vita c. vlt. unter Iustiniano und dem jüngern Iustino lebte. Nairon Euopl. P. I. c. 2. macht ihn also unrecht zu Ephraems Schüler. Auch kam er nicht, wie Lambecius und Cave vorgeben, nach Italien; sondern zog in die scetensische Wüste.

Seine Schriften bestehen in 7 Büchern von göttlichen Geheimnissen, Urtheilen und Anordnungen. Cave T. II. p. 110 sagt: Quinquaginta tres, sed mutilos, confusos et continua oratione, sub tit. Libri de contemtu mundi, latine ediderunt magnae Biblioth. Patrum curatores Tom. XI. ed. nou. Falsch heißt er da Presbyter von Antiochia. Isaac Presbyter von Antiochia lebte ein ganzes Säculum vorher. Von seinen Reden ist ein syrischer und 4 arabische Theile in der vaticanischen Bibl. In der Bibliothek des Colleg. Maronit. findet sich auch ein in 9 Theile getheiltes Buch unter dem Titel: Allgemeines Buch an alle Völker, welches Nairon Euopl. P. III. p. 365. 368. unserm Isaac zuschreibt. Der Auctor aber sagt von sich, daß er aus Edessa gebürtig und daselbst Bischof sey, daß er verfolgt, verjagt und wieder zurück berufen worden sey; welches alles bey unsrem Isaac nicht statt findet.

Abra-

Abraham,

aus Nephtar, oder Nephrat.

lebte zu Ende des sechsten Säcul. da ihn Ebediesu nach den Babäus und Johannes Bar-Phincaie setzt, die beyde um diese Zeit lebten. Ananiesu führt ihn im J. C. 645 an, und Rostam hat im J. C. 661 sein Leben beschrieben. Daher setzen wir ihn vor das J. C. 630. Von ihm finden sich 8 Reden in der vatican. Bibl.

Georg,

Bischof von Tagrit.

Assemann nahm seine Nachricht aus einem Briefe des jacobitischen Bischofs Elias an Leonem zu Haran, in welchem Georg Lehrer der beyden Bischöfe von Haran, Constantini und Leonis genennt, und ihm ein Brief an Christophorum zugeeignet wird. In diesem Briefe widerlegte Georg die Leoni vom Johannes Grammaticus Philoponus und Probus gemachten Einwürfe und zeigte, daß Leo eine Vermischung in der einen Person Christi annehme. Er eignet ihm dann noch einen Brief an die Mönche des Klosters Matthäi zu und sagt: daß er Bischof zu Tagrit gewesen sey. Da nun Johannes Philoponus nach Pagio an. 535. nr. 14. noch nach dem 600 J. C. gelebt hat; Probus aber nach dem Dionysius unter Petro dem jüngern, Patriarchen von Antiochien,

ums

ums J. C. 580 Unruhen anfieng: so muß Georg gegen das Ende des sechsten Säculums am Leben gewesen seyn.

Constantin,

Bischof von Haran.

Des vorhergehenden Schüler, war ums J. C. 630 Bischof von Haran. Dionysius läßt ihn, weil er rechtglaubig war, aus dem Verzeichnisse der haranitischen Bischöfe weg. Beym gr. J. 928 [J. C. 617] gedenket er zweener Simeonen und überschlägt dann ein ganzes Säculum, worauf im gr. J. 1066 und 1079 [J. C. 755 und 768] zween Dionysii Bischöfe wurden. Zwischen den letztern Simeon und ersten Dionysius gehört Constantin und der folgende Leo, nach dem vorhin angeführten Briefe des Elias.

Seine Schriften bestehen in drey Büchern wider die Monophysiten, nemlich Erklärung des nicänischen und chalcedonensischen Conciliums; wider Severum und ein Anagnosticon vom Trishagio.

Leo,

Bischof von Haran.

Constantins Zeitgenosse und Nachfolger im Bißthum. Lebte ums J. C. 640. Denn der obige Brief des Elias an Leonem kann nicht wohl eher geschrieben worden seyn; weil er Johannem Damascenum, den er verächtlich nur Jannem heißt,

heißt, anführt und widerlegt. Johannes Damascenus lebte nach Sigeberto zu Ende des siebenten Säculums.

Er schrieb einen Brief an Eliam, als dieser vom chalcedonensischen Concilio abfiel und ein Monophysite wurde, worinnen er ihn um Erläuterung seiner Religionsveränderung bittet. Man hat aber nichts, als blos einige Fragmente davon.

Phocas,

von Edessa.

Erklärte Dionysium Areopagitam. Da nun dieser im J. C. 532 angeführt wird [wenigstens Isaac Ninivita gedenket seiner] und der Codex im Vatican, worinnen des Phocas Werke stehen, im J. C. 861 geschrieben ist: so mag er ohngefähr im sechsten oder siebenten Säculo gelebt haben.

Jacob,

von Edessa.

Hatte den Namen eines Auslegers und lebte in der andern Hälfte des siebenten Säculums. Er wurde zu Judab in der Landschaft Gumia im antiochenischen Gebiethe gebohren, und im Kloster Kenserin unterrichtet. Von da begab er sich nach Alexandrien, Syrien und Edessa, an welchem letztern Orte er im gr. J. 962 zum Bischof erwählet wurde. In diesem Character soll er bey dem vom

jaco-

Jacobitischen Patriarchen im gr. J. 1017 angestellten Synodus gewesen seyn: wiewohl die Worte des Dionysius auch eine andere Erklärung zulassen und blos anzeigen können, daß er um die Zeit des Synodus lebte. Wenigstens sagt Gregor. Barhebräus in dem Catalogo der Patriarchen nichts davon, sondern vielmehr: daß er durch die Ränke der Clerisey von Edessa vertrieben worden, übrigens aber mit dem Patriarch Julian und andern wegen der Kirchenordnungen sehr gestritten habe; die Sammlung der Canonum, weil sie Julian verwürfe, verbrannt und sich darauf ins Kloster des heil. Jacobs von Chisuma begeben habe. Nachher kam er nach Eusebona, wo er das vernachlässigte Griechische lehrte und deswegen nach Teleda entweichen mußte. Da sein Nachfolger Habib starb, machte ihn der Patriarch vom neuen zum Bischof von Edessa; er starb aber, da er seine zurück gelassene Schriften und Schüler hohlen wollte, vier Monathe hernach auf der Reise, im gr. J. 1019 [Dionys. hat 1021] am 5 Jun. S. Gregorium Barhebraeum l. c. beym Assemann Tom. II. und Dionysium Barsal. im Chronico. Die Maroniten und Jacobiten führen ihn im Calender an; so wie dessen Moses Barcepha, Dionysius von Barsalibi, Gregor. Barhebr. der maronitische Patriarch Stephanus und andere mit vielem Lobe gedenken.

Hier-

Hieraus muß Anton. Trancosus beym Schuring in Bibl. Eccl. Tom. III. nr. 30. p. 106. verbessert werden, wo er falsch das J. C. 783 angiebt und die Stadt Edessa oder Orrhea, Aeha nennt. So macht auch Joh. Selden in Comment. de Orig. Eccl. Edessa falsch zu Rhea. Masius in der Vorrede zum Barcepha und nach ihm Hottinger in Biblioth. Orient. machen ihn unrecht zu Ephraems Schüler. Ephraems Schüler war von Nisibis. Britius in Epitome Annal. Baron. p. 75. Nairon in Euopl. und Cave hist. Litt. T. II. p. 110. verwechseln ihn mit Jacob von Sarug *).

Als Ausleger schrieb er verschiedene exegetische Werke und übersetzte viele griechische Schriften. Um die syrische Sprache machte er sich durch ihre Ausbesserung **) besonders verdient, und verfertigte deswegen 1) eine Grammatick in syrischer Sprache. Sonst schrieb er:

2) Chro-

*) Assemann setzt ihn zwar unter die orthodoxen Schriftsteller und vertheidigt ihn gegen Renaudot. Liturg. Or. T. II. p. 380. Er hebt aber sein Urtheil Tom. II. p. 336. Bibl. Or. wieder auf; da Barhebräus von ihm erzählt, daß er es bis an sein Ende mit den Jacobiten gehalten habe. Um Assemanns Ordnung nicht zu sehr zu zerrütten, haben wir ihn hier stehen lassen, ob er gleich eigentlich in den zweyten Abschnitt gehört.

**) Von ihm hieß dann die verbesserte syrische Sprache Edessena.

2) Chronicon, das noch nicht gefunden worden.

3) Liturgie. Renaud l. c. p. 371 ingleichen gab er die Liturgie des Apostel Jacobs verbessert heraus.

4) Tauforbnung.

5) Kirchen Canones.

6) Brief an Georg Bischof von Sarug über die Grammatik und Philologie.

7) Brief an Paulum Antiochenum einen syrischen Presbyter. Gregorius Barhebr. führt ihn in seiner grossen Grammatik an: „Paulus, sagt er, wußte, daß die Griechen ehemals ein sehr mangelhaftes und nur aus 17 Buchstaben bestehendes Alphabet hatten, welches nach und nach auf 24 vermehrt wurde. Er bat also Jacob von Edessa, das Mangelhafte in der syrischen Sprache gleichergestalt zu verbessern. Jacob wußte wohl, daß dieses viele schon gewunschen hätten; weil aber zu viele Schriften dadurch unbrauchbar geworden wären, so hat man es immer unterlassen.„ Doch erfand er 7 neue Vocalfiguren.

8) Brief von der syrischen Orthographie und ihren Vocalen. Unter andern verlangt er die Beybehaltung einiger Wörter die erst seit hundert Jahren aufgekommen wären. Z. E. דילניותא דיליתא Eigenschaft, איניותא Beschaffenheit, תרתיא zum andernmal, אוסיא Wesen. Er tadelt die, welche Amen durch

in

in Ewigkeit erklären. Als syrische classische Schriftsteller führt er den Ephraem, Jacob von Sarug, Isaac den Syrer, und Xenaiam von Mabug an.

9) Brief an den Presbyter Thomas von den Gebräuchen der syrischen Kirche beym Abendmahl. Assemann liefert ihn ganz: da er aber blos die liturgische Ordnung enthält; so lassen wir ihn aus.

10) Schatzbuch, von der Bedeutung der kirchlichen Gebräuche.

11) Gesänge auf das Palmfest und Verbesserung einiger andern.

12) Erklärungen der heiligen Schrift (s. Hottingers Bibl. Orient. c 3. Cave l. c. T. I. p. 100) über die fünf Bücher Mosis, das Buch Hiob, Josua und der Richter.

13) Scholien über die heilige Schrift und zwar über Genesin, Levit. Dever. Hiob, und Josua. Hier sagt er bey Gelegenheit des Berges Garizim: „Josua baute dem Gott Israels einen Altar auf dem Berge Gabal. Im samaritanischen stehet; daß Moses den Altar auf Garizim, nicht Gabal, zu erbauen befohlen habe.„ Ferner über die Bücher der Richter, Samuels, der Könige; über Zachariam, Ezechiel, Daniel. Hier zählt er die 70 Jahre der Gefängniß also: „Nabuchodonosor 23 Jahre, Evilmerodach 2. Balthasar 4. Darius Medus 17. Cyrus

rus 14. In der Stadt Babylon Cambyses 8. Darius 36. In dessen zweytem Jahre sind die Jahre der Gefangenschaft aus und erfolgte die Ruckkehr aus Babylon." Vom Joachim, dem Manne der Susanna erzählt er: daß es der König Joachim, den Nabuchodonosor gefangen setzte, Evilmerodach aber wieder befreyte, sey. Weil er ehemals König gewesen: so sey das Volk immer bey ihm aus und eingegangen und hätte die zween Aeltesten bey ihm verklagt. Aus Rache hätten diese des Königs Gemahlin ins Gerede gebracht. Susanna soll die Mutter Salathiels, des Zorobabels Vater, gewesen seyn." Daniels Alter: „Im 15 Jahre kam er nach Babylon, zu Anfang der Regierung Nabuchodonosors. Dies war das dritte Jahr Joachims, Josiä Sohn — und lebte bis ins 8 Jahr Darii. Er lebte also 110 Jahre. Daniel war 15 Jahre alt, als er aus Jerusalem geführt wurde. Nabuchodonosor regierte 43 Jahre. Evilmerodach sein Sohn 2. Niraglasser [sonst Teglatlasser] der ihn umbrachte 2. Sarcus oder Balthasar 2. Darius I. in der Schrift Medus, sonst Nabonides, 17. Cyrus der Babylon bezwang 14. Cambyses sein Sohn 8. die unruhigen Brüder Magi 1. Darius aus Arabien, König von Persien, unter dem die Gefangenen zuruckkehrten 8 Jahre. Rechnet man zusammen, so hat Daniel 110 Jahre gelebt *)." Ueber den Prediger, Lucam und Johannem. Wegen der Eltern Mariä erklärt er sich wie sein Zeitgenosse Dionysius, wegen der am Kreuze stehenden Mutter Christi und ihrer Schwester wie Epiphanius in Anchorat. und haeres. 29 und 78.

14. Einige Varianten aus den Psalmen, die Barhebräus mit der Bemerkung anführt, daß er, wo nicht die ganze Schrift, doch einen Theil derselben übersetzt habe.

15. Aristotels Categorien, Perihermenien und Analytic übersetzt und erläutert, mit Aristotels Leben.

16. Commentar über Porphyrii Isagoge, die aber eigentlich Mar Athanasius im Kloster des heiligen Malchi übersetzte.

17. Severi Patriarchs von Antiochien Homilien übersetzt.

Georg,

ein arabischer Bischof.

„Mar Jacob von Edessa wurde im gr. J. 641 Bischof. Mar Georg, Bischof der Völker im J. 647." Aus diesen Worten Antonii Marsilii Columna in seiner Hydragiologie sehen wir, daß er Jacobs Zeitgenosse ist. Wegen seines Bisthums haben wir S. 36 das nöthige bemerkt. Von

*) Die Schwürigkeit mit der obigen Rechnung der 70 Jahre, werden die Leser selbst finden.

Von seinen Schriften sind: die Erklärung der heiligen Schrift und ein nettes Gedicht vom Calenderwesen und vom Chrisma, das man sonst dem Jacob von Sarug beylegt, in der vaticanischen Bibliothek.

Daniel,

Bischof von Salach.

Lebte mit dem vorhergehenden und ist vom Daniel Tubonitha, Daniel von Rhesina und Daniel Bar Mariam zu unterscheiden. Salach ist eine Stadt Mesopotamiens zwischen Mardin und Nisibis. Er schrieb eine Erklärung der Psalmen.

Johannes Maro,

Patriarch von Antiochien.

„Aus Sirimis auf dem Berge Suaida. Seine Eltern waren honette Leute, Namens Agathon und Nohema, nach einigen Franken oder Lateiner. Von seiner Schwester hatte er Abraham und Cyrum zu Anverwandten. Der erste that sich im Kriege hervor, der andere folgte seinem Oncle ins Kloster. Johannes studirte Anfangs zu Antiochien und im Kloster S. Maro, hernach zu Constantinopel. Nach dem Tode seiner Eltern begab er sich in das Kloster des heiligen Maro am Orontes, wurde aber von den Franken oder Lateinern durch Eugenium, den Gesandten des römischen Stuhls, zum Bischof von Botrun, als ein

Mann vorgeschlagen, der es mit der lateinischen Kirche hielte. Er erhielt dies Bißthum im J. C. 686. im 8 Jahre Constantini Pogonati. Mit dieser Würde bekleidet, reißte er nach Phönicien und durch seine Bemühung breitete sich die Lehre der römischen Kirche bis nach Jerusalem, auf dem Libanon und in Armenien aus. Er bestellte Geistliche und Bischöfe und setzte dem Volke Hauptleute, die durch ihre Tapferkeit den Persern und Saracenen nicht wenig fürchterlich wurden *). Nach dem Ableben des vom sechsten Synodus gesetzten Patriarchens von Antiochien Theophanes, das im zweyten Jahre des Kaisers Justinians erfolgte, hielten die Bischöfe dieser Stelle wegen einen Synodus, und da Johannes sich eben damals zu Antiochien aufhielt, so wurde er durch die allgemeine Stimme Patriarch von Antiochien **).

Wegen der Religionslehre flohe er wieder ins Kloster des heiligen Maro, uud schrieb von da aus vom Glauben, an die Einwohner des Berges Libanon. Unterdessen entstund der Krieg zwischen den Maroniten und Melchiten ***). Johan-

*) Cedrenus in annal. sub Const. Pagon. T. I. p. 440. Theophanes p. 295. 300. sq.

**) Sein Patriarchat bestättigt 1) die allgemeine Sage. 2) das deutliche Bekänntniß der Jacobiten. 3) Er selbst in seinen Schriften.

***) S. Edenensis in Vindiciis Maronitarum, lateti-

hannes entwiech mit seinem Vetter Abraham, den er über seine und die vom Fürsten Simeon erhaltene Hülfstruppen gesetzt hatte nach Semar Gebail nicht weit von Botrun. Nach gestillten Unruhen verwaltete er auf dem Libanon sein geistliches Amt wieder mit aller Treue. Das Kloster des heiligen Maro hatten die römischen Generale Maricius und Marcian geschleift. Er baute also ein anderes gegen Morgen, Capharhai, im botrensischen Gebiete. — Er starb im J. C. 701 im Februar in seinem neuerbauten Kloster, wo er auch öffentlich begraben wurde." So weit ist dies Leben Johannis aus Edenensis vindiciis Maronitarum L. I. c. 7. excerpirt.

Wider die Monotheleten scheint er nicht geschrieben zu haben, wenigstens findet sich nichts davon in seinen in der vaticanischen Bibliothek befindli-

teinisch von Petro Benedicto S. I. geliefert. Nairon Diss. de origine Maronit. Diese Maroniten hiessen ehemals im Gegensatz der Melchiten, Mardaiten. Beyde sonst nicht unbekannte Namen sieht Assemann ursprünglich als Namen zwoer bürgerlicher Factionen in Syrien an, davon sich die letztern als Rebellen (מרד) wider Constantin. Pagon. empörten. Die Schriftsteller dieser Zeit führen sie wenigstens nie als Ketzer an. Nur nach der Hand mischte man eine kirchliche Uneinigkeit in die politische und die Mardaiten nannten sich vom heiligen Maro, Maroniten, dessen Namen auch unser Johannes annahm

findlichen Werken. Es mag nun solches entweder daher kommen daß an den Libanon herum die Monotheleten sich lange mit den Maroniten vertrugen, (s. Theophanem beym 20 Jahre Heraclii); oder daß Johannes vor ihrer Entstehung schrieb. Seine übrigen Werke sind: von der Kinderzucht; Reden von den 7 Augen Gottes; von den Pflichten; von der Vollkommenheit und Handauflegung; Erklärung biblischer Wörter und Redensarten; wider Nestorium und Petrum Fullonem, nebst einigen Briefen. Zu Rom finden sich

1. Seine Liturgie. Renaud. T. II. p. 15 und 344 verwirft sie; aber blos, weil er sie nicht kannte.

2. Das obige Buch vom Glauben an die Libanoniten. Der Titel ist: „Im Namen Gottes wollen wir das Buch vom heiligen Glauben anfangen, welches im Kloster des heiligen Maro, Maro mit dem Beynamen Johannes, Patriarch der Stadt Antiochien und des ganzen Syrien, schrieb.„ Der arabische Uebersetzer sagt uns noch, daß dies Kloster am Orontes in der Landschaft Apamea und Emesa gelegen sey, daß Johannes sein Buch an die Bewohner des Libanons gerichtet und seinen Namen Maro von diesem Kloster erhalten habe. Es fängt sich an: „Als Glieder der heiligen allgemeinen Kirche bekennen und glauben wir alles, was uns die Propheten, Apostel und die dritte Gattung

tung der heiligen Lehrer, die zu allen Zeiten wegen ihrer rechtglaubigen und reinen Lehren berühmt waren, gelehrt; auch solche Lehre auf den vier heiligen Synodis gegen Nestorium und Eutychen redlich vertheidiget haben. Auf dem nicänischen Synodus von 318 Väter, gegen den gottlosen Arium, u. s. w.„ Hierauf folgt die Lehre von der heiligen Dreyeinigkeit: „Im Namen des Vaters und des Sohnes und des heiligen Geistes, der herrlichen und gleich wesentlichen Dreyfaltigkeit, der einigen Gottheit u. s. w.„ Dies beweißt er mit Stellen des Sylvester, Athanasius, Flavianus, Basilius, Gregorius Nyssenus, Ambrosius, Amphilochius, Chrysostomus, Severianus, Proclus, Cyrillus Alex. Jacob von Sarug, Ephraem des Syrers, Isaac des Lehrers, Isidorus Pelus. Justinus des Märtyr. Orat. de recta fide c. 18. Dionysius des Schülers Pauli und Severus von Antiochien. Auf diese Zeugnisse folgen die Bestättigungen der Kirchenversammlungen zu Antiochien, Nicäa, Constantinopel, der ersten zu Ephesus und Chalcedon. Endlich schließt er; „Nun also, meine Glaubensbrüder und Glieder der heiligen allgemeinen Kirche, beurtheilt redlich und überlegt was die heiligen Kirchenversammlungen und der heilige Leo geglaubt haben, was unsre Väter treu, dem chalcedonensischen Concilio ge-

 mäß

mäß, überliefert haben. Wie denn der römische Pabst, der heilige Leo, nebst 636 Vätern die Wahrheiten ebenfalls bestättigen. Ihr Gebet sey mit uns. Amen."

3. Wider die Monophysiten.
4. Wider die Nestorianer.
5. Brief von Trishagio, den aber Assemann entweder für untergeschoben oder für verstümmelt hält. Sein Innhalt ist; den rechtglaubigen Syrern würde vorgeworfen, sie sagten: die ganze Dreyeinigkeit sey gekreuziget; weil sie nach Nennung der drey Personrn hinzusetzten: **der für uns gekreuziget ist.** Wogegen der Verfasser dieses Briefs sagt: daß dies letzte nur auf Jesum Christum gienge. So müssen auch die neuern syrischen Ritualia verstanden werden.
6. Vom Priesterthum; der Verfasser ist aber Johannes von Dara.
7. Erklärung der Liturgie des heiligen Apostel Jacobs. Der Verfasser ist aber Dionysius von Barsalibi. s. Renaud l. c. p. 74.

Theophilus von Edessa,

ein Maronite.

Ein Astronomus, machte sich ums J. C. 770 berühmt. Er schrieb eine Historie und übersetzte 2 Bücher der Illiade des Homers ins Syrische. Daher glaubt man, daß er die neuern syrischen Vocalzeichen nach den griechischen Vocalen auf-

aufgebracht habe. Er starb im 169 Jahre der Hegira [J. C. 785] S. Abulpharagium in der Historie der Dynastien nach Pococks Ausgabe S. 147 und 63 ingleichen dessen Chronicon und den Ebediesu.

Johannes,

von Lepheda.

Maronitischer Patriarch zu Antiochien vom J. C. 1151 - 1173 hielt sich zuerst zu Lephid, dann im Kloster der heiligen Maria zu Abel auf, und schrieb eine Liturgie.

Moses,

aus Accar.

Aus Barda im accarensischen Gebiethe, Mönch auf dem Berge Libanon, wurde A. C. 1522 vom maronitischen Patriarchen Simeon Hadetensi an den Pabst Hadrian VI. geschickt. Im J. C. 1524 den 11 Dec. wurde er an Simeons Stelle Patriarch und starb den 19 Merz 1567 im 85 Jahre seines Alters. Verschiedene römische Päbste correspondirten mit ihm, und unter Pio IV. schickte er den Erzbischof von Damascus, Georg, um in seinem und der Maroniten Namen dem tridentinischen Concilio beyzuwohnen.

Er schrieb Gedichte von seiner Reise nach Rom und auf Joseph, Jacobs Sohn.

Johannes Sulaca,

chaldäischer Patriarch.

Ein Sohn Daniels aus der Familie Bellu, hieß vor seiner Ordination Sulaca, arabisch Siud, und lebte im sechzehnten Säculo, in welchem er von den Muhamedanern auf Anstiften der Nestorianer und ihres Patriarchen Simeons zu Caramit im J. C. 1555 umgebracht wurde. Als er zum Patriarchen erwählt wurde: so waren keine drey oder vier Metropoliten im Oriente zusammen zu bringen, um ihn zu ordiniren. Man schickte ihn also nach Rom *). Masius der ihn persönlich kannte, gab 1569 dessen Schriften und Ordinations Geschichte im plantinischen Verlage heraus. S. Panuinium in Iulio III. Sein Glaubensbekänntniß ist das einzige was er schrieb.

Moses Mardenus.

Aus Mardin **) gebürtig, wurde im J. C. 1522 vom Patriarch Ignatius nach Rom an Julium III. geschickt und Masius hatte bey der Gelegenheit ihn zum Lehrer in der syrischen Sprache. Nach der Hand half er zu Wien beym Abdruck des

*) Die Syrer sagen zwar, daß schon vorhero verschiedene Patriarchen zu Rom wären ordiniret worden, wie z. E. Abdiesu. Es ist aber ohne Grund; denn Salomo Bostrensis weiß bis ins dreyzehnte Säculum nichts davon.

**) Marde beym Ptolemäo.

des syrischen N. T. und unterrichtete auch Widmanstadt, der seiner in der Vorrede zum syrischen N. T. gedenket. Sein Glaubensbekänntniß, dem aber sein Patriarch nicht beypflichtete, ist von Masius übersetzt herausgegeben worden. Auch hat Masius unter Mosis Namen, wie wohl falsch, theologicam de SS. Trinitate contemplationem geliefert.

Abdiesu,

chaldäischer Patriarch.

Wurde vom Sulaca zum Bischof von Gezarta oder Insulae Tigris geweiht und saß nach dessen Tod von 1554 an auf dem Patriarchenstuhl. Er muß nicht, wie Abrah. Ecchelensis, Nairon und Renaudotion thun, mit dem Geschichtschreiber der syrischen Auctoren, Ebediesu Sobensi verwechselt werden. Beyde unterscheiden sich selbst, der letzte lebte schon im J. C. 1300 und starb 1318.

Im Vatican haben sie einige Gedichte von ihm auf Sulacam, in welche vom Ammanuensi verschiedenes, die nestorianische Ketzereÿ betreffendes, eingeschaltet worden seyn soll; ingleichen ein Gedicht auf Pium IV. und sein Glaubensbekänntniß. S. Panuinium in vita Pii IV. Raynaldum in Contin. Baronii ad an. 1562. Miraeum Bibl. Eccl. p. 58. Gembrardum in Chronic, l. IV. Ciaconium in vitis Pontificum.

Elias,

chaldäischer Patriarch.

Pius V persuadirte ihn durch Briefe und Geschenke zur Annahme des römischen Glaubens und zur Haltung eines Synodus, der vom Anfang des Merz 1616 bis gegen das Ende des Monaths dauerte und auf welchem alle unter seinem Patriarchate stehende Erzbischöfe die nestorianischen Lehrsätze ablegten.

Seine Correspondenz mit Pio V und seine übrigen Briefe: so wie sein Leben liefert Petr. Stroza de Dogmatibus Chaldaeorum et Synodal. Chaldaeor.

Adar, Archimandrite,

oder

Timotheus, Bischof von Amida.

Des vorigen Elias Gesandter an Pium V. Als er vom Rom zurück kam, gab ihm Elias das Bißthum Amida und verband in der Folge das Bißthum Jerusalem damit. Pius V. nennt ihn grauem et bene moratum virum.

Er schrieb drey Reden vom Glauben, die erste als Nestorianer, worinnen er zeigen will, daß die Nestorianer und Catholiken nur den Worten nach in der Lehre von Christo unterschieden wären; der heilige Geist gehe vom Vater aus, u. s. w.

Die

Die zwey andern nach dem römischen Lehrbegriff. Stroza liefert sie l. c. p. 19. 205. 225.

Gabriel,

chaldäischer Bischof.

Gab sich mit obigem Elias alle Mühe die Chaldäer zur römischen Religion auf dem Synodus zu Amida zu bringen. Nach der Hand schrieb er einige Gedichte auf Pium V. S. Stroza Synodal. Chald. p. 54.

Georgius Amira,

maronitischer Patriarch.

Ein Sohn Michaelis Edenensis. Studierte zu Rom in dem von Gregorio XIII. neuerrichteten Collegio Maronitarum im J. C. 1583. Im J. C. 1595. kehrte er ins Vaterland zurück und erwarb sich im folgenden Jahre unter Sergii Risii Patriarchate auf dem canubienischen Synodus viele Verdienste um die römische Lehre. Nach des Patriarchen Johannes Tod wurde er den 27 Dec. 1633 einhellig zum Patriarchen erwählt und von Urbano VIII. 1635 bestättiget. Er starb den 29 Jul. 1644.

Eine syrische Grammatik kam von ihm zu Rom 1596 heraus. Petrus Metoscita und Gabriel Avodius Hesronita brachten sie in einen Auszug. Im Vorbericht sucht er die syrische Sprache zur ältesten zu machen Walton in Prolegolegomen. ad Biblia Polyglott. widerlegt ihn. Ueberdies schrieb er ein Buch von Anlegung der Gebäude.

Isaac Sciadrensis,

Bischof.

Studierte im Collegio Maronit. von 1603. 1618. Im J. 1620 wurde er Priester und Presbyter an der berytischen Kirche, und verheyrathete sich nach morgenländischer Gewohnheit. Nach seiner Frauen Tod wurde er den 25 Merz 1629 vom Patriarchen Johannes Maclupbius zum Bischof von Tripolis erwählt.

Im J. 1636 kam zu Rom eine syrische Grammatik von ihm heraus; ingleichen schrieb er einige Gedichte auf Urbanum VIII. und Johannem Maclupbium, wie auch theologische Fragen, in arabischer Sprache.

Joseph Accurensis,

maronitischer Patriarch.

Ein Sohn des Bischofs Petrus zu Aleppo. Johannes Maclupbius machte ihn 1626 zum Bischof von Sidon. Im J. 1644 folgte er Georgio von Amira im Patriarchate und starb den 3. Nov. 1647 im 74 Jahre seines Alters.

Er schrieb syrisch eine Grammatik, Rom 1645. Ingleichen einige arabische Gedichte, in welchen er des oben S. 166 erwähnten Krieges

der

der Maroniten und Melchiten; ingleichen des gregorianischen Calenders gedenket, den der Patriarch Joseph Risius im J. C. 1606 eingeführt hatte.

Abgarus *),

König von Edessa.

Seinen Brief an Christum hält Assemann für ausgemacht. Christi Brief aber sieht er für eine Rede Christi an, die der edessenische Gesandte nachgeschrieben und in das edessenische Archiv niedergelegt habe. S. Eusebii Hist. Eccl. L. I. c. 13. Caue hist. Litt. Tom. I. p. 2.

Archelaus,

Bischof.

Stritte im J. C. 277 gegen den Irrlehrer Manes. Hieronymus nennt ihn einen mesopotamischen Bischof in catal. c. 72. Epiphan. haeres. 66. Socrat. L. I. c. 22. Photius L. I. aduers. Manich. nennen den Ort Cascar oder Carchar **). Er soll eine Dissertation wider den Manes und einen

*) Dieser und der folgende stehen zuletzt, weil an Abgars Brief gezweifelt wird; (S. Semlers Dissertation von Abgars Briefe.) Archelai Disputation aber ihm nicht ganz gewiß zugeschrieben werden kann.

**) Sonst כשכר jetzt גרגר oder כרכר. Der Bischof von Carchar ist Vicarius wenn das chaldäische Patriarchat erlediget ist.

nen Brief an Diodorum deswegen geschrieben haben. Valesius liefert einige Fragmente aus der ersten am Ende seiner Anmerkungen zum Socrat. und Sozom. Zazaginus gab sie, obgleich defect A. 1698 besonders heraus. Photius aber Bibl. Cod. 85 sagt, daß ein gewisser Hegemonius solche geschrieben habe.

Zweyter Abschnitt.

Monophysitische oder iacobitische Schriftsteller.

Barsumas,

Presbyter und Archimandrite,

Aus Autan in der Landschaft Samosata gebürtig, ergrief schon als Jüngling das Mönchleben, führte eine harte und strenge Lebensart und soll Simeon des Styliten Freund gewesen seyn. Da nach dem ephesinischen Concilio der Orient in zwo Partheyen getheilt war, von welchen die eine Nestorium verdammte, die andere ihn vertheidigte: so suchte Barsumas es mit der ersten zu halten; breitete aber unter dieser Bedeckung die Irrlehre des Eutyches in Syrien aus. Als der jüngere Theodosius wegen des

Eu-

Eutyches das zweyte ephesinische Concilium zusammen rief: so wußte sich Barsumas dergestalt bey dem Kaiser einzuschmeicheln; daß dieser befahl, ihn als den allgemeinen Abgesandten der orientalischen Mönche beym Concilio anzusehen, woraus seine Schüler gar bald einen kaiserlichen Befehl, daß ihm alles gehorchen sollte, machten. Hier unterschrieb er der Lehre des Eutyches, willigte in Flavians Tod, und war selbst dabey gegenwärtig. Auf dem Concilio zu Chalcedon wurde ihm nebst Caroso und Dorotheo (Act. IV.) eine Frist von 30 Tägen gegeben, um seinen Irrlehren zu entsagen. Ob es geschehen, wird nirgends gemeldet. Seine Anhänger erzählen verschiedene Fabeln von ihm. Er starb im gr. J. 769 [J. C. 458] den 1 Febr. und wurde am 8 begraben.

Man eignet ihm einige ascetische Briefe zu, und unterscheidet ihn vom nisibenischen und ägyptischen Barsuma. Der letzte hat den Beynamen, der nackte; der erste kam oben S. 99 f. vor.

Xenaias von Mabug *) sonst Philoxenus, Bischof von Hierapolis.

Aus Tahal einem Orte der persischen Provinz Garma. War anfangs ein Sclave, entflohe aber seinem Herrn, und soll nach Theodoro Lect. und den Actis Synod. Nicaen. II. Act. V nicht einmal getauft gewesen seyn. Ohngeachtet Theo-

*) Arab. Manbeg. griechisch Ἱεράπολις.

Theophanes, Cedrenus, Nicephorus, dem Theodor nachbeten; so stehet diesem Vorgeben doch entgegen, daß er sich nach S. 100 dem Nestorianismo und Ibas widersetzte, welches auf einen Ungetauften nicht wohl paßt; ingleichen, daß er ganz anders von sich selbst spricht, z. E. in seinem Brief an den K. Zeno: „der eingebohrne Sohn ist eine Person der heiligen Dreyeinigkeit. Er sagte zu seinen Jüngern: Gehet hin und lehret alle Völker und taufet sie im Namen des Vaters und des Sohnes und des heiligen Geistes. Ich bin auf den Namen desjenigen getauft, der für mich gestorben ist, und ich glaube, daß derjenige, auf dessen Namen ich getauft bin, der sey, der für mich gestorben ist. Und den, auf dessen Namen ich getauft bin, und der für mich gestorben ist, den habe ich in der Taufe angezogen.“ An andern Orten läßt er sich weitläuftig über das ganze Wesen der Taufe heraus, welches er, als ungetauft, nicht so oft würde gethan haben. Es ist auch nicht zu vermuthen, daß Petrus Gnapheus und die syrischen Bischöfe jener Zeit einen Mann unter sich würden geduldet haben, der so wenig Recht an der christlichen Kirche gehabt hätte; noch daß sich andere von ihm hätten ordiniren lassen, welches er doch verschiedentlich that. Sein Gegner Flavianus gedenket dieses Umstandes mit keinem Worte.

Anfänglich verhielt sich Xenaias ganz rechtgläubig. Als Petrus Fullo Patriarch wurde: so

machte

machte er ihn zum Bischof von Mabug und nannte ihn Philoxenum. Er bestimmt selbst die Zeit davon, wenn er in einem Brief, den er schrieb, als er ums J. C. 522 ins Exilium gejagt wurde, sagt: daß er der Kirche zu Hierapolis 34 Jahre vorgestanden sey. Also wurde er ohngefähr im J. C. 485 wie Baronius berichtet, Bischof. Von der Zeit an suchte er die Lehre der Monophysiten auszubreiten. Petrus und sein Nachfolger Palladius halfen ihm getreulich. Als Flavianus, ein orthodoxer Mann, Patriarch wurde: so versuchte Xenaias alles, um ihn zu gewinnen, Euagrius L. III. c. 31. Er reißte deswegen zweymal nach Constantinopel, suchte Anastasium gegen Flavianum aufzubringen, versammlete sogar mit kaiserlicher Genehmigung zu Sidon einen Synodus, wo dem chalcedonensischen Concilio öffentlich sollte entsagt werden: aber die Wahrheit fand ihre Vertheidiger. Zwar brachte er es dahin, daß Flavian abgesetzt wurde, ja, er ordinirte auf dem Synodus zu Antiochien Severum, einen Mönch, zum Patriarchen; aber alles wollte nichts helfen. Denn da Anastasius starb; so jagte der ältere Justinus ihn mit Severo und ihren Anhängern fort. Zuerst hielt er sich dann in Philippopolis in Thracien, hernach zu Gangra in Paphlagonien auf, wo er vom Rauche erstickt wurde. Dies geschahe alles ums J. C. 522.

Als Stifter und Ausbreiter der jacobitischen Lehre, hatte er unter seinen Anhängern ein gewaltiges Ansehen: so daß sich Severus, der doch sonst nicht unangesehen war, öfters seinem Urtheil unterwarf. Als Schriftsteller, wird er wegen seines schönen Styls vom Jacob von Edessa zu den classischen Auctoren der syrischen Sprache gerechnet.

Ausser der allgemeinen monophysitischen Lehre, lehrte er auch, daß der heilige Geist blos vom Vater ausgehe „der heilige Geist geht nicht so vom Sohne aus, wie der Sohn vom Vater, sondern beyde sind vom Vater. Der Vater ist alleine selbstständig; der Sohn ist ein Sohn des selbstständigen Wesens, und der heilige Geist gehet vom selbstständigen Wesen aus.“ Ferner verwarf er die Bilder, besonders von geistigen Sachen, s. Concil. Nicaen. II. Act. V. Endlich nahte er sich der Lehre, daß Christus als Mensch keine menschliche Bedürfnisse gefühlt habe; sondern sie ohngefähr auf die Art, wie er nach seiner Auferstehung aß und trank, angenommen habe.

Seine Schriften sind:

1) Auslegungen der heiligen Schrift.

2) Uebersetzung der Evangelisten *) welche er nach

*) S. J. D. Michaelis Einleitung in die göttlichen Schriften des N. B. 1 Th. S. 188. Glocester Ridley, Prediger zu Poplar in England, hat eine Handschrift davon.

nach dem Zeugnisse des Thomas von Heraclea verfertigte. In einem Codex der königlich französischen Bibliothek wird das J. C. 508 als das Jahr ihrer Verfertigung angegeben. Doch gebrauchen diese Uebersetzung blos die Jacobiten; da gegentheils die andern syrischen Religionspartheyen bey der Peschito bleiben.

3) Anaphora. Sohulting *) T. III. p. 106. in indice Liturg. nr. 22. lateinisch beym Renaudot. T. II. p. 310 und 301. Sie gehört aber eigentlich dem Simeon von Persien.

4) Ein Gebet im Hebdomadario Maronitarum.

5) Tauforduung.

6) Drey Tractate von der Dreyeinigkeit und der Menschwerdung Christi. Aus dem ersten haben wir oben S. 182 die Stelle wegen des heiligen Geistes ausgezeichnet. Im andern, von der Menschwerdung, widerlegt er die Eutychianer die er Phantasiasten nennt, die Nestorianer und die Vertheidiger des chalcedonensischen Conciliums und nimmt eine Person, die ohne Vermischung aus der Gottheit und Menschheit zusammen gesetzt sey, in Christo an. Er hält also eine Mittelstrasse zwischen der rechten Lehre und der Lehre der Eutychianer, auf welcher ihm die ganze jacobitische Secte folgte

 und

*) Das beym Schulting stehende 2070 J. C. mag wohl falsch seyn.

und חד כינא עפיפא eine doppelte Natur statuirte *).

7) Einer aus der Dreyeinigkeit ist Mensch geworden und hat gelitten. 10 Abhandlungen. Am Ende sind Wiederlegungen eines Ungenannten Gegners, gegen welchen sich Xenaias unter andern ausdruckt: „Verdammt sey Nestorius und Eutyches, ihre Lehre, ihre Schüler, wer ihnen beystimmt, wer sie nicht mit Herz und Mund verdammt und nicht bekennt: daß Christus, das Wort Gottes, einer aus der Dreyeinigkeit für uns gekreuziget sey. Wer unsern Herrn Jesum Christum nicht liebt, der sey verdammt,„ und dann seine Meynung mit den Zeugnissen der Kirchenväter bestättiget. Die Streitigkeit über diesen Satz zerrüttete die orientalische Kirche sehr lange. Ihr Ursprung ist folgender. Xenaias hatte an einige Mönche von der Menschwerdung geschrieben und sich oft des Ausdrucks bedient: einer von der Dreyeinigkeit kam vom Himmel, wurde Mensch, litte, starb u. s. w. Er suchte dadurch den Nestorianern sowohl als Eutychianern zu begegnen. Ein ungennannter Nestorianer, excipirte darauf: daß also nur zwo Personen im Himmel geblieben wären und daß überhaupt der Ausdruck eine Neuerung sey. Xenias bewieß also in diesem Briefe die Richtigkeit seines Satzes aus

*) S. Petauium L. III. de incarnatione c. 6.

aus der Offenbarung, Vernunft und Kirchenvätern, und setzt endlich folgende fünf Sätze fest. „1. Die Person [Substanz, Wesen] des Sohnes ist einer aus der Dreyeinigkeit, Gott, das Wort; der auf eine unbegreifliche Art vom Himmel herab kam und im Leibe der Jungfrau persönlich war. 2. Diese Person, die im Leibe der Jungfrau wesentlich war, ist aus ihr, von ihrem Fleische, aus ihrem Körper wesentlich Mensch geworden ohne Verwechslung und unaussprechlich. Er ist ein Mensch geworden, sichtbar, fühlbar, vereinigt; da er doch als Gott geistig, einfach, unzusammengesetzt, wie ein Gott seyn muß, blieb. Sein Leib aber ist von der Jungfrau und nirgend anders her. 3. Wenn der, so Mensch geworden, Gott ist; so muß auch der, so gebohren worden, Gott seyn. Und wie der, so sich in die Jungfrau herabließ, einer und zwar geistiger war, der seine geistige Natur vom Vater hat: so kam er auch aus dem Leibe der Jungfrau, als einer der die würkliche Menschheit von der Jungfrau hat. Daher nennt man die Jungfrau mit Recht eine Gottesgebährerin; weil sie, obgleich unerklärbar, den Gottmenschen in einer Person gebahr. 4. Weder die Person noch die Eigenschaften sind verschieden. Das Kind das gesehen worden, ist nicht [als eine völlig andere Sache] verschieden vom erhabnen Gott, dem

 Worte.

Worte. Der so aus dem Leibe der Jungfrau kam, ist kein anderer als der, so vom Vater gezeugt worden ist und von keinem Anfang weiß. Auch ist die einzige Person Gottes, die Mensch geworden, nicht verdoppelt. Das Wort ist nicht von Jesu Christo als dem Natur Sohn, dem in der Schrift menschliche Prädicate beygelegt werden, unterschieden; sondern bey allen Worten, Werken, Leiden und Wundern war Gott, das Wort, zugleich Mensch, ohne Vermengung. 5. Gleichwie die Leiden und der Tod ihm unter der Benennung Christi, oder Sohnes, oder Jesu, oder des Eingebohrnen beygelegt werden: so können sie auch von ihm nach der göttlichen Natur gesagt werden. Weder die Redensart: Christus, der Sohn, hat gelitten; noch die: Gott, das Wort, ist gekreuziget, ist falsch. Denn der Eingebohrne, der im Fleische erschien und alles menschliche, die Sünde ausgenommen, an sich hatte, ist Christus und menschliche Natur. Aber wie er die menschliche Natur hat: so hat er auch die göttliche. Wenn man also sagt, daß der Sohn [der nicht aus Gnaden, sondern würklicher Natur Sohn ist] gelitten habe: so bekennt man dadurch zugleich, daß Gott und nicht ein anderer von ihm verschiedener Mensch, der ihm blos anhienge, oder in dem er sich blos als ein von ihm verschiedenes Wesen aufgehalten, gelitten habe.„

8. Brief

8. Brief an Abraham und Oresten, Presbyters zu Edessa, vom Stephanus Barsudaili *) daselbst: „Ich höre, daß Stephanus ein gelehrter Mann, der sich ehehin bey euch, nun aber um Jerusalem herum aufhält, seine Schriften und Auslegungen, mit einem Briefe begleitet, an euch geschickt habe — Es mag nun seyn wie es will: so sorgt, daß solche Niemand, am wenigsten die in den kirchlichen Gebäuden sich aufhaltende Weibspersonen in die Hände bekommen möge; damit sie nicht, wegen der dem weiblichen Geschlechte eigenen Leichtsinnigkeit, darunter Schaden leiden. — — Er untergräbt die Wahrheit der heiligen Schrift, entzieht den Christen ihre Hofnung, lehrt nach Herzenslust sündigen, verbietet den Unterricht, hält Heiden, Juden und Ketzer ab, sich zu Gott zu wenden, schaft die heilige Taufe ab, leugnet die Gnadenmittel in den göttlichen Sacramenten und hält es für überflüssig der Gerechtigkeit nachzujagen. Denn nach seiner gottlosen Lehre ist nicht nur kein jüngstes Gericht; sondern alle sollen einerley Lohn davon tragen; Petrus der Apostel mit den Zauberer Simon, der Lehrer Paulus und Judas der Verräther, und so die übrigen Apostel und Evangelisten zu glei-

*) Er verfiel auf die Lehre Origenis. Da ihn deswegen die Edessener verjagten: so wandte er sich mit den übrigen Origenisten nach Jerusalem.

gleichen Theilen gehen. Was die größte Thorheit und Gottlosigkeit ist: so sagt er gar, daß alles einer und der nemlichen göttlichen Natur theilhaftig werden sollte — — Er sagt: wie Vater, Sohn und Geist eine Natur haben, und das Fleisch gewordene Wort die nemliche Natur hat: so würde auch jedes erschaffene Wesen dieser göttlichen Natur theilhaftig werden. Denn Gott wird alles in allem seyn. — Ich finde auch in seinen Auslegungen, über die Worte [Luc. 13, 32] heute und morgen thue ich Wunder und am dritten Tag bin ich vollendet, die neue Erklärung, daß er unter dem Abend des ersten Tages diese Welt, die er die böse nennt, verstehet; unter dem Sabbath die Ruhe, von welcher er sagt, daß sie nach der Zeit seyn soll; unter dem Sonntag die Vollendung, durch welche Gott alles in allem seyn wird. Denn alles was ist, soll einer und der nemlichen Natur und Wesens mit Gott werden. — Glaubwürdige Leute haben mir gesagt, daß sie an der Wand seines Zimmers geschrieben gefunden hätten: Jede Natur ist wie seine Natur. Weil sie ihn wegen dieser Lästerung beredeten und die Sache bekannt wurde: so löschte er zwar die Schrift an der Wand aus; trug sie aber in seinen Schriften verdeckt vor. Einst sah er am Grabe der Väter von der Familie Abraham einen Juden sitzen und sagte zu

ihm:

ihm: Fürchte und betrübe dich nicht, daß man dich einen Kreuziger nennt; dein Schicksal wird wie Abrahams Schicksal seyn. Er sagte Schicksal für Antheil *) — — Ich erinnere mich, daß ich ihn ehemals durch seinen Schüler Abraham einen Brief schickte, dessen Abschrift ich hier beylege. Aber damals wußte ich nicht, daß er diese greuliche Meynungen hegte, die ich erst in seiner Erklärung der Psalmen fand; daß er Offenbarungen und Erscheinungen von sich rühme, als wäre ihm alleine gegeben die Schrift zu erklären; daß er die Schrift Träume, seine Auslegung aber Erklärung der Träume nenne. — Deswegen, höre ich, habe er euch überredet, daß seine Lehre auch zu Edessa angenommen wäre, und daß wir ihm viele Lobsprüche beygelegt hätten: biß daß einer der dasigen Mönche, diesen unsern Brief fand, woraus sie sahen, daß er in den mehresten Stücken von mir widerlegt würde. — Nach Empfangung dieses gegenwärtigen Schreibens, bitte ich euch, ihm das was ihr für nöthig erachtet zu schreiben; aber ihn nicht blos obenhin zu bestrafen. Ich würde deswegen auch an den Bischof zu Jerusalem **) geschrieben haben; wenn nicht die Verschiedenheit unserer

*) הלך für מנת.

**) Elias, ein Orthodoxer.

serer Lehre und die wenige Bekanntschaft die wir haben, mich daran verhinderte.„

9) Glaubensbekänntniß. Wo er nicht blos als als Monophysite, sondern auch als Monothelete spricht. Wie denn überhaupt der Monotheletisimus zu Hierapolis seinen Ursprung gehabt haben soll. Theophan. ad an. 20 Heraclii.

10) Brief an den Kaiser Zeno, von der Menschwerdung Christi. Er verwirft die Nestorianer und Eutychianer, sagt daß er den allgemeinen Glauben der Kirche habe u. s. w.

11) Zwey Briefe an die gaugalensischen *) Mönche. Er vertheidigt wie sonst, so hier, die monophysitische Lehre gegen Nestorium und Eutychem. Den Satz: einer aus der Dreyeinigkeit und Gott hat gelitten, erklärt er ferner: „Aber nicht nach seiner Geistigkeit, und in wie ferne er geistig ist, ist er gestorben; auch hat Gott nicht als Gott gelitten. Sondern weil er einen Leib annahm, konnte er leiden; er konnte sterben, weil er den Sterblichen gleich wurde.„

12) Brief an die amidensischen Mönche. Xenaias als ein unruhiger Kopf tadelt sie, daß sie sich bey den Streitigkeiten wegen der Religion so stille verhielten.

13) Zween Briefe an die teledensischen Mönche.

14. Brief

*) Gaugal ein Berg in Mesopotamien bey Amida. Sozom. L. III. c. 14.

14) Brief an die senunensischen Mönche *) geschrieben ums J. C. 522. Zuerst widerlegt er Nestorium, dann die Anhänger des chalcedonensischen Conciliums. Wir wollen einige Stellen daraus liefern: „Es ist ein Sohn und Herr, nach diesen zweyen Sätzen: daß er Gott ist und Mensch. Ist auch nachher einer geblieben, nachdem er Mensch geworden ist, wie er es vor seiner Empfängniß war. Vorhero einer ohne Fleisch; hernach aber so, daß er einen Leib hatte. Das Fleisch, welches er von uns annahm, ist sein eigenes und keines andern von ihm unterschiedenen Menschen. Daher bekennen wir, daß wir den lebendigen Leib des lebendigen Gottes und nicht den blossen Leib eines sterblichen Menschen empfangen, und lebendiges Blut des Lebendigen in jedem heiligen Trunk und nicht wie die Irrlehrenden glauben, Blut eines blossen vergänglichen Menschen aus unserer Mitte. Denn er nennte nicht blos das Brod das er heiligte seinen Leib, noch den gesegneten Wein blos sein Blut; sondern sagt von jedem besonders, daß es wahrhaftig sein Leib und sein Blut sey; Jesus nahm das Brod, dankete und brachs u. s. w. Er nennte also das Brod seinen eigenen, keines andern Leib und den Wein sein eigenes Blut.„ Was Zacharias Rhetor beym Evargius H. E. L. II. c. 2. vom

*) Ihr Kloster lag nicht weit von Edessa.

vom Nestorio erzählt, den der Pabst Leo zum chalcedonensischen Concilium soll eingeladen haben; findet sich auch hier. „ — — Dieses trug sich gegen das Ende des Lebens Nestorii zu, dem, wie man sagt, in seinem Exilio alles was vom Flavian verhandelt wurde, ingleichen Leonis Brief, communiciret worden ist. Und hätte das göttliche Gericht Nestorium nicht noch eher weggenommen, als sich der Synodus versammlet: so würde er gewiß, wie die andern Bischöffe, darzu berufen worden seyn. Dies habe ich nicht blos vom hören sagen, sondern der, so an ihn geschickt wurde, versicherte mir es als Wahrheit. Es bestättigt solches auch der Innhalt eines Briefes, den er an seine Anhänger zu Constantinopel damals schrieb. Alles was Flavian und Leo thun, wird bewundert, ihre Lehre ist die nemliche die er hat, u. s. w.„ Er führt auch das Fragment dieses nestorischen Briefes an: „Ich weiß was ehemals der gottesfürchtige Flavian, Bischof von Constantinopel, wider Eutychen und seine Anhänger gethan hat, die sich nicht scheuten zu sagen: die Gottheit ist verwandelt, Gott ist Mensch geworden; ist uns gleich, ist gebohren worden, hat gelitten, und so beständige Gegner der wahren Religion waren. So weiß ich auch was der treue Pabst Leo wegen der Religion unternahm und wie er sich gegen den sogenannten Synodus setzte. Ich lobe und danke Gott dafür ohne Unterlaß. Das sollt aber ihr, die ihr euch gerne von Gott belehren laßt, wissen, daß das, was diese heiligen Männer Flavian und Leo vortragen, meine Grundsätze und Lehren, ja die Grundsätze der wahren Religion sind. Warum aber werde nun ich allein, da alle und besonders die Clerisey meine Grundsätze haben, warum werde ich allein aus Neid als Ketzer verdammt und gehaßt? — Ihr aber, nehmt sie [Gregorium Thaumaturgum, Basilium, Athanasium, Cölestinum, Proclum] nicht an! Ihre Reden sind lauter Sophisterey. Ihre Lehren zielen auf das Verderben der Seele, auf die Irrlehre Valentini, Apollinaris, Arii und Manetis, die alle, verdammt zu werden, verdienen. Glaubt vielmehr was unsre heiligen Amtsgehülfen, die Lehrer Flavian und Leo vortragen, und bittet um einen allgemeinen Synodus, damit darauf meine Lehre, die Lehre aller Orthodoxen bestättiget werden möge. Ich hoffe, daß wenn das eine geschiehet, das andere durch Gottes Hülfe auch geschehen werde.„ Wenn Xenaias auf die Anhänger des chalcedonensischen Conciliums kommt; so theilt er sie in römische und palästinische ein. Von den ersten sagt er: sie wollten weder Mariam eine Gottesgebährerin heissen, noch Christum, der für uns gekreuziget, einen aus der Dreyeinigkeit: von den andern aber, daß sie beydes zugäben. Er hält sich dabey sehr über den prätendirten Vorzug des römischen Gesandten und des Pabstes auf; bemerkt auch, daß Paulus, Patriarch von Antiochien, den man zu Antiochien Paulum Judäum nenne, mit ihnen gemeinschaftliche Sache gemacht habe. Der monophysitischen Lehre sucht er dadurch Ansehen zu verschaffen, daß er behauptet, sie sey von allen Geistlichen, von Antiochia an bis Persien erkannt worden; welches doch, nach andern Nachrichten, falsch ist. Nach diesen, hat nach der Vereinigung der monophysitischen Lehrer Syrien, Phönicien und Palästina die orthodoxe Lehre angenommen, die besonders durch Justini Bemühung *) bestättiget worden ist. Dies bekennt auch Xenaias selbst, und noch dazu vor seinem Exilio, von Hieropolis.

15) Disputation mit einem nestorianischen Lehrer über die Worte: der Gott unsres Herrn Jesu Christi, der Vater der Herrlichkeit.

16) Abhandlung wider die Nestorianer und Eutychianer.

17) Vom Glauben über Act. 2, 22. wider die, so dafür halten, daß Jesus und Christus Namen eines von Gott angenommenen, nicht des Mensch gewordenen Gottes, wären.

18) Brief wider Habib, von der Menschwerdung.

19)

*) S. 138.

19) Brief an die Arzuniten, eben davon, nebst einigen andern Briefen.

Paulus,

Bischof von Callinicum.

Lebte nach Dionysio zu Anfang des sechsten Säc. und wurde, weil er das chalcedonensische Concilium verwarf, im gr. J. 830 [J. C. 519] von Justino aus dem Bißthum vertrieben. Er begab sich hierauf nach Edessa und übersetzte Severi Bücher aus dem griechischen ins syrische. In der Vorrede erklärt er die verschiedene Bedeutung des Wortes חבלא corruptio, die er auf keine Weise bey Christo zugiebt. Daher hat er den Namen eines Auslegers oder Uebersetzers bey den Syrern. Er heißt auch wohl Edessenus von seinem Vaterlande und ist von dem S. 138 da gewesenen wohl zu unterscheiden.

Maras,

Bischof von Amida.

Wurde im J. C. 520 Bischof. Johannes Bischof von Asien erzählt beym Dionysius, daß er aus der berühmten Familie Constantii entsprossen, nach dem Tode Nonni das Bißthum bekommen und solches gut verwaltet hätte. Wäre aber auch gleich anfangs durch Justini Edict vertrieben worden; weil er sich schlechterdings weigerte, das chalcedonensische Concilium anzunehmen. Erflohe hierauf mit seinen zwo Schwestern Samona und Nonna, ingleichen dem Bischof von Kenserin Isidorus nach Petra im palästinischen Arabien. Sieben Jahre hernach brachte ihm nach Justini Tode die Kaiserin Theodora die Erlaubniß heraus, sich nach Alexandrien begeben zu dürfen. Hier starb er und wurde nachgehends zu Amida begraben *). Er

*) Bey der Gelegenheit wollen wir die Bischöfe von Amida aus Dionysio und Gregorio vom J. C. 300 an, einschalten. 1. Simeon, war auf dem Concilio zu Nicäa. 2. Maras, war auf dem Concilio zu Constantinopel. 3. Acacius s. S. 45. 4. Asterius war auf dem ephesinischen Concilio im J. 431. 5. Simeon auf dem chalcedonensischen A. 451. 6. Maras s. S. 64. 7. Johannes starb im J. 502. 8. Nonnus. Auf Anstiften Thomä mußte er seine Würde niederlegen und nach Seleucia fliehen im J. 519. s. Baronium. Flavian machte ihn daselbst zum Bischof. Als ihn auch hier Paulus Judäus Patriarch von Antiochien vertrieb: so kehrte er in seine Vaterstadt Amida zurück und wurde nach Thomä Tode vom neuen Bischof. 9. Thomas, nach Nonni Verjagung. 10. Maras, von dem wir eben sprechen. 11. Abraham, wurde im J. 520. ordiniret. 12. Eunomius vom J. 546. 13. Johannes (Gregorius nennt ihn Joseph) A. 551. 14. Cyriacus 578. 15. Thomas 623. 16. Theodotus 713 legte 729. sein Amt nieder. 17. Cosmas 729. 18. Sabas 730. 19. Severus I. 750. 20. Severus II. 751. dankte den 14 Merz 756.

Er schrieb Commentarien über die Evangelisten. Der melitensische Bischof Zacharias führt daraus die im 8 Cap. Johannis stehende Geschichte der Ehebrecherin an, und bemerkt es als etwas besonderes, da sie in andern Exemplarien des N. T. fehle. Assemann sagt uns, daß die Uebersetzung des Maras von der Waltonischen und Maironischen [Rom. 1703] sehr verschieden sey.

Johannes,
Bischof von Tela.

War im J. C. 512 auf dem sidonischen Synodus als Bischof von Tela. Im J. 519 verjagte ihn Justinus, weil er das Concilium nicht annehmen wollte. Er wurde durch Ephraem von Amida zu Antiochien ein Märtyrer. [Dionys. im Chronicon.] Er schrieb Canones die Barhebräus sehr lobt.

756. ab. 21. Abas I. 856. 776. 22. Abas II. so weit Dionysius, von den übrigen führt Gregorius an: Cyrinum ums J. 1076: wurde ein Muhamedaner. Basilium Barsumna unter Johanne XIII. Dionysium Barsalibi im J. 1166. Abraham 1180. ihm folgte Mennas. Johannem Salibam, ums J. 1253. Cyrillum Abraham Bargarib der 1381. Patriarch wurde, ihm folgte sein Bruder Joseph. Ignatium X. sonst Caleph ums Jahr 1471. auch weiß man Simeonem ums J. 1583.

Johannes Bar-Aphton,

Abt zu Keuserin.

Hielt es im J. C. 515 mit Severo und Philoxeno und starb im J. C. 538. Er war Abt über das seleucische Kloster des heiligen Thomä bey Kenserin und schrieb Gesänge auf die Geburt Christi und auf Severum. [Dionys.]

Zacharias,

Bischof von Melitine.

Lebte unter Justiniano ums J. C. 540. Evagrius nennt ihn Rhetorem und beym Gregor. Barhebr. heißt er Malela. Er schrieb eine Kirchengeschichte vom Constantino M. bis aufs 20 Jahr Justiniani. Evagrius führt sie häufig an und daraus hat Assemann das Manuscript entdeckt. Der erste Theil ist ein Auszug aus Socrate, der zweyte aus dem Theodoret, der dritte Zachariä eigne Arbeit. Er handelt vom chalcedonensischen Cocilio und Nestorii Tode. S. Euagr. L. III. c. 2. Vom Proterio Alexandrino. Euagr. l. c. c. 8. Vom Mönch Theodosio, der Juvenalem verjagte, Euagr. l. c. c. 5. wiewohl Evagrius Zachariam hier nicht nennt, und überdies Petrum Iberum zum Bischof von Majuma macht, da er doch nach seinen eigenen Worten Lib. III. c. 33. Bischof von Gaza war. Vom Tode des K. Zeno und dessen Nachfolger Anastasio: „Nach 17 jähri-

jähriger Regierung [wie wir oben im 6 Buche bemerkten] starb Zeno in der 317 Olympiade, im gr. J. 802 in der 14 Indiction an der Mittwoche der grossen Woche. An seine Stelle kam Anastasius, der vorhero Decurio Silentiarius war.„ Von Amidá Eroberung, völlig wie Josue Stylites, nur hie und da specieller. Er setzt den Anfang des persischen Krieges mit den Hunnen ins 13 Jahr Anastasii. Vom Cavades erzählt er, daß als ihn ein kleiner christlicher König von Aram gebeten, die so in die Kirche der 40 Märtyrer zu Amida geflohen waren, zu verschonen, er die Bitte bewilliget und selbst in die Kirche gekommen wäre. Als er hier Christum im Bilde sahe: so fragte er, wer es wäre. Auf erhaltene Antwort neigte er sich und sagte, daß dieser ihm die Einnahme der Stadt versprochen habe. Die Kostbarkeiten der Kirche; so wie den Wein, den die Vorsteher der Kirche seit 7 Jahren mit seiner Hefe an der Sonne getrocknet und in leinern Tüchern als Pulver verwahrt hatten, um solches in den Kelch zu werfen; nahm er mit sich. Da die römischen Feldherren mit dem Eglon *) nicht fertig werden konnten: so lieferte ein Jäger Namens Gedanas solchen in ihre Hände. Dem Cavades wurden 11000 Pf. Goldes bezahlt. Von der Bevestigung der Stadt Dara, auf Anrathen der römi-

*) Man sehe das Chronicon Josue Stilites im ersten Abschnitt.

römischen Generale, von Anastasio unter Thomä Bischofs von Amidä Aufsicht, unternommen. Dieser setzte auch den ersten eutychianischen Bischof dahin. Diesem folgte Thomas Rhesinensis, der aber, weil er das Concilium nicht annahm, wieder vertrieben wurde und mit dem Presbyter Johannes im Exilio starb. Von Marino Apameensi,, dem Macedonius folgte Timotheus im constantinopolitanischen Bißthum — zu dessen Zeiten lebte Marinus von Apamea, ein wachsamer, eifriger, treuer, rechtglaubiger und kluger Mann. Er war der Liebling, Secretär und Rath des Kaisers. Wenn ihm beym Spazierengehen etwas, davon er glaubte daß es der Mühe werth sey, einfiel: so ließ er es gleich aufschreiben. Zu Nachts stund immer eine Lampe und Dintenfaß bey seinem Bette. Hier schrieb er die Gedanken auf, die er dem Kaiser bey Tage vortrug und ihm ins Werk zu richten rieth. Weil er aus Antiochien war und man daselbst seit Eustatii Zeiten die Worte: **der für uns gekreuziget ist**, dem Trishagio anhieng: so suchte er Anastasium ebenfalls dazu zu bereden. Einige Ketzer griffen ihn deswegen an und sagten: Warum willst du den Lobgesang, den Engel sangen, durch sterbliche Menschen verbessern? Aber Gott, das Wort, gab ihm schnell folgende Antwort ein: die Engel richten ganz recht ihr Loblied an die angebetete Dreyeinigkeit so ein, daß sie keines, der für sie gekreuziget ist, geden-

ken;

ken; wir hingegen sagen billig: der für uns Menschen gekreuziget worden ist. Denn unsre, nicht der Engel Natur nahm er an. So brachte er seine Gegner zum Schweigen; den Kaiser aber dahin: daß er diese Worte, wie sie zu Antiochien gewöhnlich waren, in der Residenz einführte." Von der Kaiserin Ariadne und Anastasii Tode. Von den homeritischen Märtyrern. Von Maras, Bischof von Amida. Vom Frieden der Römer mit Persien unter Justinian und Chosroes, Cavadis Sohn. Ein gewisser Moses zu Dara trieb von Chosroes Mutter Teufel aus und dies beförderte den Frieden. Streit zwischen Juliano und Severo vom Leibe Christi. Eroberung Roms durch Totilam.

Jacobus Baradäus,
Bischof von Edessa.

War zuerst Mönch im Kloster Phasilta und wurde nach Adäi Tode im J. C. 541 Bischof. Hier gab er sich alle Mühe, die verschiedene Secten der Monophysiten zu vereinigen; nahm sich des monophysitischen Patriarchens Sergius gegen den antiochenischen Patriarchen Ephräm an; ordinirte Paulum nach Sergii Ableben zum Patriarchen; und brachte es durch seinen Eifer gegen das chalcedonensische Concilium so weit, daß sich die Monophysiten nach seinem Namen Jacobiten nannten. Renaudot. T. II. Lit. Or. p. 342.

 macht

macht ihn unrichtig zum Patriarchen *). Die Jacobiten lassen ihn Reisen durch unzähliche Lande und eine ungeheure Anzahl von Ordinationen verrichten. Welches bey ihnen uns um so weniger wundern darf; da sie seinen Namen haben **). Zwar leiten sie ihre Benennung vom Apostel Jacobus her; welches aber schon Nairon Euopl. p. 40 widerlegt hat. Die Griechen nennen ihn Zanzalum, die Syrer und Araber Baradäum.

Er schrieb eine Liturgie, die beym Renaud. l. c. p. 333 stehet, aus welcher deutlich erhellet, daß er die Dreyeinigkeit angenommen, welches Luxenburgus und Prateolus von ihm leugnen. Der Irrthum kam daher, daß er das Zeichen des Kreuzes nur mit einem Finger soll gemacht haben, um die einzige Natur in Christo anzuzeigen. Cave T. II. p. 110. eignet ihm, nach dem Echellensi und Nairon, noch Catechesin, Encomium und Homilien zu, die aber zu neu und zu gut arabisch sind.

Petrus der jüngere,

Patriarch von Antiochien.

Zum Unterschied von Petro Cnapheo so benennt, auch Callinicensis von seinem Geburtsorte. Kam nach Pauli Absetzung A. C. 578 zur Würde und

*) Gregor. Barhebr. nennt ihn Metropolitam Oecumenicum, der blos die Würde, ohne Rücksicht auf ein besonders Ort, hatte.

**) Nach Gregor. Barhebr.

und starb im J. C. 591. Er hatte mit Damiano zu Alexandrien einige Streitigkeiten, in welchen ihm Severus Mokaffäus Irrlehren wegen der Dreyeinigkeit beylegt, welche aber im Manuscript dieser Disputation nicht zu finden sind. Wichtiger war der Streit den er mit Stephano, Probo und Johanne wegen der Menschwerdung hatte und den Dionysius so erzählt: „Stephanus war ein Sophist aus Antiochien. Er glaubte, daß mit dem Gedanken der Vereinigung keine Verschiedenheit der natürlichen Bedeutung desjenigen, woraus Christus bestünde, sich vertrage. Damianus zu Alexandrien ermahnte ihn zwar, diese Meynung fahren zu lassen: es half aber dies so wenig, daß er vielmehr grössere Unruhen anfieng und mit mehrerer Hitze seinen Satz behauptete. Unterdessen kam der Patriarch Mar Petrus von Seiten der Anhänger Pauli nach Alexandrien und hatte Probum und Johannem Barbur einen Archimandriten nebst andern beredten und gelehrten Leuten bey sich. Da diese von dem Sophisten und seiner Lehre hörten: so beschloß Petrus ihn in einer eignen Schrift zu widerlegen und ihm seinen Irrthum aus den h. Kirchenlehrern zu zeigen. Die Sachen Probi und Johannis fielen anders aus, als sie dachten. Da sie nicht Bischöfe wurden, welches ihre Absicht war: so schlugen sie sich zu den Gegnern des Patriarchens und suchten mit dem Sophisten bekannt zu werden. Der Patriarch, der ihren Hang zu die-

diesem Irrthum kannte, warnte sie, wiewohl vergeblich. Sie blieben in Aegypten zurück, vergassen was sie vorher dawider geschrieben hatten, und nahmen diese Lehre an. Probus frey und öffentlich; Johannes einige Zeit heimlich. Probus richtete mit den Sophisten und andern Feinden der Wahrheit nicht geringe Unruhen an, vertheidigte auch nun das schriftlich und mündlich, was er vorhero verworfen hatte. Johannes hingegen richtete sich nach den Umständen und wollte nie recht mit der Sprache heraus. Ja, als Damianus Probum in den Orient verjagte und ihn wegen Ausbreitung der sophistischen Lehre aus der kirchlichen Gemeine ausschloß: so gab er seine Einwilligung dazu und unterschrieb zum Schein Probi Urtheil, bat ihn auch seine Irrlehren fahren zu lassen, und in der Gemeinschaft der Glaubigen zu bleiben. Endlich aber vergaß er alles dies, und alle Ermahnungen des Patriarchen, von Probo abzutreten. Weit entfernt Probum zu verlassen, verließ er die Kirche, suchte die Mönche zu bereden, daß Probus unrechtmäsiger Weise abgesetzt worden sey und den Patriarchen durch Bitten oder Drohen zur Widerruffung des Urtheils zu bringen. Da er dadurch nichts ausrichtete: so vertheidigte er öffentlich diese Lehre und schrieb eine Abhandlung die er vor dem Synodus zu lesen und zu beantworten bat. Man versammlete also seinetwegen einen Synodus

dus zu Suba Baraia *), wozu auch er eingeladen wurde. Er brachte Probum als Beystand mit. Der Synodus aber nahm Probum als einen schon ausgeschlossenen nicht an. Da ihn Johannes mit Gewalt dabey haben wollte: so stellte der Synodus die Erklärung von sich: Willst du, daß Probus mit dir erscheine: so verfertigt beyde eine Schrift in welcher ihr bezeuget, daß ihr einerley Meynung habt. Unter dieser Bedingung soll er mit dir zugelassen werden. Bist du aber in der Lehre von ihm verschieden: so komm alleine und antworte auf die vorzulegende Fragen. Johannes mußte sich damit begnügen lassen, erschien und empfieng vom Patriarchen und dem Synodus den Friedenskuß. Nachdem man aber sein Buch las und sahe, daß er von des Sophisten und Probi Meynung eingenommen sey; so sparte man zwar keine Ermahnungen: er aber gab, vermutlich auf Probi Anstiften, nicht nach. Man fuhr also mit dem Urtheil zu, erklärte ihn priesterlicher Aemter unfähig und schloß ihn mit allen Anhängern Probi aus der christlichen Kirche. Der Patriarch Petrus schrieb hierauf im Namen des ganzen Synodus einen Brief, worinnen er eines theils den Irrthum des Sophisten und Probi widerlegte; anderntheils aus den Kirchenlehrern zeigte, daß ein Unterschied der Naturen in Christo auch nach der Vereinigung bleibe,

*) In Mesopotamien, wo in dem J. C. 700. einige Patriarchen sich aufhielten.

bleibe, aber ohne Absonderung und Trennung der Naturen. Diese Schrift sande er an alle Klöster und Kirchen der Glaubigen des Orients, d. i. des ihm untergebenen Syriens. Nun sahen sich Probus und Johannes verbannt. Sie verliessen also die sophistische Meynung, nahmen das chalcedonensische Concilium an und begaben sich nach Antiochien zum Patriarch Anastasius, der sie auch annahm. Johannes wurde zwar wieder vertrieben, doch wählten ihn die Mönche des Klosters Eustatii zu ihrem Haupte. So blieben die Sachen bis nach Petri Tode. Unterdessen hatten durch sie verschiedene, besonders die im antiochenischen Gebiete liegende Oerter, das Concilium angenommen. Nach Petri Tode kamen sie wieder zu Kräften und baten Anastasium aus den sämtlichen Klöstern Leute nach Antiochien kommen zu lassen um ihnen zu beweisen, daß Petrus eine neue Lehre erdacht hätte, da sie zwar einen Unterschied der natürlichen Bedeutung der Naturen zugäben, ihre Zahl und Absonderung aber läugneten. Die Mönche wurden also nach Antiochien genöthiget und 6 Monathe da aufgehalten. Probus und Johannes schrieben 8 Bände gegen sie. Sie antworteten in eben so vielen und suchten sie aus ihren ehemaligen Schriften zu widerlegen *).„

Petri

*) Nach der Hand reiste Probus nach Constantinopel, wandte sich aber noch vor seinem Ende zu den Monophysiten.

Petri Schriften sind 1. eine Liturgie. Schulting T. III. p. 106. nr. 5. 2. ein Buch wider Damianum in 4 Theilen, das sich zerstreut im Vatican befindet. Der Streit betrift: daß Damian Personen und Eigenschaften in der Gottheit für einerley hielte und die Innascibilität, die Geburt, die Ausgehung nicht als unterschiedene Kennzeichen der Personen annahm. Petrus giebt zu, daß bißweilen Eigenschaft für Person gesetzt wird; leugnet aber, daß es sich würklich so verhalte, weil sonst so viele Personen seyn müßten, als Eigenschaften wären, und besonders Christus, der eine göttliche und menschliche Geburt hätte, eine doppelte Person seyn würde.„ Bezeugt dadurch der Lehrer der Wahrheit nicht, daß er die erste Zeugung von Gott, die andere aus der Jungfrau habe? Warum sagt man nicht, daß die, so beyde Zeugungen für Personen halten, dem Nestorius, der wider die Wahrheit, insbesondere wider den gelehrten Cyrillus stritte, beypflichten?„ Hierauf bestättigt er seine Meynung aus Enstatio, Basilio, Nazianzeno, Nysseno, Chrysostomo, Cyrillo und andern. Er führt auch häufig Severi Schriften an, und aus den 26 Brief des 9 Buches an Thomam in Germanice, folgende Stelle das Evangelium Matthäi betreffend: „ Sonst niemand als der heilige Evangelist Johannes schreibt, daß die Seite unsres Herrn und Heilandes Jesu Christi nach seinem Tode von einem

Kriegs-

Kriegsknechte mit einer Lanze durchstossen worden und auf eine wunderbare Art aus ihr Blut und Wasser geflossen sey. Einige thaten dem Evangelio Matthäi Gewalt an, und schalteten selbigem das ein, was seinem Beweise, daß Christo noch lebendig vom Kriegsknechte die Seite durchstochen worden und er hernach erst gestorben sey, just entgegen ist. Als ich mich in der Residenz, wegen des ehmaligen Bischofs Macedonius befand, wurde diese Sache eben sehr strenge untersucht. Man producirte ein Evangelium Matthäi in grossem Formate, das mit der größen Sorgfalt in der Residenz aufbehalten wurde, und man in einer Stadt der Insel Cypern mit Barnabä Leichnam, unter des Kaiser Zeno Regierung, will gefunden haben. Nach Eröfnung dieses Codex fand sich, daß beym Matthäo die Historie vom Soldaten und Speere eigenmächtig eingeschaltet worden sey.„

Moses Aghelaus und Simeon,

ein Abt.

Der erste aus Aghel in Mesopotamien lebte ums J. C. 550 und übersetzte auf Paphnutii Rath die Glaphyra des Cyrillus von Alexandrien, ins Syrische. Voraus schickte er 2 Briefe, davon der eine vom Paphnutis an Mosen, der andre von ihm an Paphnutium. Im letztern sagt er von seinem Werke: „Wenn Zeugnisse der Schrift

Schrift in dieser Uebersetzung vorkommen, die von der allgemeinen Uebersetzung abweichen: so lasse man sich dies nicht irren; weil sich überhaupt in den Uebersetzungen der heiligen Schrift viele Verschiedenheiten finden. Man vergleiche nur die Uebersetzung des N. T. und des Psalters, welche der Chorbischof Polycarpus auf Xenaias von Mabug Zureden unternahm, und man wird sich verwundern, so viele Abweichungen in einer aus dem Griechischen gemachten syrischen Uebersetzung zu finden."

Simeon übersetzte den Psalter.

Johannes,

Bischof von Asia.

Aus Amida in Mesopotamien. Bischof von Asia heißt er vermuthlich, weil die Monophysiten gewohnt waren, da, wo sie in geringer Anzahl waren, über ganze Länder ein Oberhaupt zu wählen. Er muß vom Johannes Rhetor, Euagrius L. I. c. 6. unterschieden werden; denn dieser schloß seine Historie mit Justino I. Euagr. L. IV. c. 5. unser Johannes hingegen fängt bey Theodosio dem jüngern an und geht bis auf Justinianum. Ein anderer Johannes, Euagr. L. V. c. vlt. hat den Zunamen Epiphaniensis und fängt da an, wo der unsrige aufhört.

Er schrieb die eben angeführte Geschichte. Dionysius schreibt ihn häufig ab. Er erzählt vieles

les, wovon andere nichts wissen, und hat eine eigene Zeitrechnung, da er Justinians Leben bis ins gr J. 885 dauern läßt, welches andere schon 875 schliessen. Wir wollen einiges aus Justinians Leben erzählen. „Im 19 J. Justinians bekam Johannes Befehl vom Kaiser, die Heyden in der Residenz aufzusuchen und zu bekehren; bey welcher Gelegenheit sich Phocas aus Furcht mit Gift umbrachte. Im gr. J. 853 gieng er aus eben der Ursache mit kaiserlicher Vollmacht in die asiatischen Ländereyen. 854 fiel die Stadt Cyzicum durch Erdbeben ein. Es ließ sich auch am westlichen Himmel ein Comet sehen. 855 - 858 grassirte die Pest [Procop. de B. P. c. 22.] Unter andern sollen auch Dämone in angenommener Mönchs Gestalt umher gegangen seyn; daher man sich von der Zeit an, bey Erblickung eines Geistlichen gesegnet und gesagt haben soll: Ich gehöre der Gottesgebährerin, oder dem Apostel N. oder dem Märtyrer N. zu. 856. kommt folgender Fall vor; „Nach Procopii [Bischofs von Ephesus] Tode, versammleten sich, wie man sagt, sieben Presbyters, von denen in Wahrheit gilt: sie haben Galle getrunken und sind voll geworden, sie sind verfinstert im Gemüthe u. s. w. und faßten wider alle Ordnung der Canonum den Entschluß, einen gewissen Eutropius herzuführen, ihn gegen den todten Körper zu neigen, die Hand des Verstorbenen auf sein Haupt zu legen, die sonst bey einer bischöflichen Ordination gebräuchliche

For-

Formeln und Gebete über ihn zu sprechen und ihn also wider alle Gesetze und Ordnungen zum Bischof zu machen. Dieser unseelige und verwerfliche Eutropius ließ es nicht blos bey diesem einzigen Verbrechen — — bewenden: sondern stellte aus Unwissenheit, ohne Rücksicht auf Gewohnheit und Ordnung der Kirche, als ein verwerfliches Werkzeug, noch dies neue Unheil an: daß er zehen andere, eben so falsch ordinirte Bischöfe machte. Er hätte doch wissen sollen, daß selbst der Verstorbene sich enthalten habe, Bischöfe zu ordiniren, weil es wider die Canones ist, solche alleine zu ordiniren. Von ihm hätte also Eutropius lernen sollen, sich zu schämen und nicht alleine die bischöfliche Ordination zu verrichten. Dazu kommt, daß er es selbst durch eine todte Hand geworden ist. Daher er dann unrecht ordiniret, und ein ungeistlicher Leib, sowohl als alle von ihm ordinirte Bischöfe, geworden ist. Von der Wahrheit dieser Sache sind wir und alle asiatische Länder Zeugen.„ Dieser Eutropius breitete dann die julianistischen Irrlehren weiter im Oriente und Occidente, in Constantinopel, Alexandrien, Antiochien, Persien, Arabien, Homerien, Sophene und Armenien aus. 857 erzählt er den Streit wegen der Ostern zu Alexandrien und im Oriente, wie Theophanes a. Iust. 19. 861 litte Tarsus in Cilicien grossen Wasserschaden. Unser Johannes ließ Montani, Caratä, Maxillä und Priscillä

Gebeine ausgraben und verbrennen. 863 rächte Justinian die Christen an den Juden und Samaritanern. [Pagius an. 530] 865 berief Justinian verschiedene monophysitische Geistliche nach Constantinopel, um sich wegen ihres Glaubens zu vertheidigen. Eben dies geschahe in den Jahren 869. 871. 874. aber immer fruchtlos. 866 wurde die Sonnensäule zu Heliopolis und ihr 150 Schuhe langer und 70 Schuhe breiter Tempel durch den Bliß eingeäschert. 877 den 19 Jun. starb Theodosius Patriarch von Alexandrien, nachdem er 31 und ein halbes Jahr im Exilio gewesen. 882 waren Paulus zu Antiochien, Jacobus von Phasilta zu Edessa, Johannes zu Amida als Monophysiten; hingegen Vigilius zu Rom, Anastasius zu Antiochien, Apollinaris zu Alexandrien, Eutyches zu Constantinopel, Macarius zu Jerusalem als Anhänger des chalcedonensischen Concilii berühmt. 883 kam Johannes an Eutyches Stelle nach Constantinopel — "

Cyriacus,

Bischof zu Amida.

Kam an Johannis Stelle im gr. J. 889 und starb im gr. J. 934. Er schrieb Canones, die Barhebräus anführt.

Thomas von Heraclea,

Bischof von Germanice.

Aus Harchel in Palästina hielt sich im Closter Taril auf, bis er Bischof von Germanice und Mabug wurde. Er lebte zu Anfang des siebenten Säc. und verwaltete sein Bißthum mit aller Treue, unter dem Patriarch Athanasius Camelarius. Domitian von Melitine zwang ihn nach Aegypten zu fliehen, wo er im Kloster Antonii seine Uebersetzung verfertigte, nach Dionys. Gregor. und einem Anonymo. Er schrieb eine Liturgie. Renaud. T. II. p. 383. Nairon. l. c. p. 164 sq. Vorzüglich aber gab er sich mit der Uebersetzung des N. T. ins Syrische ab. Sie hat bey den Syrern einen grossen Werth und heißt die Heracleensische. In einem Codice der Bibliothecae Angelicae S. Augustini de vrbe sind folgende Worte von Thomá eigner Hand befindlich: „dies Buch der vier Evangelisten ist zuerst mit vieler Mühe und Fleiß zu Mabug unter Mar Philoxeno, Bischof dieser Stadt, aus dem griechischen ins syrische übersetzt worden. Nachher aber von mir armen Thomas sehr genau, mit drey sehr accuraten griechischen Codicibus im Anton. der Stadt Alexandrien im Kloster des heil. Antonii, verglichen worden. Ich thát dies zu meinem eignen Nutzen und zum Vortheile anderer, die über die Richtigkeit der heiligen Schrift halten." Geschrieben

 und

und verglichen im angeführten Orte im J. Alexanders 927. Indict. 4. [J. C. 616] Welchen Fleiß ich auf dies und andere Bücher des N. T. gewendet, weiß Gott allein, der im gerechten Gerichte einem ieden nach seinen Werken vergelten wird. —" S. Walton. Proleg. nr. 13. Renaud. T. II. p. 389.

Elias,

jacobitischer Patriarch.

Lebte zu Anfang des achten Säc. und wurde, nachdem er vorhero von der rechtglaubigen zur monophysitischen Kirche übergegangen und schon 18 Jahre zu Euphemia Bischof gewesen, im Jahr C. 706 *) nach Juliani Tod Patriarch zu Antiochien. Er lies sich darüber vom damaligen Califen Walid ein Sigillon oder Diplom geben. Im J. 718 durchreißte er Mesopotamien und starb 10 Jahre hernach.

Er schrieb einen Brief an Leonem, in welchem er die Gründe seiner Religionsänderung angiebt. s. S. 156. u. f.

Johannes,

Bischof von Basora.

Lebte vom gr. J. 928 - 961 und schrieb eine Liturgie Renaud. l. c. p. 421. Er soll auch Commentarien über die Schrift verfertiget haben.

Dio-

*) Nach den Gregor. Barh. im gr. J. 1020.

Dionysius I.
jacobitischer Patriarch.

Aus Telmar, war Mönch zu Zuchenin bey Amida und gelangte im J. C. 775 zum Patriarchate. Ohngeachtet ihn der ganze Synodus erwählte: so machte ihm doch der aus dem vorigen Patriarchate noch übrige Gegenpatriarch Abraham viel zu schaffen. Der Calife Abdallah gab ihn aber in Dionysii Gewalt. Abdallah Bruder, Mohamed, hingegen verfolgte die Christen zu Edessa, deren Bischof, Theodosius, Dionysii Bruder war. Der letzte reißte also zum Abdallah nach Aegypten und bat ihn, dem Mohamed zu wehren. Renaud. histor. Alexandr. p. 270. Der Calife Mamon schickte ihn an die byamitischen *) Christen; um sie, mit Beystand des coptischen Patriarchen Josephs, seinem Califate zu unterwerfen, da sie wegen der Verfolgung von ihm abgefallen waren. Nach 27 jährigem Patriarchate starb er den 22 Aug. im J. C. 845 und wurde zu Kenserin begraben. S. Gregor. Barhebr. und Cyriacum.

Er schrieb ein Chronicon vom Anfang der Welt bis aufs gr. J. 1086 wovon man eine weitläuftige und kürzere Abschrift hat. Er schriebs noch ehe er Bischof wurde. „Es enthält die Begebenheiten von Erschaffung der Welt, bis auf

*) Renaudot Bschammyritae.

jetzige Zeit, des J. 1087 Alexanders; da über Syrien, Aegypten, Armenien, Arbigan, Persien, Sindien, Chus und Arabien, Medhi Abdallah Sohn; über die Griechen, Leo Constantini Sohn; über die Römer, Pepos [Pipinus] regierte. Dieses Chronicon geht also von Erschaffung der Welt bis auf die Geburt Abrahams und das Reich Nini, der Ninive baute und 52 Jahr daselbst regierte; wie Eusebius, den wir von dieser Zeit an bis auf Constantinum abgeschrieben haben, meldet. Von Constantino bis auf den jüngern Theodosius folgen wir dem Socrates und Novatianus. Von da an bis auf Justinianum im J. 885 ist Johannes Bischof von Asia unser Vorgänger. Von diesem aber bis auf gegenwärtige Zeit, des 1086 J. Alexanders, welches das 158 J. der Hegira ist, haben wir niemanden finden können, der die Begebenheiten schriftlich aufgezeichnet hätte. Was wir also von ehrwürdigen Alten, die es selbst sahen, davon vernahmen, und was wir selbst erfuhren; haben wir hier in eine gewisse Ordnung bringen und vom Jahr 898 [J. C. 587] anfangen wollen*)." In diesem Jahr starb der Kaiser Justinian, ihm folgte Justinianus IV und Tiberius Cäsar. Der erste starb 901 der andere [illegible] 905

*) Von diesem Jahre an, ist Dionysius nach Assemanns Urtheil accurat. Nur die römische Kaiser giebt er bisweilen falsch an, woran wohl die weite Entfernung Schuld ist.

905 ihm folgte Mauricius und diesem 913 Phocas. 902 starb der Patriarch Petrus, dem 915 Athanasius folgte. 914 nahm der persische General Narses Edessam ein und steinigte den dasigen Bischof Severus. 928 zwang Phocas die Juden zur Taufe. Jacob Judäus, Athanasius Patriarch, Johannes Bischof der Araber, Simeon B. zu Haran und Cyriacus B. von Amida waren damahls berühmte Männer. 932 beunruhigten die Araber Palästina unter Mohameds Anführung. Dies ist der Stifter ihrer Religion und ein Jahr darauf fängt sich die Rechnung der Hegira an. Er starb 938 im 7 Jahre seiner Regierung. 934 starb Cyriacus B. zu Amida, ihm folgte Thomas. 938 folgte Abubeker dem Mohamed und regierte 5 Jahre *). 940 ließ Heraclius die Kirche zu Amida bauen. 942 folgte dem Abubeker, Omar und regierte 12 Jahre. 944 vertrieb Heraclius die Perser aus Mesopotamien. 948 schlugen die Araber [Tajer] die Römer bey Gezira. Ihr Anführer Asus [Jasdus beym Theophanes] nahm Edessa ein. 952 fielen sie in Dara, Adabinum und Armenien ein.

 Im

*) Hier kommt also das wieder ein, was Dionysius dem Mohamed zu wenig gegeben. Denn nach Abulpharagio und Elmacino regierte Mohamed 9 Jahre 11 Monathe. Abubeker aber nur 2 Jahre 3 Monathe und 10 Tage. S. Allgemeine Welthist. N. Z. T. I.

Im folgenden Jahre in Cäsarea Palästinä. 955 schlugen sie den römischen General Valentinus. Procopius und Theodorus verheerten Batna Sarug. In diesem Jahre folgte auch Johannes dem Patriarchen Athanasius. Johannes Bischof der Araber, Simeon zu Edessa, Matthäus zu Aleppo, Thomas zu Amida waren sehr berühmt. 956 folgte Othoman dem Omar und regierte 12 Jahre *). 961 starb der Patriarch Johannes und wurde zu Amida in der Kirche des h. Zoaras beygesetzt. Johannes Bischof der Araber starb auch und wurde eben daselbst in der Kirche Johannis des Täufers begraben. So starb auch Simeon B. zu Edessa. Das Jahr darauf wurde Theodorus Patriarch, Cyriacus Bischof zu Edessa. 967 starb Othman. Die abendländischen d. i. syrischen und ägyptischen Araber wählten den Mavias [Moawiah] die morgenländischen den Abbas [sonst Ali, Ben Abi Taleb] 968 kam es zwischen beyden zum Treffen. 673 wurde Abbas an einem Freytage während des Gebetes ermordet. Mavias regierte hierauf noch 16 Jahre, also in allem 21 Jahre. Als ein gebohrner Syrer verwirft Dionysius die Söhne des Ali. 976 starb der Patriarch Theodorus, ihm folgte Severus Bar Masche.

*) Wir werden uns in diesem Auszuge kürzer als Assemann fassen; da die Verfasser der allgemeinen Welthistorie N. 3. das meiste schon gebraucht haben.

sche. Auch machte sich der Perser Aaron, sonst der persische Uebersetzer, berühmt. 988 starb Cyriacus zu Edessa. Ihm folgte Jacobus Interpres. Ingleichen starb Mavias, dem Jazid [Yezid] in der Regierung folgte, solche drey und ein halbes Jahr führte und 992 starb. Sein Nachfolger Mervan *) regierte ein Jahr. Dem Mervan folgte 993 Abdalmalec und regierte 21 Jahre. der Streit zwischen ihm und Abdallah Zobairi dauerte bis 1002. Im J. 1003 legte Abdalmalec auf Syrien einen Taadil oder Tribut und befahl, bey schwerer Strafe, daß sich jedermann in sein Land, Stadt und väterliches Haus verfügen, sich mit Namen, nebst seinen Wein und Oelgärten, seinem Vermögen, Kindern und allem was er habe, angeben sollte. Hiemit fieng sich die Kopfsteuer und alles Unglück der Christen an. Vorher nahmen die Califen die Steuer blos vom Lande, nicht von den Leuten: nun aber fiengen die Nachkommen Hagars an, die Nachkommen Arams mit ägyptischer Knechtschaft zu belegen. Wehe uns! wegen unserer Sünden herrschen Knechte über uns. Dies ist der erste Tribut, den die Araber ausschrieben. 1014 folgte Walid den Abdalmalec und regierte 9 Jahre. 1015 starb der Patriarch Athanasius.] Sein Nachfolger war Julianus. 1017 wurde im Kloster Silá eine Kirchenversammlung gehalten, bey welcher der Patriarch

*) Allgem. Welthistorie N. Z. 1 Theil S. 624.

triarch Julian, Thomas B. von Amida und Jacob B. von Edessa den Vorsitz hatten. 1019 folgte Elias dem Patriarchen Julian. 1021 starb Jacob B. von Edessa. An seine Stelle kam Abib. Thomas von Tela, ein Stylite, war sehr angesehen. 1023 starb Walid, sein Nachfolger war Soliman, der dritthalb Jahre regierte und 1028 da Mosalma Constantinopel eroberte, umkam *). Ihm folgte Omar. 1024 starb Thomas B. von Amida, und hatte Theodotum zum Nachfolger. 1032 war der Patriarch Elias, Abib zu Edessa, Simeon zu Haran, Theodorus zu Amida die berühmtesten Leute. 1034 starb Omar. Sein Nachfolger hieß Jazid, der 4 Jahre regierte. 1035 gab Jazid sein Edict gegen die Bilder **) heraus. 1036 befahl Jazid die weissen Thiere auszurotten, verfolgte die Christen, ließ sie nicht gegen einen Muselmann zeugen, und schätzte einen Muselmann zweymal so hoch als einen Christen. 1038 starb Jazid. Unter ihm war Aburin Befehlshaber oder Amer [Emir] von Mesopotamien, nach diesem Mardas und auf diesem Aburin nochmals. 1039 kam Hesham, Abdalmalecs Sohn, zur Regierung, die er 19 J. 4 Monathe behielt. 1040 starb Abib zu Edessa, ihm

*) Vermuthlich muß also vorher statt 1023 das J. 1025 gesetzt werden.

**) Allgem. Welth. N 3. Th. II. S. 18. 19. Baronius setzt dies falsch ins letzte Jahr Jazids.

ihm folgte Constantinus. Theodotus zu Amida verließ sein Bißthum, wurde ein Stylite und baute zwischen Amida und Dara das Kloster Coluc, wo er auch starb. Sein Nachfolger war Cosmas, der als ihn die Einwohner von Tela-comum [in Itinerar. Antonini Thilaticomum] nicht annehmen wollten, ihnen durch sein Gebet viel Unglück auf den Hals brachte. Dem Patriarch Elias folgte Athanasius. Mosalma nahm durch Verrätherey der Juden Neu-Cäsarien ein und verkaufte die Einwohner, die Juden ausgenommen, als Sclaven. 1042 schlug Mosalma die Hunnen oder Türken. Um eben diese Zeit ließ Hesham um den Fluß Zaitun bauen *). 1045 verheerte Soliman Pelozonium. Artabasus richtete zu Constantinopel Meuterey an und Dionysius sagt, daß es noch zu Leo Lebzeiten geschehen sey. 1046 wurde der Emir von Melitina Melich, Sciabibs Sohn nebst Abdallah Batal bey Synad von den Römern geschlagen. Es erschien auch ein falscher Moses **). 1052 starb Leo im 25 Jahre seiner Regierung. 1055 folgte Walid dem Hesham. Nach 9 Jahren vertrieben ihn Jazid, Abbas und Ibrahim. 1057 Johannes, bey dessen Wahl es sehr unruhig zugieng, folgte Athanasio im Patriarchate. Beruhmte Männer waren sonst Constantinus B. zu Edessa, Simeon zu Haran, Constantinus zu Sa-

*) Allgem. Welth. Th. II. S. 24 und 27.

**) Allgem. Welth. Th. II. S 29.

Samosata, Athanasius Sandalensis zu Maipheracta. Im Bißthume Amida folgte dem Cosmas Saba, und diesem nach 20 Jahren Severus, den in Jahresfrist die Pest wegrafte, da ihn dann Severus II. folgte. 1066 lebten unter den Monophysiten noch folgende Männer: Michael Patriarch von Alexandrien, Dionysius zu Haran, Sergusna zu Marden, David zu Dara, der nachher Patriarch wurde, Athanasius Sandalensis, der das Kloster auf dem Berge Telbesme baute und auch Patriarch wurde, Aba von Arzun B. von Amida, der Severo II. nach dessen freywilliger Abdankung folgte. Nach des Patriarchen Tode setzte der Emir von Mesopotamien und nachmaliger Calife Abdallah, den Mönch Isaac, der der Chymie sehr ergeben war, zum Patriarchen; ließ ihn aber bald hernach umbringen. Ihm folgte dann Athanasius Sandalensis. Abdallah räumte auch diesen bald aus dem Wege und Georgius aus dem Kloster Kenserin wurde auf dem Synodus zu Mabug an seine Stelle gewählt. Auf diesem Synodus waren Johannes B. von Callinicum, Timotheus von Edessa, David von Dara, Aba von Amida, Serguna von Marden, Stephanus von Chabur, Constantin von Samosata, Cyriacus von Turabdin, Dionysius von Haran, Elias von Sigar, Paulus von Tagrit, Zachäus von Charma, Jonas von Naarda und andere. Da man aber eben mit Georgii Ordination fürschreiten

ten wollte: so verursachte ein gewisser Mönch Johannes im J. 1071 eine Trennung zum Besten Johannis B. von Callinicum, dabey es so weit kam, daß die Occidentalen und Moselaner Georgium, die Orientalen Johannem annahmen. 1070 war im Oriente ein Streit wegen des Osterfestes [Theophanes setzt ihn ein Jahr später an.] 1072 nach Timothei Tode zwangen die Edessener Simeonem von Betcheduna mit Gewalt zum Bißthum. Er aber wollte nicht in der Stadt bleiben; sondern begab sich in ein ausserhalb liegendes Kloster, und ließ die bischöflichen Verrichtungen durch den Aethiopier Athanasius verwalten. Da dieser sich mit der Flucht rettete: so folgte er seinem Beyspiel und flohe nach Samosata. Man zwang darauf Zachariam, einen Styliten zum Bißthume. 1076 am 14 Merz starb Severus Bischof von Amida. In einem zu Sarug gehaltenen Synodo wurde der Patriarch Georgius, der den Vorsitz hatte, als alleiniger Patriarch erkannt, weil unterdessen Johannes gestorben war. Die vom Johanne ordinirte Personen wurden ihrer Würde entsetzt. Um diese Zeit strafte auch der Emir von Gezira Abbasus, die Manichäer zu Haran, weil sie jährlich am Osterfeste einen Menschen umzubringen in Gewohnheit hatten. Ein Jahr zuvor versahen sie sich immer mit einem Schlachtopfer für das folgende. Als nun einer ihrer Vornehmsten einen solchen Menschen

auf

auf öffentlichem Markte suchte: so gab er dem, welchen er fand, einen Brief und sagte, er sollte um eine Belohnung solchen ins manichäische Kloster tragen und auf Antwort warten. Anstatt ihn abzufertigen, ließ ihn der Vorsteher des Klosters schliessen, und dagegen den vom vorigen Jahre aufgehobenen schlachten. Jener aber merkte und hatte von andern erfahren, daß die Manichäer einen Abscheu vor Blut hätten. Er ergriff also das abgeschlagene Haupt des andern, sprützte überall herum Blut, bahnte sich einen Weg und zeigte alles beym Abbas an. 1078 fiel der Calife Abdallah ins römische Gebiete ein. — Die vom Georgio zu Sarug abgesetzte Bischöfe verklagten ihn beym Abdallah zu Bagdad, als stellte er in Syrien einen Tyrannen vor. Abdallah nahm ihn also gefangen; die Bischöfe aber wählten David von Dara. 1079 Von der Erbauung der Stadt Arsamosata. Da der Bau eben angefangen war, kam die römische Armee und lagerte sich auf der andern Seite des Flusses, dem zu erbauenden Castelle gerade gegen über. Der einfallende Sonntag hielt sie, da sie ohnedies keinen Befehl zum Angriff hatten, in ihrem Lager. Nach vollendetem Hochopfer aber flohen die sämtliche Bauleute. Die Römer giengen also über den Fluß, schleiften das Erbaute, vertilgten es mit Feuer und kehrten in ihr Land zurück. Die Araber kamen hernach mit Werkleuten zum neuen

Bau

Bau wieder. In diesem Jahre starb auch Dionysius Bischof zu Haran; ihm folgte Dionysius II. aus dem Kloster Zuchenin. So starb auch Stephanus von Chabur. 1080 kam an des edessenischen Bischofs Zachariä Stelle Elias, ein gottloser Mensch: an Janes zu Tela Stelle aber Sabinus. 1084 starb Paulus von Tagrit, Zachäus von Charma und Johannes von Nearda. So lange aber der Patriarch Georg im Gefängniß war, blieben ihre Stellen unbesetzt; weil David nicht allgemein angenommen wurde."

Cyriacus,

jacobitischer Patriarch.

Bekleidete diese Würde vor Dionysio. Wie denn Gregorius Barhebräus im Catalogo der jacobitischen Patriarchen sagt: daß er am 8 oder 15 Aug. des gr. J. 1104 vom Bischof zu Baalbech Theodosio sey ordiniret worden. Er wollte aus der Liturgie die Worte: לחמא דשמיא, himmlisches Brod ꝛc. abschaffen. Da ihm aber widersprochen wurde: so ließ er jedem seinen Willen. Severum zu Samosata that er in den Bann, weil er ihm die Kirche hatte zuschliessen lassen. Mit dem julianistischen Patriarchen Gabriel richtete er eine Kirchengemeinschaft und den Vertrag auf: daß wer von beyden den andern überleben würde, allgemeiner Patriarch seyn sollte. Ihre Bischöfe liessen es aber nicht zu. Nach Aleppo setzte er, an die Stelle des verstorbenen Bachus, mit Verwerfung des von den gubensischen Mönchen vorgeschlagenen Xenaias, einen Mönch aus dem Kloster Jacobs bey Cyrus. Die Gubenser verklagten ihn zwar bey dem Califen; da ihn aber dieser lossprach: so reizten sie einige Bischöfe, zween andere zu ordiniren, und setzten Cyriaco an Abraham aus Cartamin einen Gegenpatriarchen; der obige Abschaffung der Worte aus der Liturgie verschützte und sich bis gr. J. 1148 erhielt. Er schrieb ein Synodalschreiben an Marcum, Patriarchen von Alexandrien, worinnen er die jacobitische Lehre vorträgt, die phantasiastische, nestorianische, manichäische, chalcedonensische und theopaschitische Meynungen verwirft; dann Canones und eine Liturgie. Dionysius Barsalib. beweißt aus seinen Schriften, daß Christus das Abendmal selbst mitgenossen habe.

Johannes,

Bischof von Dara *).

Die Schriftsteller sind wegen seines Zeitalters verschieden. Doch muß er nach dem J. C. 700 gelebt haben, und nicht über 850 hinaus gesetzt werden; weil er 1) Philoxenum und andere Männer des fünften, sechsten und siebenten Jahrhunderts anführt. 2) Weil Moses von Nisibis seine Werke im J. C. 932 für das scetensische Klo-

*) Von Dara s. Procop. de B. P. L. I. c. 10.

Kloster kaufte, welcher Codex jetzt im Vatican ist. 3) Hebt Gregor. Barhebr. allen Zweifel, da er ihn im Chronicon ins 837ste J. C. setzt und bemerkt, daß Dionysius ihm sein Chronicon zugeeignet habe.

Im obigen Codice stehen von ihm: vier Bücher von der Auferstehung der Leiber; zwey Bücher von der himmlischen Hierarchie, das erste von Engeln, das andere von der Kirche; vier Bücher vom Christenthum, unter andern ist er wider die Priesterehe. Pauli Worte: eines Weibes Mann, erklärt er, daß der Priester nach Erhaltung der priesterlichen Würde, keine Frau mehr nehmen, vorhero nur eine gehabt haben, und nach derselben Tod ledig geblieben seyn soll. Endlich eine Liturgie. Schulting T. III. p. 106 nr. 29.

Philoxenus,

Bischof von Bagdad.

Kann erst zu Anfang des neunten Säc. gelebt haben; weil Bagdad im J. C. 762 erbaut wurde *). Ueberdies änderte er als Bischof seinen Namen, welches die Jacobiten erst ums J. C. 800 thaten. Vorhero hieß er Lazarus, Sabtä Sohn, auch Basilius. Der Patriarch Dionysius setzte ihn, da ihn im gr. J. 1140 seine Bürger verklagten, ab, und der Calife Mamon billig-

*) Allgem. Welth. N. Z. T. II. p. 80.

billigte diese Sentenz. [Gregor. Barhebr. im Catalogo der Patriarchen.]

Er schrieb einen Tractat von den Kirchenämtern und eine Liturgie. Schulting l. c. Renaudot. Lit. Or. T. II. p. 399.

Theodosius,

jacobitischer Patriarch.

Lebte zur Zeit des coptischen Patriarchen Michaels, der vom J. C. 881 - 906 diese Würde bekleidete.

Er schrieb zwey Briefe, den einen an erwähntem Michael, in welchem er den Conciliis Oecumenicis noch Zenos Henoticum beyfügt, wider das chalcedonensische und den Tomum Leonis sehr aufgebracht ist, und Christo endlich gar zwey Personen beylegt, welches vorhero noch niemand that; den andern an seinen Freund Gregorium über philosophische Sätze; ingleichen ein Buch von der Medicin. [Gregor. Barh.]

Dionysius II. und Basilius,

jacobitische Patriarchen.

Der erste schrieb ein Synodale an den coptischen Patriarch Michael; der andere aber, des ersten zweyter Nachfolger, an Cosmam, den Patriarch von Alexandrien, wodurch er die Einigkeit wieder herstellte. [Renaudot. Hist. Patr. Alex.

und

und Tom. I. Lit. Or. p. 433. T. II. p. 489 seiner vorgesetzten Diss. p. 23 nr. 36.]

Moses Barcepha.

Sein Vater Simeon war aus Chohail am Tigris, seine Mutter Maria aus Balad. Er hielt sich in der Jugend im Kloster Sergii auf dem Berge Saio bey Balad auf. Als Bischof nahm er den Namen Severus an, und bekleidete diese Würde zu Beth-Raman, Beth-Ceno [Chl-noi] und Mosul; vermuthlich zugleich, da das Fortrücken im Oriente nicht leicht verstattet wird. Er starb im J. C. 903. gr. J. 1214 [nicht 1224 wie Masius, aus falsch verstandener Abbreviatur, liesst] den 12 Febr. [Gregor. Barhebr. und der Scribent seines Lebens.]

Seine Schriften sind 1) über die Schöpfungsgeschichte. S. die Vorrede seines Paradieses und Part. I. c. 12. 2) Vom Paradieß, an Ignatium; eines theils buchstäblich, andern theils mystisch. Es ist zu Rom 1569 durch Andr. Masium übersetzt erschienen. In der Vorrede handelt Masius umständlich vom Auctor. 3) Commentarien über das A. und N. T. 4) Liturgie. Renaudot. Lit. Or. T. II. p. 391. Schulting. l. c. T. III. p. 106. nr. 31. 5) Erklärung der Liturgie. 6) Tractat von der Seele. 7) Von den Secten. 8) Erklärung der Geheimnisse der

Tonsur. 9) Homilien auf die feyerlichsten Gelegenheiten.

Dionysius III.

Patriarch.

Folgte Johanni im J. C. 958 und schrieb zween Synodalbriefe an Mennam Patriarchen von Alexandrien, die Ebn Regia, vom Glauben der Väter, anführt. In dem zweyten sagt er: „der Vater ist von niemand, von sich selbst, ungezeugt. Der Sohn ist vom Vater in Ewigkeit gezeugt. Der heilige Geist geht vom Vater und Sohn aus. Eine Randglosse hat hier zwar die arabischen Wörter כימן processio נבתאו promanatio unterscheiden wollen; aber unrecht; denn Dionysius verbindet sie in andern Stellen.

Johannes,

Patriarch.

Im J. C. 969 ließ ihn Nicephorus Phocas nach Melitine und von da gefangen nach Constantinopel führen. Da er aber nicht von den Jacobiten ablassen wollte, 4 Monathe ins Gefängniß werfen, woraus er durch des Kaisers Tod befreyet wurde. Er begab sich nach Melitine zurück, wo er im J. 985 starb. [Greg. Barh.] Ebn Regia führt zwey Synodalbriefe von ihm an Mennam an, worinnen er seine im J. 969 auf kaiserlichen Befehl mit dem griechischen Patriartriarchen zu Constantinopel, Polyeucto, gehaltene Unterredung, und wie er sich auf Cyrillum, Gregorium Thaumaturgum, Julium, Gregor. Theol. und andere beruffen habe, erzählt.

Athanasius V.

lebte als Patriarch zu Philothei Zeit und also ums J. C. 976. Er schrieb an diesen Synodalbriefe in sehr freundschaftlichen und vertrautem Tone.

Johannes Abdon.

Ehe er zur Würde eines Patriarchen gelangte, hielt er sich als Anachorete auf dem sogenannten schwarzen Gebürge auf. Zugleich mit ihm lebte daselbst noch ein anderer Mönch Johannes. Der antiochenische Patriarch sagte auf seinem Todenbette, daß ihm unser Johannes folgen würde. Er selbst sagte einem Tag vorher ehe die Abgesandten kamen, zum andern Johannes: daß einer von ihnen beyden zum Patriarchen erwählt werden würde. Johannes Abdon flohe; der andere blieb: soll aber wegen seines Ehrgeizes mit Blindheit gestraft worden seyn. Abdon mußte also diese Würde annehmen *), hielt sich aber, aus Furcht für den Römern nicht in Antiochien, sondern in einem Klo-

*) Die Verwaltung des Amtes überließ er seinem Syncello David, der es nicht zum besten führte. (Gregor. Barhebr.)

Kloster bey Melitine auf. Dies Melitine war die größte Stadt seines Kirchensprengels, hatte 56 Kirchen und bey 6000 jacobitische Einwohner; doch fanden sich auch Melchiten daselbst, die das chalcedonensische Concilium annahmen und einen Metropoliten hatten. Christodulus Patriarch von Alexandrien schickte Michael, den Bischof Taneos und Gabriel den Bischof von Saa, als Gesandten an Johannem, der sie sehr freundschaftlich aufnahm. Der melchitische Metropolite zu Melitine Nicephorus verklagten ihn beym Kaiser, der ihn mit 4 Bischöfen und 3 Mönchen nach Constantinopel bringen, verdammen und ins Exilium verweisen ließ, wo er im J. C. 1033 starb *).

Er schrieb zwey Synodalbriefe an den alexandrinischen Patriarchen Zacharias, und Zacharias eben so viel an ihn.

Dionysius IV.

War vom J. C. 1035 an Patriarch und schrieb nach Alexandrien an Sanuthium zwey Synodalbriefe, die Ebn Regia anführt. Ihm folgte im Patriarchate

Jo-

*) Was wir hier anführen ist ein Auszug aus Michaels, Bischof der Stadt Taneos, Leben Zacharià beym Severo Mokaffco, das wir aus Gregor. Barhebr. verbesserten. Michaels Gesandtschaft gehört wohl unter einen andern Johannes, da Christodulus erst 1047 Patriarch wurde. S. Renaud. Histor. Alexand.

Johannes IX.

Abbons Bruders Sohn, hieß vorhero Theodor, und schrieb drey Synodalia an Christodulum.

Johannes Barsusan.

Hieß ehe er Patriarch wurde Josue und starb im J. C. 1073. Seine Liturgie stehet im Missal. Chald. p. 154. S. Schulting. l. c. nr. 32. Sonst schrieb er noch ein Buch, worinnen er gegen die Copten den Gebrauch seiner Kirche, beym Abendmahl Salz und Oel zu haben, vertheidigt. „Denn, wie sich der Verfasser des Encomii in fidem Iacobitarum. MSS. ausdruckt, bis auf Johannis Barsusan Zeit herrschte zwischen den Copten und Syrern [d. i. Jacobiten] eine gute Einigkeit. Nachher entstund zwischen ihnen ein Streit, weil die Syrer bey ihrem Abendmahle Salz und Oele aufsetzten; zu dessen Vertheidigung unser Vater Johannes Barsusan ein besonderes Buch schrieb.„ Sonst schrieb er viele Briefe und Ermahnungen, sammlete auch Ephräms und Isaacs Werke.

Michael der Grosse.

Des Presbyter Elias von Melitine Sohn, aus der kandisischen Familie; war erst Mönch im Kloster Barsuma, hernach vom 18 Oct. des J. C. 1166 an Patriarch; als Johannes Abugalebs

Sohn coptischer Patriarch war. Bey seiner Einweihung hielt Dionysius Barsalibi die Rede. Er hatte einen Bruders Sohn gleiches Namens, der nachher auch Patriarch wurde. Seine Schriften sind: eine Liturgie. Renaud. T. II. Lit. Or. p. 438. Ein Buch von der Vorbereitung zur Communion, welches Renaudot. l. c. p. 50. und 448 sehr lobt. Er brachte auch das Rituale der Syrer in Ordnung und lieferte noch einige canonische Tractate.

Dionysius Barsalibi,
Bischof von Amida.

Vorhero hieß er Jacobus aus Melitine. Sein Vater war Saliba. Im J. C. 1154 wurde vom Patriarch Athanasio zum Bischof von Maras, ordiniret, wozu er im folgenden Jahre noch das Bißthum Mabug bekam. Michael machte ihn im J. C. 1166 zum Bischof von Amida, wo er 1171 im Nov. [gr. J. 1483] starb.

Sein Styl ist rein und schön und, den Monophysitismum ausgenommen, gut. Von seinen Schriften weiß man:

I. Commentarien über das A. und N. T. In der Vorrede zum Evangelio Matthäi nennt er als Bücher des N. T. die Evangelia, Apostelgeschichte und Briefe Pauli. Er gebraucht sich dabey der Arbeiten des Ephraems, Johannis, Cyrilli, Mosis Barcepha, Johannis Dara und anderer.

derer. Ausser dem Diatessaron des Ammonius und Tatianus, führt er noch eines aber verlohrnes vom Elia aus Salamin sonst Aphtonius, an.

Von den drey Königen, die Matthäus in seiner Genealogie ausläßt, „führt er einen syrischen Codex an, der nach dem Hebräischen verbessert worden, in welchem zwar diese Könige eingeschaltet, aber doch nur 14 nicht 17 gezählt würden, welches vermuthlich wegen der gesiebten Zahl, welche der Hebräer sehr liebt, möchte geschehen seyn. — Georgius, Bischof der Völker halte dafür, daß Matthäus diese Könige nicht ausgelassen und überhaupt die Genealogie nicht verändert habe. Er habe aber an Juden geschrieben, die Griechisch verstanden hätten. In dieser Sprache könnten die Buchstaben Chet, Ee und Tsade so wenig als die Gutturales ausgedruckt werden: da sie nun aus dem Hebräischen ins Griechische übersetzen wollen, so schrieben sie: יורם ילד לאכזיא אכזיא לידאם יואם לאוסיא die andern die das Evangelium Griechisch schreiben wollten, hätten יורם ילד לאוזיא wegen der Gleichheit des Namens mit Auslassung des Caphs geschrieben. Entweder wäre das würklich ein Versehen, oder es müßte aus Liebe zur siebten Zahl geschehen seyn.

Bey Luc. 3, 24. bemerkt er, daß Africanus und Eusebius läsen: Joseph, Eli, Melchi; die syrischen Codices aber richtiger: Joseph, Eli,

Ma-

Matath, Levi, Melchi hätten. Africanus rechne vom Abraham zum Joseph 50 in den Codicibus aber wären 56 Glieder. Der heil. Gregorius nehme nach dem Lucas 77 von Adam bis zu Christo; der heil. Jacob von Sarug im Briefe an den Maro von Abraham bis zu Christo 42 nach dem Matthäus, nach dem Lucas 57 an. Rechnete man hievon Christum ab: so blieben richtig und nach den Codicibus 56 Glieder. Doch würden in den Codicibus nur 55 Glieder nahmhaft gemacht, und es möchte also wohl ein Name aus Nachlässigkeit ausgelassen worden seyn. Im griechischen und syrischen Evangelio könne er nur 42 Personen vom Christo zu Nathan, dem Sohne Davids, finden; also in allen nur 55 nicht 56 in allen 76 nicht 77. — Die Geburt Christi setzt er mit Jacob von Edessa ins gr. J. 309 d. i. das 41 J. Augusti und 31 Herodis. Sein Leiden aber ins 21 J. Tiberii. Von seiner Geburt bis zur Taufe sind 30 J. von der Taufe zur Himmelfarth 2 und ein halbes J. also sind seiner Lebensjahre in allen 32 und ein halbes J. Er soll den 25 Dec. gebohren worden seyn; weil da die Tage länger werden und Christus als das Licht über Teufel und Finsterniß gesiegt habe. Zur selbigen Zeit wäre das Aequinoctium auf den 24 Merz und 24 Sept. gefallen; zu Dionysii Zeit aber auf den 12 Merz und 12 Sept. Ephräm setzte seine Empfängniß auf den 10 Merz. Jacob

cob von Edessa aber sage, daß hier niemand etwas mit Gewißheit bestimmen könne. So viel sey gewiß, daß er zu Nachts gebohren worden. Die orientalische und mitternächtliche Kirche habe bis auf Arcadii Zeit den 6 Jan. als das Geburtsfest gefeyert. In römischen Landen hingegen, in Italien und Palästina, wäre seit der Apostel Zeit der 25 Dec. dazu festgesetzt gewesen. Dies hätten hernach auch die erstern, ausser den einzigen rohen, hartnäckigen Armenier, angenommen *).

Von den Seelen der Frommen nimmt er, wie Barcepha, an, daß sie im irrdischen Paradiese bis zur Auferstehung bewahrt würden. Dieser Meynung zu folge, sagt er von der Höllenfarth Christi: „da der Herr starb, so wurde blos seine Seele vom Körper getrennt. Nicht aber die Gottheit, weder vom Leibe noch von der Seele; weil sie unzertrennlich ein für allemal mit der Seele und dem Körper vereinigt war. Der Leib kam ins Grab: die Seele aber begab sich in die Hölle, unter der Erde, wo alle Seelen, vom Adam an, verschlossen waren, und predigte ihnen, wie Petrus spricht. Alle Seelen die an ihn glaubten, führte er aus der Hölle und brachte sie am Freytage mit der Seele des Schächers ins Paradies, aus welchem Adam vertrieben worden war.

So

*) Eine Randglosse bemerkt noch, daß es wegen des Sonnenfestes der Heiden auf den 25 Dec. verlegt worden sey; giebt aber sonst den Armeniern recht.

So erfüllte er gegen den Schächer sein Wort; denn er war an dem nemlichen Tage noch mit ihm im Paradiese. Die unglaubigen Seelen führte er zwar auch heraus; lies sie aber unterwegs in der Luft, wo sie durch die Teufel an einen ausser der Erde liegenden wohnbaren Ort gebracht wurden und da bis zur allgemeinen Auferstehung bleiben sollen. Von diesem Freytage an kommt jede Seele, wenn sie gerecht befunden wird, nach ihrer Trennung vom Körper mit den Engeln ins Paradies. Ist sie aber gottlos: so bringen sie die Teufel an jenen wohnbaren Ort. Andere sagen: daselbst, d. i. in der Hölle, lies er die gottlosen Seelen. Die Hölle aber ist ein enges und finsteres Gefängniß unter der Erde, wo diese Seelen alle behalten wurden." — Nach der Auferstehung nahm Christus seine Vorhaut, die Maria beständig bey sich trug, wieder an. — Die Joh. 8 stehende Historie der Ehebrecherin erzählt er aus Mara und Zacharia und sagt daß sie in einem alexandrinischen Codice stünde."

2. Eine Theologie. 3. Wider die Ketzereyen z. E. wider die Chalcedonenser, ingleichen vom gesäuerten Brod u. s. w. 4. Rede bey Einsetzung des Patriarchen Michaels des grossen. 5. 6. Erklärung der Geheimnisse des Chrisma und der Chirotonie. 7. Ordnung der Bußfertigen s. Renaud. Lit. Or. T. II. p. 50. zu der Zeit geschrieben, als der coptische Patriarch Marcus Zarad

Sohn

Sohn und seine Nachfolger Johannes und Cyrillus die Beicht aus Aegypten verdrängen wollten. Dionysius war nicht der erste Erfinder, sondern blos ein Verbesserer dieser Ordnung. Er verlangt die Bekenntniß aller Sünden, auch der Gedanken vor dem Priester, dem er die heiligste Verschwiegenheit auflegt. 8. Drey Liturgien, die eine davon ist im Missali Chaldaico p. 106 [Rom, 1594] falsch Dionysio Areopagitä zugeschrieben. Man findet sie auch beym Renaud. l. c. p. 449 f. Schulting. Bibl. Eccl. T. III. p. 106 nr. 33. 9. Drey liturgische Gebete. Fromm aber monophysitisch. Renaudot. l. c. p. 22. 38. 10. Erklärung des Abendmahls. Renaud. l. c. p. 454. Sie ist in 20 Capitel getheilt. In der Vorrede, welche das I Cap. sagt er, daß er dies auf Anrathen des Metropoliten Ignatius unternommen habe; damit man der lateinischen und griechischen Kirche antworten könne und „damit du, mit dem Saamen des Geistes ausgerüstet, fähig seyst, die Kinder Chetims, d. i. die Römer, von welchen die Jones, d. i. die Griechen, den römischen Namen gestohlen haben. Dieser Name ist von Romulo, der Rom baute und ihr seinen Namen gab. Weil nun die Griechen sahen, daß ihr eigener Name, Hellenes, d. i. Jones oder Heiden, nicht passen wollte: so legten sie ihn ab, und maßten sich des römischen Namens an. Wenn sie aber gleich bey andern so heissen:, so werden sie doch in der

hei-

heiligen Schrift ausdrücklich Jones genennt." Darauf zeigt er, wie die Materie des Abendmahls bereitet werden müsse, erklärt die verschiedenen syrischen Namen כנושיא, גמירותא, ראזא, קורבנא, קורבא, שותפותא אוכריסטיא, דבחתא, תודיתא, und druckt sich von der Gegenwart des Leibes aus: „Wir sagen, daß das himmlische Brod in der That und Wahrheit der Leib des Sohnes Gottes ist, und zwar der nemliche, den er von Maria annahm, und der für uns am Kreuze geopfert worden ist." Vom ersten Abendmahl sagt er, daß am Pfingsttage der heilige Geist auf die Apostel gekommen; am zweyten hätten sie das Chrisma; am dritten die Tafel oder den Altar geheiliget; am vierten Tage hätte der Bruder des Herrn, Jacobus, seine Liturgie, die sich anfängt: Gott aller Wesen und Herr 2c. dargebracht und zugleich versichert, daß er nichts als was er vom Herrn gehört, gesagt habe. Daher dies die erste und ursprüngliche Liturgie ist. Dann folgt Jacobs von Edessa Brief S. 162. C. 4. vom Kreuzzeichen, von den Glocken aus Erzt und Holz, die, um das Volk zum Gebet zu versammlen, beym Anfang des Gebetes und des Hochamtes, geläutet wurden. Von diesen führt er die Autorität Jacobs von Sarug an und setzt ihren Ursprung bis auf Noahs Zeiten, der die Arbeiter zur Arche damit zusammen rief. Vom Trishagio. 5. C. Von Lesung der Schrift, der Procession u. a.

6. C.

6. C. Von der Beschaffenheit der materiellen Sachen. Die Anzahl der Hostien muß, wenn es nicht zwo sind, ungleich seyn; wie es überhaupt die Jacobiten thun. Das Brod sey gesäuert, mit beygefügtem Salz und Oele *). 7 C. Erläuterung des Symboli Nicäni und einiger Geheimnisse des Abendmahls. Das Brod muß neugebacken seyn. Es soll des Tages über nur einmal auf dem Altare celebrirt werden und mit vorhergängigen Fasten genossen werden. 8. 9. 10. 11. C. von der eigentlichen Liturgie. 12 C. von der Consecration — „nachher spreche er die Worte des Herrn beym Abendmahl, zur Vollendung des Geheimnisses; damit er dadurch zu erkennen gebe, daß auch dieser es sey, der diese auf den Altar gesetzte Zeichen nach den Willen seines Vaters, durch die Mitwürkung des heiligen Geistes, durch den Priester, der consecrirt, heilige. Denn nicht der Diener; sondern der angeruffen wird, heiliget.„ — Christus genoß selbst das Abendmahl, denn er sagt; ich werde hinfort nicht mehr vom Gewächse des Weinstocks trinken ꝛc. Er führt Ephraem, Chrysostomum, Jacob von Edessa, Cyriacum

*) Dessen Ursprung wohl anfänglich mag gewesen seyn, daß man die Hände in Oel tauchte, um den Teich desto besser herabzubringen. Renaudot. l. c. T. II. p. 66. und so ferne mag dessen schon Isaac der grosse gedenken. s. S. 233.

riacum und Barcepha als Zeugen an. — Von der Gegenwart des Leibes Christi „dies ist mein Leib. Man untersucht billig: ob das Brod, das Christus nahm, dankete und brach und es seinen Leib nannte, der nemliche Leib sey, den er von der Jungfrau hat, oder ein anderer? Wir sagen, daß es der nemliche Leib sey. Vielleicht fragt jemand, wie das geschehen könne? Wir sagen gar wohl; denn die Hand, die am Anfang Staub von der Erde nahm und Adams Leib erbaute, die verändert auch dies Brod, und macht es zum Leib des aus der Jungfrau durch den heiligen Geist gezeugten Wortes. Der so in Aegypten das Fleisch des Lammes nahm und es in die Wohlfarth der Juden in Aegypten veränderte, der ändert auch dies Brod und den Wein und macht solche zum Leib und Blute, die von der Jungfrau sind. So geht es also auch jetzt mit dem Brode und Weine, die der Priester opfert. Der heilige Geist, der ehemals in dem Leibe der Jungfrau, Fleisch von ihr, zum Leib und Blute des göttlichen Wortes machte; läßt sich auch jetzt auf den Altar herab, und macht durch den consecrirenden Priester, das aufgesetzte Brod und Wein, zum Leib und Blute des Wortes Gottes. — Man nennts Leib und Blut, weil sie das nicht sind was sie scheinen. Sie scheinen zwar Brod und Wein, aber sie bezeichnen und sind der Leib und das Blut Gottes. Und so wie Jesus Mensch schien, und Gott war:

so

so scheinet dies Brod und Wein, und ist doch Leib und Blut." So lehren alle Syrer; doch vergißt sich Dionysius, und statuirt z. E. bey Erklärung des 27 Cap. Matth. eine persönliche Vereinigung *); welches ausser ihm und einen Ungenannten, sonst niemand bey den Syrern that. 14 C. Von der Anrufung des heiligen Geistes, auf welche es nach Barsalibáo hauptsächlich ankommt. s. Renaud. l. c. p. 91. C. 15. von der Fürbitte. 16 C. von der Ausrufung des Diaconi, Brechung und Segnung. 17 C. vom Vaterunser und der Erhebung der Hostie. 18 C. von der Communion. Der Priester empfängt es zuerst. 19 C. von der Danksagung. 20 C. ist der Beschluß.

II. Von der Vorsehung, wider Johannem B. von Marden.

Johannes, sonst Said Bar Sabuni, Bischof von Melitine.

„Im J. 1406 [C. 1094] im October starb Ignatius Metropolite von Melitine, ein Schriftsteller. Der Patriarch Athanasius berufte also Said Barsabuni einen gelehrten, der syrischen und griechischen Sprache kundigen Mann und or-

Q 2 dinirte

*) So wie z. E. Athanasius Sinaita, Rupertus Abbas, und unter den Lutheranern Osiander. Den Tractat des Ungenannten liefert zwar Assemann, da er aber nicht wichtig ist, so überschlage ich ihn.

dinirte ihn zu Canerat im Amidensischen Gebiethe, im Kloster Eliä. Er empfieng dabey den Namen Johannes. Am Tage seines Einzugs wurden eben die Thore der Stadt Melitine geschlossen, weil der Kalife und Sultan von Iconien Arselan sie belagerte. Gabriel, der Vorsteher der Stadt glaubte, daß Said es mit den Türken hielte und ihnen die Stadt verrathen wollte. Er schlug ihm also sein Haupt ab; so daß er schon am 4 Jul. des nemlichen Jahres umkam.„ Die Türken nahmen aber doch die Stadt ein, die 7 Jahre der Bischöfe beraubt, endlich Dionysium von Gu ba bekam. Saids Bruder Abugaleb, so gelehrt und berühmt als sein Bruder, wurde Bischof von Edessa [Gregor. Barhebr. in Chronic.]

Er schrieb einen Gesang, der im Pontificali Jacobit. stehet.

Theodorus, sonst Johannes Barvehebun.

Ein Schüler Michaels des grossen, dessen er sich A. C. 1172 bey Beantwortung der Fragen Theoriani, den Manuel Comnenus an die Armenier und Jacobiten schickte, bediente. „Als nun im gr. J. 1491 [C. 1180] Michael aus Antiochien ins Kloster kam, um den Grund zur neuen Kirche zu legen: so ergriffen vier Bischöfe, denen Michael bey Gelegenheit etwas hart begegnet war, namentlich Simeon von Arzun, Josua, Hesná Zaid Secretär, Abraham von Amida und

Siba-

Sibabarcha, diese Gelegenheit, um den Patriarchen zu stürzen. Sie brachten auch vom Abulcasem, Nisans Sohn, der über Amida herrschte, und von seinem Sohne, durch Geld die Erlaubniß heraus einen neuen Patriarchen und namentlich den Barvehebun wählen zu dörfen. Michael sorgte, da er dies hörte, zuerst des Abulcasems Sohn zum Freunde zu bekommen, darauf ließ er die nach Dara entwichene aufrührische Bischöfe durch den Maphrian zurück führen, und Theodorum feyerlich vom Synodus absetzen. Wie man erzählt, so soll ihm während der Liturgie das priesterliche Kleid ausgezogen, ihm weltliche Kleidung gegeben, und eine rothe Mütze aufgesetzt worden seyn; dann stellte man ihn neben den Altar, und spie ihn erst in das Gesicht, ehe man das Abendmahl empfieng. Doch billigt Barhebräus diese Art nicht. Jeder Bischof bekam darauf ein Exemplar der Absetzung mit in seine Diöces. Die vier Bischöfe entschuldigten ihr Verfahren damit; daß sie den Barvehebun nur zum Nachfolger Michaels erwählt hätten, weil sie erfahren, daß er das Patriarchat seinem Bruder Sohn Josua zugedacht und also diese Würde hätte erblich machen wollen. Theodorus selbst wurde ins Kloster Marden zur Verwahrung gebracht. Man gab ihm auch den Mönchshabit zurück. Die Mönche liessen ihn aber des Nachts entschlüpfen, worauf er sich nach Damascus und von dannen nach Jerusalem ver-

verfügte. Er gab nicht alle Hofnung zum Patriarchate auf, und da der Maphrian Johannes starb: so both er dem Stadthalter von Marda und Mosul viel Geld für dessen Stelle. Da er aber nicht gehört wurde: so begab er sich zum armenischen Patriarch ins römische Gebieth, durch dessen Vorschub er Patriarch von ganz Cilicien wurde, und in dieser Würde A. C. 1192 starb.

Sonst war er ein gelehrter beredter Mann; der Griechisch, Syrisch, Armenisch und Arabisch verstand. Er schrieb eine Erklärung der Haltung des Abendmahls, und eine Liturgie, die beym Renaudot. l. c. p. 409. Johanni dem grossen zugeschrieben wird.

Johannes,

Bischof von Marda, Dara, Haran, Chabora und Nisibis.

Wurde A. C. 1125 von Athanasio ordiniret und starb den 12 Jul. 1165 an einem Fall vom Pferde. [Gregor. Barh.] Seine Thaten werden von einem Anonymo unter dem Titel einer Beschreibung des Ursprungs und der Entstehung, der Bewohnung oder Wiederherstellung der Klöster in Mar Johannis, Metropoliten von Mardä, Kirchensprengel, erzählt. „Als Mönch hielt er sich zu Edessa auf, zog aber von da weg und suchte dem verfallenen Kloster S. Ananiä wieder aufzuhelfen. Dies war um so schwerer; da die Araber solches eingenommen hätten, und in der Gegend

gend herum in Tur Abdin und in Marden kein einziger Mönch war. Doch hatte er das Vergnügen, bey seinem Lebzeiten noch 60 Mönche daselbst zu sehen. Zu gleicher Zeit stellte man auch andere Klöster in dieser Gegend unter Johannis Anführung wieder her. Nemlich die Klöster Mar-Ab und Mar Theodoti, berühmter und wunderthätiger Heiliger, deren leztes Kelat hieß gegen Morgen von Sur. Ein anderes auf der Seite von Hur und Habar, zu Bethtabitha in Betharca gelegenes grosses Kloster. Noch eines im Thale Sciaaba, gegen Abend von Sciaaba, in Beth Ese: dies erhielt den Namen vom h. Georg, das zu Bethtabitha aber von der Mutter Gottes und Mar Domitio. Des Patriarchen Athanasii Sandalensis Kloster liegt beym Gewürzhügel. Da aber Johannes sahe daß die Curden daselbst überwinterten: so risse er es ein, und ließ ein anderes bauen. Andere Klöster die wieder hergestellt wurden, sind des h. Daniels bey Beria, Chabur bey den Oertern Taban und Saimia, Mar Bochri, oder des h. Stephanus bey Benebil und Rosemil, Mar Barsumá bey Tekobab und Begadscia. Was aber Mar Ananiá Kloster betrift: so war Ananias, den der Patriarch Cyriacus A. C 793 zum Bischof von Marda und Caphartuta aus Callinicum rief, blos der Wiederhersteller desselben. Vorher hieß es Natpha. Ananias hielt sich bey 23 Jahre daselbst auf. Nachher litte es mit den Städten

Rhesina, Dara, Caphartuta und Marda das Schiksal der Verwüstung. Ueberhaupt wendete Johannes viel Fleiß auf gute Codices, Kirchengeräthe, Verschönerung der Klöster und Wasserleitungen. Er ordinirte 700 Presbyters und Diaconen und schrieb ein Buch vom Schicksal, worinnen er leugnet, daß Unglück von Gott käme; ingleichen eine Liturgie, die sonst Chrysostomo beygelegt wird. s. Renaudot. l. c. p. 254. 260.

Michael der Jüngere,

Patriarch.

Sonst Josue Sipthono, des grossen Michaels Bruders Sohn, florirte zu Anfang des 13 Säc. Nach Michaels des grossen Tode A. C. 1199 wählten die Bischöfe Salib, den Archimandriten im Kloster Barsuma, unter Athanasii Namen: weil aber der Maphrian Gregorius dabey abwesend war; so ließ er von den Bischöfen seines Sprengels im Kloster Anania unsern Josua, seinen Bruder, wählen. Dieser Streit dauerte bis A. C. 1207 wo Josua allgemein angenommen wurde. Nur drey Bischöfe, Mennas von Amida, Theodorus von Edessa und Stephanus von Mansur, verwarfen ihn und wählten den folgenden Johannes. Doch vertrieb ihn Michael. Die Nachricht von seines Bruders, des Maphrians Gregorii Tode, der zu Hael in Sigar im J. 1215 erfolgte, schreckte ihn dermassen, daß er 10 Tage dar-

darauf verschied. Wenn diese beiden Brüder nicht einen unausstehlichen Hochmuth gehabt hätten: so würden sie unter die vollkommensten Leute dieser Zeit gehören. [Gregor. Barh.] Von seiner Liturgie s. Schulting. l. c. nr. 36.

Johannes sonst Josua,

Patriarch.

Mit dem Beynamen, Schreiber, Anachorete, Kleiner, wurde von obgenannten drey Bischöfen nach Athanasii Tode A. C. 1208 erwählet; hielt sich erst ein ganzes Jahr im Kloster Barimat in Cilicien auf, bis er durch Hülfe des Archimandriten im Kloster Gavicah, vom König zu Armenien an den römischen Befehlshaber Ezzadin zu Cäsarea in Cappadocien Vorschreiben empfieng. Er durchreißte hierauf Syrien, sowohl sich zu zeigen, als um Geld aufzunehmen, welches er den Mahomedanern versprochen hatte. Ruhe wegen kehrte er nach Gavicath in Cilicien zurück; kam aber nach Michaels Tod wieder und setzte an Gregorii Stelle David, einen Presbyter, als Maphrian ein. Mit einem gewissen Mönche, im Kloster Madick in der Landschaft Claudia, Namens Simeon hatte er verschiedene Händel: da Simeon ausser der Ordnung sich zum Herrn im Kloster aufwarf, und des Patriarchen Brief mit anzüglichen Anmerkungen begleitete; aber bald von einem gewissen Diener Phurtag, dem er ebenfalls hart begegnete, mit einem spitzigen Stock erstochen wurde. An Johannem Abul-Maged, den 74 Coptischen Patriarchen, schickte er Johannem Bischof von Damascus, Raban Mar Abraham und Raban Cyriacum A. C. 1211 als Gesandte.

Seine Liturgie stehet beym Renaudot. l. c. p. 474. mit dem Fehler, daß daselbst das Wort זעורא בקומתא klein von Statur אכומיא gelesen und aus dem Griechischen ἀκοίμητος erklärt wird.

Jacob,

Bischof von Tagrit.

Sonst Severus Bar Sciacco und Bar Esau aus Bartela in der Gegend Ninive. Er studierte zuerst im Kloster Matthäi bey Ninive unter dem Nestorianer Johannes Barzugbi die Grammatik und Dialectik, legte sich darauf unter Anführung Camaloddin Bar Jonä, eines mosulanischen Philosophen auf die philosophische Litteratur der Araber, wurde Bischof und starb im J. C. 1231.

Er schrieb ein Schatzbuch von Gott, der Menschwerdung, Vorsehung und Schöpfung. Ferner eine Erklärung der gottesdienstlichen Gebräuche; ein Glaubensbekänntniß, in welchem er lehrt, was ein jacobitischer Geistlicher von Gott und Christo glauben müsse, wie er Ignatium, Dionysium, Julium, Athanasium, Basilium, beyde Gregorios, Chrysostomum, Cyrillum, Dioscorum Confessorem, Severum und den jederzeitigen

Pa-

Patriarchen als seine Lehrer verehren: hingegen Simeon den Zauberer, Manetem, Bardesanem, Arium, Sabellium, Eunomium, Macedonium, Apollinarem, Paulum von Samosata, Theodorum, Diodorum, Theodoritum, Ibam, Nestorium, den Pabst Leo, das chalcedonensische Concilium, Julium Halicarnassensem, Eutychen, Barsumam und die gubischen Schlüsse verwerfen und mit dem Zeichen des Kreuzes dazu verpflichtet werden müßte.

Johannes Bar Maadani,

Patriarch.

Aus Maadan, war unter Ignatio II. Metropolite von Marda und wurde von diesem im J. C. 1232 zum Maphrian gemacht. Nach fünfjährigem Aufenthalte zu Ninive begab er sich 1237 nach Bagdad und machte Josephum Mardensem zum Bischof von Gozarta unter dem Namen Georgius. Im J. 1252 wurde er nach Ignatii Absterben, durch Hülfe des Metropoliten zu Aleppo Ignatius Saliba, zum Patriarchen erwählt. Eine andre Parthey wählte zwar Dionysium Angur; da aber dieser den 18 Febr. 1261 umkam: so war Johannes bis 1263 alleine Patriarch.

Er schrieb eine Liturgie, Renaud. l. c. p. 512. ingleichen ein Buch von der Seele, unter dem Titel: Vogel; und 18 arabische Predigten.

David Pauli und Daniel Chettab.

Sind Schriftsteller von ungewissem Zeitalter, die Gregorius Barhebräus anführt. Der erste war ein sehr frommer Bischof und schrieb ein Gespräch eines Jacobiten und Melchiten vom Trishagio. Der andere schrieb ein Gedicht auf Chamisii Barkardahá, eines Nestorianers, Fragen; und ein arabisches Buch vom Grunde des Glaubens und dem Troste der Glaubigen.

Gregorius Barhebräus, sonst Abulpharagius.

Primas des Orients.

Aus Melitine, sein Vater hieß Aaron, ein Arzt. Er erblickte das Licht der Welt im J. C. 1226. Nach Renaudot. ist er des Patriarchen Michael Bruders Sohn. Von Jugend auf legte er sich auf die griechische, syrische und arabische Sprache, auf die Philosophie, Theologie und Medicin. Im J. 1243 wollte er mit seinen Eltern, wegen des Einfalls der Tartarn, aus Melitine fliehen; kam aber erst im folgenden Jahre nach Antiochien. Von dannen begab er sich nach Tripolis, wo ihn der Patriarch Ignatius den 14 Sept. 1245 zum Bischof von Guba machte. Im folgenden Jahre kam er weiter nach Lacabena. Als nach Ignatii Tode Dionysius Angur und Johannes wegen des Patriarchats stritten: so hielt

er

er es mit dem ersten, und wurde von ihm zum Bißthume Aleppo befördert. Nach beyder Tode aber vom Ignatio oder Josue zum Maphrian erhoben. Was unter seinem Primate vorfiel, erzählt er in seinem Chronicon, woraus wir folgendes ausziehen; „Nach Ignatio, sonst Saliba Bar Jacob, folgte Gregorius sonst Abulpharagius, Bar Aaron eines Arztes, mit Beynamen Barhebräus. Zur Zeit da der Maphrian Ignatius starb, sahe es sehr schlecht um die Länder aus, indem Bagdad, Aleppo, ganz Syrien und Mesopotamien weggenommen wurden. Die assyrischen und ninivitischen Araber fielen die daselbst wohnende Christen an, die dazu kommenden Tartarn jagten die Araber; so daß eine allgemeine Niederlage entstand. Die orientalische Kirche blieb deswegen sechs Jahre ohne Haupt: so wie sie vor des Maphrians Saliba Ableben schon drey Jahre ohne Patriarchen war. Da aber die in Cilicien versammleten Bischöfe den Mar Ignatium, sonst Josua, zum Patriarchen erwählten: so setzte dieser einen Maphrian von Tagrit und dem Oriente in der Person Gregorii Abulpharagii den 19 Jan. des gr. J. 1575. Seine Ordination geschahe in Gegenwart der königlichen Cilicischen Familie und seine sowohl als des Patriarchens Bestättigung wurde beym Tartarfürsten gesucht. Der Patriarch ordinirte darauf zu Mosul Behenam Barsumna zum Bischof von Nuhadra [Naarda.]

ha.] Zu Bagdad empfieng ihn der nestorianische Patriarch Machicha mit grosser Feyerlichkeit. Zwar entzweyten sie sich über den Titel eines Catholict; da aber Machicha bald darauf den 18 Apr. 1576 starb: so dauerte diese Mißhelligkeit nicht lange. Der Maphrian hingegen blieb den Sommer zu Bagdad, und ordinirte verschiedene Bischöfe und Diaconen. Im Herbst 1577 begab er sich wieder nach Ninive. In diesem Jahre wurde auch Denha, Metropolite zu Arbela, dem vormals Machicha war vorgezogen worden, durch die glaubige Fürstin Dokuskatona, zum Catholico gesetzt. 1579 machte sich der Maphrian über die Erklärung des Euclides. Im Winter 1583 starb Basilius Bischof von Tabriz. Der Maphrian setzte mit Uebergehung der von den Mönchen vorgeschlagenen allzujungen Candidaten, Severum an dessen Stelle. Den Sommer über macht er sich zu Maraga über die Erklärung des Almagesti des Ptolemäus. Severus starb 1588 nnd Dionysius sonst Joseph kam an dessen Stelle. 1590 starb der Bischof Athanasius zu Bethunhadra. Der Catholicus Mar Denha ordinirte einen gewissen Simeon Bar Kalig, Bischof von Tausa in Chorosan zum Metropoliten der Sinesen *); ließ ihn aber bald hernach, wegen seiner Unver-

*) Schon seit dem achten Säc. wurden Bischöfe und Presbyters vom nestorianischen Patriarchen abge-

Unverschämtheit gefangen setzen und heimlich hinrichten. Als ihm darauf einige nach Jerusalem gehende sinische Mönche in den Weg kamen: so machte er einen davon zum sinischen Metropoliten und nennte ihn Jaballah. Denha selbst starb 1592 auf der Reise nach Bagdad. Jaballah wurde, mit Bewilligung des Califens, von der Kirche zum Catholicus ernennt. Er war zwar nicht gelehrt, aber gottesfürchtig und rechtschaffen.

abgeschickt, um in Indien und Sina das Evangelium zu predigen. In der Provinz Xen fand man im J. C. 1625 ein chinesisches und syrisches Monument, das sich abgezeichnet im Vatican befindet, auf dem folgende syrische Worte stunden: „Zur Zeit des grossen Vaters Ananiesu Catholici und Patriarchen, Adam Presbyters und Chorbischofs und Papas von Sina im J. 1092. (J. C. 781); errichtete Jazedbuzid Presbyter und Chorbischof von der königlichen Stadt Cumdan, ein Sohn des seel. Presbyter Miles in der Adatchuristischen Stadt Balach, dieses steinerne Denkmahl, welches die Thaten unsres Erlösers und die Predigten unserer Väter, für den sinesischen König enthält — — Adam Diaconus ein Sohn Jazedbuzid des Chorbischofs, Mar Sergius Presbyter und Chorbischof. Sabariesu Presbyter. Gabriel Presbyter und Archidiaconus, Vorsteher der Kirche zu Cumdan und Sarag.“ Auch Timotheus der Nachfolger Ananiesu, schickte so, wie Simeon im J. C. 1490 verschiedene Bischöfe nach Sina.

sen. 1593 huldigte der Maprian dem neuen Kaysen Achmet und baute die Kirche zu Tabriz aus. Zu Anfang des J. 1594 starb der Patriarch Ignatius. Vom Kloster wegen kamen darauf Gesandte mit demüthigen Entschuldigungsschreiben, daß sie aus Noth mit der Wahl eines neuen Patriarchen geeilet hätten. Der Maphrian ließ sie aber nicht vor; gab auch den Bitten des Raban Simeon, eines Medici, für seines Bruders Kind, nicht nach: sondern vertheidigte seine Rechte, daß von je her ohne Patriarch kein Maphrian, und ohne Maphrian kein Patriarch gesetzt werden könne; daß sie die Gesetze und Verordnungen übertreten hätten, und er nichts mit ihnen zu thun haben wollte. Unterdessen kam auf einer Reise nach Ninive Tagiaddaules, Raban Simeons Sohn, zu ihm: dessen Vorschläge er um deswillen lieber hörte; weil er ihn sehr liebte, ihn erzogen und unterrichtet hatte. Er gab hierauf dem Philoxeno seine Stimme, mit der Erklärung: „damit du nicht glaubest ich suchte diese Stelle, und hätte mich deswegen bisher widersetzt. Gott, der Herzenskündiger, weiß, daß nicht das geringste meiner Glieder darnach verlange. Anderer Ursachen zu geschweigen: so habe ich dies hohepriesterliche Amt vierzig Jahre, 20 im Oriente, 20 im Occidente geführt; und bin dessen satt. Nun suche ich blos eine stille, zufriedene Ruhe meiner Tage, Friede und das gute Ende welches friedlichen

chen Leuten zugetheilet wird. Die Führung meines Amtes ist durch Gottes Gnade sehr ruhig; daß ich also gar keinen Grund einsehe, solches mit einem andern, wie meine seeligen Vorfahren, zu vertauschen. Denn wenn gleich unsre Zeiten überhaupt friedlich sind: so kann sich doch der Ruhe, der ich im Oriente geniesse, kein anderer rühmen. Gesetzt ich hätte auch wie andere ein Verlangen nach dem Patriarchate; warum sollte ich denn wohl die occidentalische Kirchspiele so sehr begehren. Sind sie nicht alle verwüstet? Wird mich etwa das mit Thränen und Weinen erfüllte Antiochien reitzen? oder das von Einwohnern entblößte Guma? oder etwa Beroe, Mabug, Callinicum, Edessa, Haran, die alle verwüstet sind? oder die sieben Kirchspiele bey Melitine, d. i. Lacabena, Arca, Kalisur, Semach, Guba, Klandia und Gargara, in welchen kein Haus mehr ganz ist? Was folgt wohl hieraus? Die Ursache meiner bisherigen Weigerung ist euer eben nicht lobenswürdiger, vielmehr strafbarer Hochmuth, daß ihr alles ohne Beystimmung der Orientalen und Occidentalen gethan habt. Dies sollt ihr wissen, und Gott, der keine Person ansieht, weiß es!„ Im J. 1596 baute er das Kloster Bartela bey Ninive. Das J. 1597 hielt er sich aus astrologischen Gründen fatal. Er fand auch würklich darinnen seinen Tod. Denn wegen der beständigen Streifereyen der räuberischen Araber beredete ihn sein Bruder sich nach Maraga in Adurbigan in Sicherheit zu begeben. Hier baten ihn einige Araber sein syrisches Chronicon ins saracenische zu übersetzen, welches er auch während eines Monates that. Es fehlten an der Arbeit nur etliche Blätter; als sich der Tod meldete und ihn nach 3 Tagen am 30 Jul. 1597 dahin raffte. Der Catholicus Jaballah, der sich eben zu Maraga aufhielt, befahl eine allgemeine Trauer, und kam mit seinen Leuten, den Armeniern und Griechen zum Leichenbegängniß.

Er schrieb 31 Bücher in welchen er sich als Theolog, Medicus und Philosoph zeigt, und sich das Recht erwirbt unter die classischen Schriftsteller der syrischen Sprache gesetzt zu werden. Die Jacobiten gedenken seiner immer mit einem gewissen Enthusiasmo. Die vornehmsten unter seinen Schriften sind: 1) Anaphora. s. Renaudot. l. c. p. 456. Schulting Tom. III. p. 106. Er verbesserte auch die Liturgie des Apostel Jacobus. Renaudot. l. c. p. 126. 2) Glaubensbekänntniß. 3) Erläuterungen der heil. Schrift, sonst Horreum Mysteriorum, Hottinger Bibl. Orient. Renaudot. l. c. p. 471.„ In eo multi S. S. loci explicantur, non modo secundum litteram ex LXX. Interpretum, Aquilae, Symmachi et aliorum versionibus, sed etiam secundum doctrinam SS. Patrum Graecorum et Syrorum.„ Barhebräus selbst sagt in der Vorrede:

rede: „Weil diese gemeine Uebersetzung [Peschito] die Origenes, nach dem Eusebius von Cäsarea, bey einer Wittwe fand, mit dem Ebräischen übereinkommt, und in den Händen aller Syrer ist: so habe ich solche, ob sie gleich ein schwacher Grund ist, zum Grunde legen wollen. Aus der LXX. habe ich vieles zur Bestättigung; Aquilä, Symmachi, Theodotions Uebersetzung, die Pentapla und Hexapla blos zur Erläuterung, nicht zur Bestättigung angeführt. — Von dieser syrischen Uebersetzung sind dreyerley Meynungen. Einige setzen sie in die Zeiten der Könige Salomo und Hieram. Andre sagen, daß sie der Priester Asa, als er aus Assyrien nach Samaria geschickt worden, verfertigt habe. Noch andere sagen, daß sie zur Zeit des Apostel Adäus und des edessenischen Königs Abgarus ausgearbeitet worden sey; um welche Zeit man auch das neue Testament übersetzt habe.„ Dabey gedenket er noch einer andern Version des A. T. aus dem Griechischen von Paulo Bischof von Tela, ingleichen der Uebersetzung des N. T. von Philoxeno und Thoma Heracleensi. s. Walton in Proleg. ad Bibl. Polygl. p. 89. Einen schwachen Grund nennt er sie, weil sie verschiedene Fehler hat, die er in seiner syrischen Grammatik beschreibt. Da spricht er von der Richtigkeit der Grammatik: Sie wird richtig genennt, weil sogar die Uebersetzer aus dem Ebräischen ins Syrische hin und wieder gefehlt haben, z. E. im Jesaias בחזון ונבהתון טננח דעמא, da es doch heissen muß: בחזון טננה דעמא ונבהתון. Eben daselbst: אמרו לאחיכון שנאיכון da es heissen soll אמרו אחיכון לשנאיכון, wie im Griechischen. In der Folge hat er ein ganzes Capitel, daß die LXX. weit genauer als die syrische Peschito sey; weil verschiedene Gedankenfehler darinnen wären, Christus und die Apostel im N. T. nach der LXX. nicht nach der Peschito, z. E. Matth. 1, 23. 4, 16. Act. 1, 20. angeführt hätten, und die syrische einen Mangel an zierlichen Partikeln habe. Er führt dann ein ganzes Register von Fehlern an, die aber geringfügig sind. In seinen Erklärungen giebt er sich vorzüglich mit den Varianten und der Punctation der Worte ab. 4) Eine Theologie, unter dem Titel: Leuchter der Heiligen, von den kirchlichen Grundsätzen. Renaudot. l. c. p. 471. Das ganze Buch ist in 12 Abschnitte und diese wieder in Capitel getheilt. 1. von der gemeinen Erkenntniß. 2. von der Welt. 3. von der Theologie, d. i. von Gott. 4. von der Menschwerdung Christi. 5. von den Engeln. 6. vom Priesterthum. 7. von den Teufeln. 8. von der vernünftigen Seele. 9. vom freyen Willen, der Freyheit, dem Schicksahl, der Nothwendigkeit und dem Ende. 10. von der Auferstehung. 11. vom Ende der Welt, Gericht, Seeligkeit und Verdammniß. 12. vom Paradies Eden. Er ist durchgängig jacobitisch. 5)

Ein

Ein Compendium der Theologie; in 10 Theilen 1. von den 6 Tagwerken. 2. von Gott. 3. von Christo. „Einwendung: Wenn es sich mit den Ausdrücken des Unterschieds der Naturen in Christo richtig verhält, warum eignet man ihm nicht zwo Naturen zu? Verhält es sich aber nicht richtig damit, so ist es ja eine Vermengung und Vermischung der Naturen. Antw. Verhält es sich doch auch mit der Seele und dem Körper richtig, und der lebende vernünftige Mensch hat immer nur eine, nicht zwo Naturen. Einwurf: Wenn ihr die Gleichheit des Wesens eine Natur nennt: so muß das Fleisch entweder gleiches Wesens mit dem Worte seyn, welches widersinnig; oder es sind zwo Naturen. Antw. Wir verstehen nicht eine blosse einfache Natur, sondern eine Natur aus zwoen im Wesen verschiedenen Naturen. Einwurf; Wenn er gleiches Wesens mit dem Vater und gleiches Wesens mit Maria ist, warum sollen nicht zwo Naturen in ihm seyn, denen beyden er ungleich, doch gleich ist? Antw. Diese einzige Natur ist doppelt, nicht einfach, der er bey ihrer verschiedenen Ungleichheit doch gleich ist.„ 4. von Engeln. 5. von Teufeln. 6. von der Seele. 7. vom Priesterthum. 8. vom freyen Willen ꝛc. 9. vom Ende der Welt ꝛc. 10. vom Paradiese.

6) Innbegriff der weltlichen Gesetze und Canonum. Renaud. l. c. p. 471. Der erste Theil handelt von kirchlichen Sachen, der zweyte geht

die Layen an. 7) Ethik. Renaud. l. c. hat drey Theile, 1. von der Ordnung und Arbeit des Körpers. Unter andern rechnet er das Fasten hieher und sagt: „Ausser dem vierten und sechsten Tage, hat das syrische Volk fünf vorzügliche Fasten. Das vierzigtägige, das Fasten der Apostel, Mariä, der Geburt und wegen Ninive. 2. von der Nahrung. 3. von den bösen Begierden. 4. von den Tugenden. 8) sinnreiche Erzählungen. 9) ein Calender. 10) syrische Grammatik. Denn schon seit Jacobs von Edessa Zeit wurde das Syrische vom Arabischen verdrängt und in Schulen gelehrt. 11) metrische Grammatik. 12) Gedichte. 13) arabische Chronik, oder Historie der Dynastien. Pocok gab sie zu Oxford 1650 und 1663 heraus und hält in der Vorrede Barhebräum und Abulpharagium Abdallah Ebn=Attib für eine Person. Es muß sich dies aber anders verhalten, weil Barhebräus den Tod des Ebn=Attibs im gr. J. 1355 angiebt, seine Schriften über das N. T. und den Aristotel anführt und bemerkt, daß er wenig Syrisches verstanden habe. 14) Syrisches Chronicon vom Anfang der Welt bis auf seine Zeit. In 3 Theilen 1. Chronik der Erzväter und Könige von Adam bis Mohamed und Errichtung des großmogulischen Reiches. 2. Chronik der Patriarchen zu Antiochien und der Jacobiten, theils unterm A. T. von Aaron bis auf Hanna; theils im N. T. von Petro bis aufs J. C. 1285.

3. Chro-

3. Chronik der Patriarchen und Maphrianen des Orients, von Thoma an bis auf Jaballah J. C. 1282 vom ersten Maphrian Marutha an, bis aufs gr. J. 1597. Einige Stellen die Assemann auszeichnet, wollen wir hier beysetzen: „von der seleucidischen Zeitrechnung. Von Adam bis auf Seleucum sind nach dem Eusebius 4889 Jahre, nach dem Andronicus 5083, nach dem Georgius Regtensis 5085, nach dem Africanus 5083, nach dem Theophilus von Edessa 5197, nach dem Jacobus von Edessa 5149, nach dem Georgius B. der Araber 4929, nach dem Arianus 5180 und 10 Monate, [welchem letztern die LXX. beystimmen. Die jetzige griechische Rechnung aber kommt mit Theophilo von Edessa überein, und wird ordentlich angenommen.] Von Adam bis auf das Todesjahr des Erlösers werden 5539 J. gezählt. Nach dem Hyppolitus aber, Johannes und Mar Jacob 5550, nach dem Eusebius 5232, nach den Syrern 4156, nach dem Africanus 5532, nach andern 5320, nach gemeiner Annahme 5509, nach dem Andronicus geschahe es im gr. J. 342 — Die Rechnung der Araber nach Mondjahren fängt sich vom Jahr Adams 6130, der Griechen 933 und Christi 624 J. an.„ [wohl verstanden daß Christus nach Barhebräo im gr. J. 309 nicht 311 gebohren worden.] — Ausser andern Schriftstellern werden Hipparchus ein Mathematicus, Hippocrates, Plato, Ptolemäus,

mäus, Galenus, Alexander Aphrodisius, Theo Alexandrinus, die syrischen Aerzte Sergius, Athanasius, Philagrius, Simeon, Gregorius, Theodosius, Honainus, von den Arabern vorzüglich Thabet Abulhasan, der bey 150 Bücher schrieb, angeführt. — Eine Stelle vom Ursprung der Nazaräer, eine in Phönicien aus den Mohamedanern entstandenen Sekte, müssen wir noch abschreiben: „Weil verschiedene eine Nachricht von den Nazaräern begehren: so schreiben wir folgendes. Im gr. Jahr 1202 erschien in der Gegend Akula [der Stadt Cupha in Arabien] ein alter Mann in dem Dorfe Nazaria, der sich durch Fasten, Beten und Armuth hervorthat. Da ihm nun viele Einwohner anhiengen: so wählte er sich nach der Zahl der Apostel 12 Männer, denen er Befehl gab, dem Volk fremde Lehre vorzutragen. Auf erhaltene Nachricht davon, ließ ihn der Vorsteher des Orts ins Gefängniß werfen und schwur ihm, des folgenden Tages ihn kreuzigen zu lassen. In der Nacht betrank sich der Vorsteher, ließ sich aber doch den Gefängnißschlüssel bringen und unter sein Hauptküssen legen. Seine Magd hingegen, die in der nemlichen Kammer schlief und das Fasten und Gebet des alten Mannes wußte, erbarmte sich, stahl, während daß ihr Herr schlief, den Schlüssel, eröfnete ihm das Gefängniß und legte dann den Schlüssel wieder an seinen Ort. Da nun der Vorsteher des morgens

das

das Gefängniß öfnete und niemanden fand: so hielt er es für ein Wunder, zumal da das Mädchen, aus Furcht, sich hütete etwas zu sagen. Es kam hernach weiter, daß er bey verschlossenen Thüren errettet worden sey. Nicht lange darauf fand er an entfernten Orten zwey seiner ehemaligen Schüler, die er überredete, daß ihn die Engel befreyt und in die Wüste versetzt hätten. Er schrieb auch ein Buch von seinen Lehrsätzen und gab es ihnen, um es unter die Leute zu bringen. Darinnen heißt es: Ich N. N. der ich für einen Sohn Othemans aus Nazaria gehalten werde, habe Christum, der Jesus, das Wort, der Richter, Achmet Muhameds des Sohns Hanaphs aus Ali Geschlecht Sohn und der Engel Gabriel ist, gesehen. Er sagte zu mir: Du bist der Gerufene; du bist die Wahrheit; du bist das Cameel, das den Zorn gegen die Unglaubigen trägt; du bist das Thier, das die Lasten der Glaubigen auf sich hat; du bist der Geist; du bist Johannes Zachariä Sohn. Predige den Leuten, daß sie viermal beym Gebete die Knie beugen sollen. Zweymal gegen Aufgang der Sonnen, zweymal gegen Abend nach Jerusalem zu. Jedesmal sollen sie folgende drey Sätze sprechen: Allererhabenster Gott! Allerhöchster Gott! Allergrößter Gott! Am zweyten und sechsten Tage soll niemand arbeiten. Zweymal des Jahrs sollen sie fasten. Die Zeugungsglieder sollen sie nicht zu oft waschen. Mostartige Getränke sollen sie nicht; Wein aber so viel sie wollen trinken. Blos das Fleisch der wilden Thiere sollen sie meiden. — Nachdem er ihnen diese Lehren gegeben hatte, gieng er nach Palästina und suchte sich unter den gemeinen Landleuten einen Anhang. Nach der Hand gieng er auch von da weg und bis jetzt ist sein nachmaliger Aufenthalt unbekannt geblieben. Die Franken brachten verschiedene von ihnen um *).„

Nun fügt Assemann einen weitläuftigen Auszug der jacobitischen Patriarchen aus des Gregorii Chronicon bey. Da wir aber von vielen das wichtigste oben bey ihren Leben beygebracht und aus dem Chronicon des Gregorii erzählt und verbessert haben: so werden wir uns kürzer fassen können.

Folge der jacobitischen Patriarchen zu Antiochien.

„1. Severus bekam diese Würde nach Verjagung Flavians, flohe 6 Jahre darauf, kam aber durch Theodorä Gnade aus Aegypten nach Constantinopel, wo ihn die Kaiserin nebst verschiedenen andern ernährte. Da ihn Agapitus zu Byzanz wieder vertrieb, so starb er endlich zu Antiochien im J. C. 539.

2. Sev-

*) S. Guil. Tyrium in histor. Belli Sacr. L. 20. c. 31. Iacob de Vitriaco histor. hierosol. c. 81. Renaudot. histor. Alexandr. p. 320. sqq.

2. Sergius, Presbyter von Tela aus Bethcharta, wurde nach Severi Tode vom Bischof zu Anazarba Johannes ordiniret und starb im dritten Jahre. Unter den zu seiner Zeit berühmten Leuten kommt auch der Stammvater der Tritheiten vor, der nach Gregorio nicht Johannes Philoponus, sondern Johannes Ascusnagus ist. Er war Samuels und Petri [S. 65] Schüler. Nach Samuels Tode lehrte er an dessen Stelle und sagte einst zum Kaiser: Ich bekenne eine Natur in Christo. In der Dreyfaltigkeit aber zähle ich nach der Zahl der Personen, die Naturen, Wesen und Gottheiten. Der Kaiser verwieß ihn, und weil er sich für einen Monophysiten angab: so wurden diese, wie Johannes Asiä bemerkt, seinetwegen nicht gut angesehen. Der Tochtersohn der Kaiserin Theodora, Athanasius, Conon Tarsensis, Eugenius von Seleucien, endlich Johannes Grammaticus, sonst Philoponus, nahmen eben diese Lehre an. Denn da Johannes Ascusnagus nichts auf Ermahnungen gab: so wurde er excommunicirt und starb. Athanasius schickte dessen hinterlassene Beweise nach Alexandrien an Philoponum, der daraus eine Abhandlung verfertigte und Athanasio zuruckschickte. Als man dies zu Alexandrien erfuhr: so verdammte man das Buch und den Urheber. Die Sache kam endlich zur öffentlichen Untersuchung

suchung beym chalcedonensischen Patriarchen, vor dem von Seiten der Tritheiten Conon und Eugenius, von der andern Seite Johannes Asiä und Paulus erschienen. Da die ersten sich nicht vertheidigen konnten: so hatte die ganze Ketzerey ein Ende. Noch erzählt Greg. daß ein gewisser Presbyter Julianus, ein Monophysite, durch Hülfe der Kaiserin Theodora nach Nubien geschickt worden sey, um die Einwohner im Glauben zu unterrichten, und daß diese Dame die Sache so einzufädeln gewußt habe, daß Julianus, den der Kaiser weil er nicht chalcedonensisch war verwarf, doch eher als andre nach Nubien kam.

3. Paulus Bethuchama, von Alexandrien, war zu Suba Baraia Mönch, wurde nach Sergii Tode von Jacobo Zanzalo und Eugenio, oder nach andern vom Bischof Thomas von Edessa ordiniret. Der Tochtersohn der Kaiserin, Athanasius, vertrieb ihn, daß er sich bey dem arabischen König Arethas, Gabulä Sohn aufhalten mußte. Als er nach Byzanz kam persuadirte ihn der Kaiser zur chalcedonensischen Parthey, die er aber, so bald er nach Syrien kam, wieder verließ. Jacobus nahm zwar seine Bittschrift an, setzte ihn aber doch, weil er die Alexandriner fürchtete im gr. Jahr 889 ab. Er starb vier Jahre darauf zu Constantinopel.

4. Pe-

4. Petrus Callinicensis vom J. 889-902. S. 202.

5. Julianus, Petri Syncellus. Seiner gedenken auch die Diptycha der Jacobiten und Dionys. Barsalibi. Er saß 3 Jahre 5 Monate, und schrieb wider Sergium *) Bischof von Edessa der Petri Schriften verbiethen wollte.

6. Athanasius Camelarius von Samosata wurde 906 oder 908 vom Bischof zu Jerusalem Severus zu Kenserin ordiniret. Er stiftete 927 zu Alexandrien zwischen den antiochenischen und alexandrinischen Jacobiten, die durch Petrum Damianum getrennt wurden, Friede und starb 942.

7. Johannes Sedrensis aus Eusebona, Athanasii Schüler, übersetzte auf Amram Ben Saadi, eines arabischen Fürsten, Befehl, das Evangelium ins Arabische. Er saß von 942-960.

8. Theodorus zuerst ein scetensischer dann kenserinischer Mönch von 960-978.

9. Severus Bar Maske aus Phagimat, zuerst Bischof zu Amida, vom Jahr 979-991. Da zwischen ihm, Sergio Zachonio und Anania, mesopotamischen Bischöfen, ein Streit entstand, wer die dasigen Bischöfe ordiniren sollte, der Patriarch oder der Metropolite: so eignete er sich solche zu, welches denn auf beyden Seiten Ver-

*) Dieser Sergius fehlt in der S. 148 stehenden Folge der Bischöfe von Edessa.

Verbitterungen verursachte, die bis ans Ende dauerten.

10. Athanasius II. Baladensis wurde im Jahr 995 im rhesinensischen Synodus vom Bischof von Marda und Caphartuta Anania ordiniret. Er war Severi Sabochtá Schüler, studirte zu Kenserin und legte sich zu Bethmulchi aufs Uebersetzen. Er starb 998 und bestimmte noch auf seinem Todenbette Georgium zum Bischof der Araber.

11. Julianus II. Romanus, weil sein Vater ein Soldat war, studirte zu Kenserin, saß von 999-1019.

12. Elias, von 1020-1034. s. S. 214.

13. Athanasius III. von 1035-1051. Im J. 1037 vereinigte er die jacobitische und armenische Kirche. Renaud. hist. Alex. p. 198.

14. Johannes II. vorher Mönch in Zuchenin und Bischof in Hanra, kam durch Ränke zum Patriarchat, das er von 1051-1066 besaß. Renaud. l. c. p. 211.

15. Isaac, Mönch zu Cartamin, Bischof von Haran, wurde vom arabischen Fürsten Abugiafar Almansor zu dieser Würde 1066 befördert: da er aber die Alchymie nicht verstand: so ließ er ihn, ehe ein Jahr vergieng hinrichten. Die Jacobiten erkennen ihn für keinen Patriarchen.

16. Atha-

16. Athanasius IV. Sandalensis, Bischof von Moipheracta. Er trug ehemals das meiste bey, daß Johannes diese Würde erhielt. Seine eigene Beförderung hatte er dem Abugiafar zu danken; wurde aber bald hernach von den Christen zu Haran ermordet. Renaud l. c. p. 234. setzt die Maphrians Würde unter sein Patriarchat; sie war aber schon unter Athanasio Camelario da.

17. Georgius aus Baaltan, Syncellus des samosatischen Bischofs Theodorus, wurde auf dem Synodus zu Mabug von allen Bischöfen, bis auf David zu Dara und Johannes zu Callinicum 1070 erwählt *). Die mesopotamischen Bischöfe setzten ihm an Johannes von Callinicum, und da dieser starb, an David, einen Säugbruder des Califen Abugiafar, einen Gegner. Der letzte brachte es bey dem Califen dahin, daß Georg gefangen gesetzt wurde. Nach des Califen Tode verließ Georg Mesopotamien, begab sich nach Antiochien, wo er das Verfahren Davids widerrufte und starb in der Landschaft Claudia im Jahr 1101. Unter ihm stritt man über die Worte in der Liturgie: Wir brechen das himmlische Brod im Namen des Vaters, Sohnes und heiligen Geistes, welche ihre Vertheidiger und Tadler fanden; weil sie auch den Verstand haben konnten,

*) Dionysius giebt also das Jahr 1066 falsch an.

ten, als wäre das Brod vom Sohne Gottes unterschieden. Georg der unpartheyisch war, antwortete deswegen dem Diaconus zu Edessa, Guria: Wenn es in der Kirche aufgekommen, weiß ich nicht; aber das weiß ich, wenn es verworfen worden ist. Jacob der erste Bischof und Marcus Petri Schüler, haben uns die Art der Consecration des Leibes und Blutes des Wortes Gottes gelehrt: aber in ihren Liturgien stehen diese Worte nicht — — Weh uns! wenn wir ein andres vom Himmel herabgekommenes Brod, das nicht Gottes Sohn und Wort ist, haben.

18. Joseph von 1101 - 1103.

19. Cyriacus aus dem Kloster Bezona, im Gebiete der Stadt Callinicum. s. S. 225.

20. Dionysius I. Telmaharensis von 1129 - 1156. Zu seiner Zeit fiengen die Juden wegen ihrer Vorsteher Händel an. Die zu Tiberias hiengen an einem gewissen David; die zu Babylon an Daniel aus der Secte der Ananiten, die den Mittwoch statt des Sabbaths feyern. Der Calife Mamon machte bey der Gelegenheit ein Gesetz, daß, wenn 10 Juden, Christen oder Heiden sich vereinigt einen Vorsteher wählen würden; solche Wahl gültig seyn sollte.

21. Johannes III. aus dem Kloster Zachä ausserhalb Callinicum gelegen von 1158 - 1185.

Cos-

Cosmas zu Alexandrien schrieb einen Synodalbrief an ihn. [Renaud. l. c. p. 295. Elmacinus p. 152.]

22. Ignatius I. aus Herbaz, einem Kloster in Samosata, von 1189-1194.

23. Theodosius von 1198-1207.

24. Dionysius II. von 1208-1220 s. S. 228.

25. Johannes IV. aus Curzachel bey Antiochien von 1221-1233.

26. Basilius I. von 1234-1246. s. S. 228.

27. Johannes V. ein Anachorete des schwarzen Gebürges von 1247 an, saß 19 Jahre 10 Monate.

28. Johannes VI. aus Curzachel saß vom 16 Jul. 1267 an, 2 Jahre 10 Monate. Dionysius läßt ihn aus.

29. Dionysius III. von 1269. den 28 Nov. bis den 2 Jun. 1272. Unter ihm baute der Perser Gaiasa das Kloster Guba in Claudia, bey der Stadt Gregorian.

30. Abraham aus Taril bey Aleppo saß vom 25 May 1273 an 9 Monate und 7 Tage.

31. Johannes VII. aus Taril, wurde 1276 am 9 Jul. Patriarch s. S. 230. und sas bis 1296.

32. Athanasius V. vom J. 1298 an, saß 16 Jahre. Unter ihm wurde Johannes Bischof von Cartamin, der die seit 100 Jahren verlohren gegangene Estrangelo Schrift wieder herstellte. Er lernte sie aus Manuscripten und

lehrte sie den Söhnen seines Bruders. Unter diesen thaten sich Emanuel und sein Bruder Nache Bsiruota darinnen hervor. Ihren dritten Bruder Petrum schickte Johannes nach Melitine um pergamentne Codices zu sammlen. Von diesen schrieb Emmanuel 70 Bände, nemlich die Peschito, die LXX. und die heracleensische, Uebersetzung, ingleichen einen Band Homilien ab. Er vermachte sie dem Kloster Cartamin. Seine netten Buchstaben suchen ihres gleichen.

33. Johannes VIII. Abdon. von 1315. 1340. Er starb 1344. s. S. 231.

34. Dionysius IV. sonst Haie, saß von 1345 an, 10 Jahre. s. S. 232. Er verlegte den Sitz des Patriarchats nach Amida, aus Furcht vor den griechischen Kaisern. Sein Vorgänger wollte dieses schon thun.

35. Johannes IX., sonst Theodorus; Johannis Abdon Bruders Sohn von 1360. 1369.

36. Athanasius VI. sonst Haie, von 1369 an 5 und ein halbes Jahr. Kam nach Niederlegung seines Bisthums Arsamosata zum Patriarchate. Dies gab den Orientalen Gelegenheit ihm einen Gegenpatriarchen an Johannes Barsusan zu erwählen; weil sie behaupteten, daß kein Bischof Patriarch werden könne. Da aber die Occidentalen sich an den Kaiser wenden wollten: so stund Barsusan freywillig ab.

37. Jo-

37. Johannes X. Barsusan, kam nachher wieder zum Patriarchate und besaß es von 1375-1384. s. S. 233.

38. Basilius II. ein Mönch von 1385 an, saß ein Jahr. Da sich die Bischöfe nicht vereinigen konnten: so wählte man ihn durchs Loos.

39. Johannes XI. Abdon, war schon mit Basilio im Vorschlag und wurde von diesem zum Bischof von Symnada ordiniret. Jetzt kam er durch List und Bestechung zum Patriarchate. Die Bischöfe aber erkauften sich die Erlaubniß einen andern wählen zu dürfen. Dies war

40. Dionysius V. sonst Lazarus, ein Archimandrite von 1388 an, saß ein Jahr, worauf Johannes sich wieder 7 Jahre eindrängte. Da ihn der Synodus verdammte: so kam

41. Johannes XII. ein Anachorete zu Carsen von 1397-1399. Nach dessen Tode schlich sich Johannes XI. wieder ein. Hierauf bot

42. Marcus, Archimandrite zu Bared, dem armenischen General Philarto Geld, und wurde unter dem Namen Dionysius VI. Patriarch. Die Bischöfe verwarfen anfangs beyde, liessen sich aber doch endlich zu Dionysii Erkennung, besonders auf Zureden des Maphrians Johannes, dem Marcus von der Zeit an Nisibin einräumte, bewegen. Er führte diese Würde nicht länger als ein Jahr, und starb 1401. wor-

 auf

auf Johannes XI. sich des Patriarchats nochmals anmaßte. Es wurde aber

43. Athanasius VII. sonst Abulpharagius von den Bischöfen erwählt. Sicherheits wegen begab er sich nach Bagdad zum Califen Abugiafar und hohlte seine Bestättigung. Johannes starb bald darauf und befahl reuvoll über seine gestifteten Unruhen, ihn vor der Kirchenthüre zu begraben, damit er von den Ein- und Ausgehenden zertretten würde. Athanasius aber ertheilte ihm nach dem Tode die Absolution. Basilium, sonst Abugaleb, Saids Barsabuni Bruder machte er zum Bischof von Edessa unter der Bedingung daß er ihm die von Johanne Abdon an die Edessener versetzten patriarchalischen Kleinodien ausliefern sollte. Da aber dies Basilius nicht halten wollte oder konnte: so setzte er ihn und zugleich Dionysium Bar Maudian, Bischof von Melitine, der für ihn bat, ab. Ja er gieng so weit, daß er die vom Basilio schon Ordinirte, noch einmal ordinirte. Da er selbst etliche, ohne vorhergängiges Diaconat, zu Presbyters ordiniret hatte: so suchte er diesen Fehler durch die Verordnung gut zu machen, daß bey ihren Liturgien immer ein Diaconus gegenwärtig seyn sollte. Ueberhaupt war er unvorsichtig und seine Rache kannte keine Gränzen. Dionysium von Melitine und 2 andere Bischöfe wollte er nicht einmal auf ihrem

rem Todenbette absolviren. Als er am Pfingstfeste 1440 eben die Liturgie angefangen hatte, verlohr er seinen Verstand, so daß er nach Haus getragen werden mußte und am 8 Jun. starb; nachdem er 38 Jahre Patriarch gewesen.

44. Johannes XIII. Maudian, ein Archimandrite von Duair bey Antiochien, kam 1440 zur Würde.

45. Athanasius VIII. sonst Josue Barchetre, kam ein Jahr nach Johannis Tode 1450 zur Würde. Er hatte beständigen Streit mit seinen Bischöfen, deren vorzüglichste Laster Wollust oder Abfall zum türkischen Glauben damals waren; wie denn auch viele ihre noch sehr junge Nepoten zu bischöflichen Coadjutoren machen liessen. Athanasius starb 1477 am Stein.

46. Michael der grosse, von 1478 an. Bey seiner Wahl wurde ausgemacht, daß in Zukunft der Maphrian mit 10 Bischöfen dem Patriarchen die Hand auflegen, der edessenische Bischof die Liturgie, der von Melitine das Evangelium, der von Barsalibi die andere Lection, der von Chisume das Gebet: die Gnade Gottes ꝛc. der von Gehon die übrigen Gebete lesen sollte: 1480 setzte er auf einem Synodus fest, daß in Zukunft keine weiblichen Personen, unter was für Namen es sey, bey den Bischöfen oder in den Klöstern sich aufhalten sollten. 1481 schickte der Kaiser zu zwey verschiedenen malen

 einen

einen gewissen Theorianus an Michael und Narses, den Catholicum der Armenier, von welcher Gesandtschaft Narses folgendergestalt an Michael schrieb: „der griechische Kaiser hat uns 10 Fragen vorgelegt. Fünfe betreffen unsern Glauben: daß wir die Vereinigung zwoer Naturen in Christo, zwey Willen, zwo Wirkungen glauben; mit den drey Conciliis zugleich das vierte, fünfte, sechste und siebende annehmen; daß wir nicht mehr sagen sollen: **der für uns gekreuziget ist.** Dann fünf andere, wegen der gottesdienstlichen Gebräuche: daß wir das Fest der Geburt mit den übrigen feyern; beym Abendmahl gesäuertes Brod und Wasser gebrauchen; das Chrisma aus Olivenöl zubereiten; in der Kirche beten; und unsre Liturgien bekannt machen sollen. Friedens wegen würde es mir leicht seyn bey den Gebräuchen nachzugeben und mich wie der Theolog des Ausdrucks zwoer Naturen zu bedienen. Aber die Worte: **der für euch gekreuziget ist** auszumerzen und den Heiligen zu verabscheuen, kann ich nicht geschehen lassen. Doch was du thust, werden wir ebenfalls thun —„ Michael antwortete selbst auf des Kaisers Briefe: daß er gerne Friede habe: aber es nur mit denen die eine Natur annähmen, halten könnte. 1485 zankte sich der Patriarch Marcus zu Alexandrien mit einem andern Marcus, Konbars

Soh-

Sohne, wegen der Bekänntniß der Sünden, Konbars Sohn vertheidigte den messalianischen Irrthum; der Patriarch aber wollte solche gänzlich abgeschaft wissen. Michael gab beiden Theilen Unrecht *). 1508 entstand zwischen der griechischen und syrischen Kirche ein Streit wegen des Osterfestes; da es die Griechen mit den Juden den 29 Merz, die andern den 6 April feyerten. Die Iberier griefen deswegen gar die Armenier feindlich an und verbrannten ihre Kirche: die Armenier aber verschaften sich Gegentheils durch Brandschatzung Genugthuung. Da Michael alt wurde: so erzwang seines Bruders Sohn Josua Labeo von den Bischöfen eine Handschrift; daß er nach ihm Patriarch werden sollte, welches dem Labeo überall Haß zuzog. Endlich starb Michael den 7 Nov. 1511. Nach seinem Tode wurde

47. Athanasius IX. sonst Saliba von 15 Bischöfen zu Modik erwählt; hingegen wählte der Maphrian Gregorius mit andern den Josua Labeo unter dem Namen

48. Michael, des jüngern. Daher war beständiger Streit. Als Athanasius 1518 starb: so wählte Mennas Bischof von Amida nebst andern, weil ihm Michael eine Summe Gelds verweigerte,

*) Renaudot. hist. Alex. p. 550.

49. Johannem XIV. sonst Josua, römischen Schreiber 1519. Michael starb während den Unruhen 1526. Johannes saß also alleine bis 1531.

50. Ignatius II. vorher David, Maphrian. Kam 1533 zu dieser Würde. Um Cyrillo Laklak alexandrinischen Patriarchen gleiches mit gleichem zu vergelten, ordinirte er auf seiner Reise zu Jerusalem, Thomam, einen äthiopischen Mönch zum Bischof von Abyssinien; da doch diese Landschaft in den Sprengel von Alexandrien gehörte, weil Ares die Gränze des antiochenischen und alexandrinischen Patriarchats war, und die Abyssinier beständig einen Aegyptier bekamen, so wie der Maphrian des Orients beständig aus den occidentalischen Mönchen genommen wurde *). Er starb 1564 den 14 Jun.

51. Dionysius VII. sonst Aaron Angur, Bischof von Melitine wurde 1564 nicht ohne Widerrede zum Patriarchen ordiniret **); indem andere den bisherigen Maphrian

52. Johannes XV. Bar-Maadani zu Aleppo ordi-

*) Renaud. l. c. p. 579. sqq.

**) Barhebräus verwirft bey der Gelegenheit die neue Ordination eines Patriarchens, der vorhero schon Bischof war, als eine Wiedertaufe. Dionysius hätte blos mit dem Enthronismo eingesetzt werden sollen.

ordinirten. Doch behielt Dionysius durch Schuz des Califen von Damascus Naser, den er genug dafür bezahlte, die Oberhand. Endlich beschuldigte man ihn eines Todschlags und ein gewisser Mönch Sergius, ein Diaconus Basilius und ein Laye Abraham brachten ihn den 18 Febr. 1572 heimlich um. Johannes aber starb 1574.

53. Ignatius III. sonst Josua, Archimandrite zu Gavitath kam 1575 zum Patriarchat. Bald nach seiner Wahl machte er unsern Gregorius Barhebräus zum Maphrian; bekam aber an Theodoro Caphlidensi einen Gegner, dem er doch überlegen war. Er starb 1594 den 17 Nov.

54. Ignatius IV. sonst Nemrod, den Ignatius III. unter dem Namen Philoxeni zum Bischof von Melitine an des abgesetzten Athanasius Pharagus Stelle gemacht hatte *).„

55. Ignatius V. [I] Barvahib, sonst Baderzache, d. i. Nicolaus, Bischof von Marden unter dem Namen Joseph, kam nach Nemrods Tode im Jenner 1604 zur Würde. Von ihm bekamen alle folgende Patriarchen den Namen Ignatius; so daß er der erste ist und die vorhergehende Ignatii nicht gerechnet werden. Er schrieb über das

*) Bis hieher Gregorius Barhebräus. Das folgende ist von einem Anonymo zu seiner Historie gesetzt worden.

das syrische Alphabet, über die Wörter und eine Liturgie. Die Occidentalen wählten den Archimandriten von Gavirath Michael, unter Ignatii Namen, zum Gegenpatriarch. Auch maßte sich der Bischof von Melitine Constantin, sich dieses Titels und des Namens Ignatii an. Als Barvahib im 40. Jahr seines Patriarchats 1643 starb; so wählte man

56. Ignatium II. sonst Ismael Magedus *) des Diaconi Johannis, Barvahibs Bruders, Sohn. Michael blieb unterdessen bis 1660 und hernach Constantin Patriarch im Occident und in den innern Gegenden des Orients, bis der letzte endlich von den Curden getödtet wurde. Nach Constantini Tode wählten sich die Occidentalen Philoxenum Bischof von Mobadra [Seered]. Ismael hingegen wurde wegen der Simonie, ingleichen weil er den Bischof zu Salach, Sabam, auf blosses Angeben eines Mönches excommunicirt hatte und ihn durchaus nicht wieder lossprechen wollte, bey den Turabdinensern dergestalt verhaßt, daß sie diesen Sabam den 6 Aug. 1675 unter Ignatii Namen zum Patriarchen in Turabdin machten, dessen Nachfolger bis 1805 zu Turabdin sassen. Ismael starb 1676 den 4 Jun.

57.

*) Man tadelt diese Annahme eines neuen Namens bey Patriarchen, die vorhero Bischöfe waren.

57. Ignatius III. Sciahab, seiner Schwester Sohn folgte ihm bis 1692 wo er starb.

58. Ignatius IV. Abraham, sonst Cyrillus Bar Garib, Bischof von Amida, saß bis 1723. Unter ihm starb Ignatius Saba Patriarch zu Turabdin. Dessen Nachfolger Josua, Mutá Medensis Sohn, unter Ignatii Namen war.

59. Ignatius V. Behenam, sonst Basilius Hedlensis von seinem Geburtsorte. Der Patriarch Josua zu Turabdin wurde 1728 abgesetzt, Masud von Salach, der ihm folgte, starb 3 Jahre darauf am Gicht. Als sich Josua Alters halben wegerte die Würde wieder anzunehmen: so wählten die Turabdinenser Henoch von Invardon, dem 1756 Cuma Philoxenus Bischof von Cardamin folgte.

Unterdessen war Philoxenus s. S. 282 Patriarch von Syrien gestorben, dem Basilius, sonst Simeon Manemita folgte. Nach dessen 1756 erfolgtem Ableben wußte Behenam die Wahl eines neuen Patriarchens zu verhindern und also dies Schisma aufzuheben. Behenam starb 1766.

60. Ignatius VI. Chaleph von Maadan, des Maphrians Basilius Barsuma Schwester Sohn, von 1766 = 1695 wo er starb.

Zu Turabdin wurde 1767 Ignatius Josua von Invardon und nach ihm 1772 Ignatius Philoxenus Bisch. von Hae, sonst Aziz Bar

Sabta,

Sabla, Patriarch. Der letzte vereinigte sich in so ferne mit Chaleph, daß sie das Chrisma gemeinschaftlich consecrirten. Nach Philoxenî 1793 erfolgtem Tode, wählte eine Parthey den Bischof der Araber Sabam; eine andere Johannem von Ihvardon. Chaleph vergliech sie so, daß beyde die Würde behielten; der Jüngere aber auf den Aeltern warten mußte.

61. Ignatius VII. Johannes Barsila, sonst Ananias, Bisch. von Amida, verschönerte besonders den heutigen Sitz der Patriarchen Zapharane. Er starb 1804 und hinterließ eine Liturgie.

62. Ignatius VIII. Noe, vom Berge Libanon, 1805. Mahud der letzte Patriarch zu Tarubdin dankte im nemlichen Jahre ab und verordnete: daß derjenige excommunicirt seyn sollte, der nach ihm einen neuen Patriarchen zu Salach wählen würde. Denn es sey nur ein Patriarch der Syrer, und dieser hielte sich zu Marden auf. So erreichte denn auch dies Schisma sein Ende."

* * * * * *)

63. Ignatius XIII. Josua aus Kelat.

64. Ignatius XIV. Jacob von Damascus.

65.

*) Der Auszug aus Barhebräo und seinem Fortsetzer hat hier ein Ende; wir liefern die folgenden Patriarchen aus dem Assemann, um nichts zu trennen.

65. Ignatius XV. David von Maadene.
66. Ignatius XVI. Abdallah aus Atta.
67. Ignatius XVII. Nehemes von Marden, schwur die christliche Religion ab, und kam hernach unter Gregorio XIII. nach Rom.
68. Ignatius XVIII. Petrus David Schiah von Marde, saß im J. C. 1579 und 1586. Im J. C. 1583 wurde Leonardus Bischof von Sidon als Legatus Apostolicus an ihn geschickt.
69. Ignatius XIX. Pilatus von Mansur.
70. Ignatius XX. Abdalgani, Pilati Bruder.
71. Ignatius XXI. Petrus Hudaie.
72. Ignatius XXII Abdalmessias.
73. Ignatius XXIII. Simeon.
74. Ignatius XXIV. Andreas Achigian, Abdalgani Sohn. Dem dann ein orthodoxer Patriarch
75. Ignatius XXV. Petrus, folgte; aber von den Jacobiten nach Adanam gejagt wurde.
76. Ignatius XXVI. Georgius, ein Jacobite.
77. Ignatius XXVII. Isaac der noch im J. C. 1721 lebte.

„Folge der Patriarchen der Chaldäer, und der Maphrianen oder Primaten des Orients.

Aus dem dritten Theil des Chonicon des Barhebräus.

1. Thomas. Weil nach der allgemeinen Sage aller Syrer, dieser Apostel in Mesopotamien, Chal-

Chaldäa, Assyrien, Persien und Indien das Evangelium predigte: so fangen Jacobiten und Nestorianer die Reihe ihrer Bischöfe mit ihm an.

2. Adäus, wurde mit Christi Brief an Abgarum Uchama geschickt, reißte hernach in den Orient und wurde bey seiner Zuruckkunft von Abgari Sohn [im J. C. 33] getödtet, wie solches aus Dionysii Chronik und dem Mares erhellet.

3. Achäus, Adäi Schüler.

4. Mares, Achäi Gehülfe, predigte zuerst in Radan, dann zu Modaina, [Seleucia] und im babylonischen Reiche und schlug hernach seinen Sitz zu Seleucia auf. Er überlebte Achäum 33 Jahre und starb im gr. J. 393.

5. Abres, des vorigen Schüler, man macht ihn zu einem Sohne des Zimmermann Josephs, der auch Jacobs und Josuä Vater ist. Barhebräus läßt ihn zu Antiochien, Amrus *) aber zu Jerusalem ordiniren. Er saß 16 oder 17 Jahre.

6. Abraham, des Apostels Jacobi Anverwandter, curirte den Sohn des damahligen persischen Königs und stillte dadurch die Verfolgung der Christen. Er starb im gr. J. 463.

7. Jacob, Josephs Sohn, wurde zu Jerusalem ordiniret und saß 22. nach andern 18 ein halbes J.

8 Acha-

*) Assemann vergleicht in der Folge den Amrus Matthäi in seiner Historie der nestorianischen Patriarchen und den Mares in dessen Chronicon.

8. Achadabues, [ist der Jabachues S. 5] saß 15 Jahre.

9. Sciachlupha aus Cascar, saß 20 Jahre und war der erste der zu Seleucia ordinirt wurde. Amrus schreibt ihm die wechselsweise Absingung der Psalmen zu, die Simeon Barsaboe einführte.

10. Papas, aus Persien, wurde im J. 577 ordinirt, und wohnte dem Concilio zu Nicäa 636 im 59ten Jahre seines Bisthums nach einigen selbst, nach andern blos durch seinen Vicarium Simeon Barsaboe, bey *). Neun Jahre darauf wurde er bey den Bischöfen verklagt, und da er seine Unschuld beym Evangelio beschwören wollte, verdorrte seine Hand. Er sebst starb ein Jahr hernach.

11. Simeon Barsaboe, s. S. 1.

12. Saadost, Simeons Schwester Sohn, saß ein Jahr und kam im zweyten Jahre der persischen Verfolgung um. s. Assemanni acta Martyrum Oriental. et Occident. T. I. p. 188.

13. Barbaseminus, auch Simeons Schwester Sohn. Nach Barhebräo saß er 7 Jahre, litte den Märtyrer Tod und ließ die Geistlichen wegen der Verfolgung weltliche Kleider tragen. Amrus läßt ihn vom gr. J. 665 an 7 Jahre Bischof seyn und nach seinem Tode den

*) Dies kommt vermuthlich daher, daß Simeon noch zu Papä Lebzeiten zum Bischof ordiniret wurde.

den Stuhl 31 Jahre ledig stehen. Maruthas aber in Assemanni Act. Martyr. l. c. setzt seinen Tod in das sechste Jahr der Verfolgung und der Stuhl blieb ohngefähr 20 Jahre leer.

14. Tamuz [Tomarsa] kam nach geschlossenem Friede zwischen den Persern und Jovian zur Würde und behielt solche 8 Jahre.

15. Caiuma wurde 2 Jahre darauf im 9 Jahre Vararanis Bischof und dankte 5 Jahre hernach auf einem Synodo ab.

16. Isaac, Tamuz Anverwandter, hielte, nach dem constantinopolitanischen Concilio, einen Synodus zu Seleucia wider Macedonium [Renaudot. Liturg. Orient. T. II. p. 272] und starb 728.

17. Achäus wurde von Jezdegerde an den persischen König Sapor gesandt, war Abdä Schüler und schrieb eine Geschichte der persischen Märtyrer.

18. Iaballah wurde im 16 Jahre Jezdegerdis erwählt, saß 5 Jahre und starb ehe noch Jezdegerdes eine Verfolgung deswegen über die Christen verhängte, weil der Presbyter der Huziten Hoseas, ein Pyreum, das an die Kirche stieß, niederreissen ließ.

19. Maanes, Bischof in Persien, wurde aber wegen des Nestorianismi abgesetzt. Er ist der Maanes, der an der Schule zu Edessa stund und nach deren Zerstörung Bischof von Hardascir

daseir wurde, s. S. 100. f. Da aber das Chronicon von Edessa die Zerstöhrung dieser Schule ins J. 800 setzt S. 136. gleichwol Maanes unter Theodosio lebte: so glaubt Assemann, daß die Schule zuerst unter Rabula und Theodosio, das andremal unter Cyro und dem Kaiser Zeno vertrieben worden sey.

20. Marabochtus, brachte es bey Vararane durch Geld dahin, daß er erwählt wurde. Die Bischöfe ergriffen die nächste Gelegenheit ihn zu stürzen, daher er nicht lange saß.

21. Dadiesu. Der König von Persien warf ihn ins Gefängniß. Theodosius befreyte ihn durch seine Gesandten. Er saß von 741-776.

22. Babuäus, ein Magier, der ein Christ wurde. Er entschuldigte sich wegen der im Schwange gehenden Unordnungen seiner Bischöfe bey den occidentalischen Bischöfen damit, daß er unter einer unglaubigen Regierung stünde. Wegen diesen Ausdruck und durch Barsumas Verrätherey ließ ihn Pherozes am Finger aufhängen und tod peitschen. Barsumas wüthete hierauf gegen die Orthodoxen und hielt drey Concilia zu Adri, Ctesiphon und Seleucia. Amrus, der nichts auf Barsumam kommen läßt, giebt die Excommunication eines Gabriel Singarensis wegen Poligamie zum Grunde von Babuäi Tode an. Dieser Gabriel aber lebte unter Chosroe.

23. Acacius. Unter ihm kam eigentlich der Nestorianismus im Oriente auf. Bey seiner Gesandtschaft im Namen des persischen Königs an den Kaiser suchte er sich zwar von dieser Beschuldigung frey zu machen und versprach Barsumam abzusetzen; fand ihn aber bey seiner Rückkunft schon tod. Pherozes starb 798. Balasces folgte ihm und diesem 801. Cavades. Nach dem Amrus starb Acacius im gr. J. 807.

24. Babäus ein Laye mit Frau und Kindern kam 809 zur Würde und machte, wie selbst Amrus bekennt, die Verordnung: daß bey Strafe der Absetzung alle folgende Catholici sich Weiber nehmen sollten. Ingleichen sollten Bischöfe und Presbyters, wenn ihre Frau stirbt, sich eine andere beylegen. Unter ihm lebte Abraham der grosse, Stifter des Mönchlebens bey den Chaldäern und der Arzt Johannes Mesue. Babäus starb 814.

25. Sila, verheurathete seine Tochter an seinen Nachfolger Elisäus und starb unter Cavade.

26. 27. Elisäus zu Seleucia, bekam an Narses zu Ctesiphon einen Gegner; warf ihn aber durch königliche Hülfe ins Gefängniß wo er starb. Die Bischöfe verdammten beyde. Währent dieser Unordnung suchte Simeon von Betharsam in Persien und Sennaar den Nestorianismum auszurotten und ließ es sich von den

Arme-

Armeniern, Griechen und Syrern schriftlich geben, daß sie keine Nestorianer wären. Diese schriftliche Erklärung brachte er dem Cavades der sie mit seinem Siegel versehen und zu Tagrit unter dem Namen, Bekänntnißschrift (כתבא דטליו) niederlegen ließ. Im J. 843 starb Cavades. Sein ihm folgender Sohn Chosroes Anuscervanus belagerte 855 Edessa vergeblich und nahm die auf dem Lande Wohnenden mit nach Persien. Dies waren meistens Monophysiten, daher sich diese nun im Oriente ausbreiteten. „Aber doch hatten sie damals nur einen Bischof im Oriente; nemlich den Cares [Mares], zu Sigara. Bey den Armeniern war um diese Zeit Mar Christophorus, ein Syrer, Catholicus.„

28. Paulus, wurde nach Elisäi Absetzung erwählt, hatte Frau und Kinder, und saß ein Jahr.

29. Aba I. Mar Aba. Anfangs ein Magus, bekehrte sich zur christlichen Religion, lernte Syrisch und Griechisch, übersetzte vieles ins Syrische unter Anführung eines Thomas, den Barhebräus vom Thomas Heracleensis unterscheidet. Chosroes befahl ihm entweder ein Magier oder orthodoxer Christ, nur kein Nestorianer, zu werden. Da er dies nicht thun wollte: so wurde er nach Ardobiganum verwiesen und da er ohne königliche Erlaubniß nach Seleucia kam, daselbst gefangen gesetzt. Von 847 - 863.

30. Joseph, Arzt des Chosroes wurde 863 erwählt, 3 Jahre darauf abgesetzt und starb nach 9 Jahren zu Anbara.

31. Ezechiel von 878 an, saß 13 Jahr. Unter ihm grassirte die Pest im Orient; er schrieb daher ein dreytägiges Fasten aus, worauf sich solche legte. Er verordnete zugleich daß es jährlich sollte gehalten werden. Aus Nachahmung nennte man es das ninivitische Fasten. Unter ihm lebte Jacobus Baradäus, allgemeiner Metropolite. Als dieser in den Orient kam: so setzte er Achudemum zum Metropoliten des Orients. Daher entstunden von der Zeit an im Oriente zwey Primate, ein nestorianisches und jacobitisches, die nun Barhebräus beide fortführt.

I. *) Achudemus von 870. Primas des Orients, predigte ehehin den scenitischen Arabern. Weil er aber auch die Magier zu bekehren suchte: so ließ ihm der persische König 886 den Kopf abschlagen.

II. Kamiesu saß 31 Jahre bis 920.

32. Jesuiab, Bischof von Arzun, folgte dem Ezechiel 892 und starb zu Maadda.

33. Sabariesu aus Bethgarma 907 saß 8 Jahre.

34. Gregorius aus Cascar, Lehrer an der Kirche zu

*) Die römische Zahl ist also die Zahl der jacobitischen Maphrianen.

zu Molk im J. 923. oder nach Amrus 918. starb 927. oder nach Amrus 921.

III. Samuel von 925 935.

35. Jesuiab II. nahm sich der Wissenschaften sehr an. Siroes sandte ihn an den Kaiser Heraclius, bey welchem er sich stellte, als hielte er es mit der griechischen Kirche. Seine Kirche wollte ihn deswegen verwerfen: da er aber den königlichen Schuz hatte; so konnte man ihm nichts anhaben. Unter ihm stand Mohamed auf. Diesen bathen Jesuiab und Sald, Fürst von Nagran, daß er ein Bündniß zwischen den Christen und Arabern sollte errichten lassen. Mit vielen Geschenken erhielten sie: daß die Araber die Christen vertheidigten, nicht zum Abfall zwingen und den Priesterstand nicht mit Auflagen beschwehren sollten, vielmehr diese die Erlaubniß haben sollten, selbst mit Beyhülfe der Araber, Kirchen zu erbauen, und ohne Gefahr sich bey den Arabern aufhalten zu können. Eben dies erzählt Amrus, der noch bemerkt, daß das arabische Reich im gr. J. 935 angienge, das persische aber nach einer Dauer von 385 Jahren aufgehört habe.

IV. Maruthas zu Tagrit. Er ist eigentlich der erste jacobitische Primas des Orients; denn die vorhergehende dreye hatten keinen gewissen Siz. Im J. 940 da die Perser und Römer Friede gemacht hatten, schickte der jacobitische Patriarch Athanasius den Diaconus Johannes an den König von Persien. Johannes bath auf seiner Durchreise die Mönche des Klosters S. Matthäi, sich dem Patriarchen zu unterwerfen. Diese waren dazu willig, schickten eine Gesandtschaft an Athanasium und baten ihn einen Primaten des Orients zu erwählen. Athanasius überließ es ihnen, nach dem Schluß des nicänischen Conciliums. Sie wählten also den Maruthas, und gaben dem Maphrian zu Tagrit die Bisthümer Arabien, Sigara, Maalta, Arzun, Suma, Bethrama, Charma, Gozarta, Carduca, Nuhadra, Pherozsapor, Sciaharzul, und die christlichen Araber unter den Taalabensischen Sceniten; dem unter ihm stehenden Metropoliten des Klosters S Matthäi aber blos Ninive. Maruthas starb 960.

36. Maremes von Arzun, vorher Metropolite von Gandisapor; saß von 958 an 3 Jahre.

37. Jesuiab III. Adiabenus [arab. Hazensis] von 962-971.

V. Denha, war der erste Maphrian, den der Patriarch von Antiochien Theodor, nach gepflogener Communication mit den orientalischen Bischöfen, ordinirte; um es dadurch dem alexandrinischen Patriarchen in der Ordination eines abeßynischen Metropoliten gleich zu thun. Er saß von 960 an 10 Jahre.

38. Georgius von 972-992.

VI. Bariesu, von 980-995.

39. Jo-

39. Johannes, Marthä Sohn, Metropolite von Gandisapor. Nach Barhebräo kam er im zweyten Jahre des Califen Jazids zur Würde; dies ist nach Amrus das 993 J. Dionysius sagt aber Jazid wäre 988. zur Regierung gekommen. Es muß also Johannes 990 Patriarch geworden seyn, zumal da Thomas Maragensis in seiner Geschichte der Mönche Johannem in das Jahr setzt, in welchem Hosain starb, und dies das 990 J. war. Johannes saß 2 Jahre.

40. Ananiesu von 995 [Amr. 997. Barhebr. 996. im Jahr der Hegira 67.] Bekam an Jesuiab Bischof von Bostra und an Johanne dem Aussätzigen, Metropoliten von Nisibis, im siebenten Jahre seines Patriarchates Nebenbuhler. Den ersten ließ er gefangen setzen; der andere aber, machte ihn, da er den Califen zum Freunde hatte, viel zu schaffen. Ananjesu wurde so gar von ihm gefangen und von einem Berge herab gestürzt. Hier fanden ihn Hirten, die ihn wieder zurecht brachten. Johannes konnte aber dem Califen den aufgelegten Tribut nicht bezahlen. Er kam also ins Gefängniß. Ananiesu hingegen nahm vom Patriarchate bis 1010 Besitz. Unter ihm kam das Fasten der h. Jungfrau auf, welches die Orientalen 3 Tage nach Epiphanias halten. Man sagt nemlich, daß Abdalmelech, Mervans

Sohn, viel von der Schönheit des Frauenzimmers zu Hirta (חירתא) gehört habe. Aus Begierde schickte er zum Vorsteher der Stadt und ließ ihm sagen alle mannbare Frauenzimmer zusammen zu bringen. Dieser vollzog den erhaltenen Befehl. Die Christen suchten die Schande durch angeordnete Gebete abzuwenden. Am dritten Tage verkündigte ihnen ihr Bischof Johannes, da er eben das Evangelium las, Abdalmelechs Tod. Seine Vorherverkündigung wurde kurz darauf bestättiget. Deswegen feyert man dieses Fasten *).,, Andere erzählen es vom Abraviz oder Chosroes.

41. Johannes der Aussätzige, Bischof von Cadna, Erzbischof von Nisibis, war nicht gar 2. Jahre Patriarch und lebte bis 1025.

VIII. David, saß nur 6 Monate. Nach seinem Tode verlangten die Mönche des Klosters Matthäi von ihrem Metropoliten Johannes, daß er ihnen einen Maphrian setzen sollte. Da dieser aber nicht in die patriarchalischen Rechte greifen wollte: so schickte er die Mönche allein an den Patriarchen. Zur Strafe soll die Pest die Mönche geängstet haben.

IX. Johannes, der alte, wurde darauf selbst vom Ma-

*) Eben dies erzählt Elias Damascenus, der aber doch die erste Veranlassung in einem Brande, am Epiphanias, zu Hirta findet, auf welchem obige Begebenheit folgte.

Maphrian erwählt, und saß ein und ein halbes Jahr. Er starb 999.

X. Denha II. kam 999 zur Würde und hatte solche bis 1039.

42. Saliba Zacha, zu Carchane in Tirhan gebohren. Johannes der Aussätzige hatte ihn von seinem Bisthume Anbara vertrieben. Der Metropolite zu Nisibis Sabariesu nahm sich seiner an und durch dessen Vermittelung wurde er auch 1025 Patriarch. Er ließ Johannis Name aus den Diptychis thun, und ordinirte die von selbigem Ordinirten nochmals. Er saß 14 Jahre bis 1039.

XI. Paulus, Presbyter von Canoscia in Sigara, starb 1068.

43. Phetion, Bischof von Tirhan, ein Liebhaber der Wissenschaften, starb im Jahr der Hegira 123 [J. C. 741] nach 11 jährigem Patriarchate.

44. Aba II. Brichsebian aus Cascar, von 1053 an, saß 10 Jahre und wurde 110 Jahre alt.

45. Surinus, drang sich mit Gewalt ein 1065. wurde aber abgesetzt und von seinem Nachfolger zum Metropoliten von Bostra gemacht.

46. Jacob, Metropolite von Gandisapor, mußte bey seiner Erwählung 1065 sich durch Handschrift verbindlich machen, die Canones zu halten. Der Calife Abugiaafar sperrte ihn 9 Jahre ins Gefängniß. Er saß 19 Jahre.

XII. Johannes Bionita, Mönch zu S. Matthäi. Gregorius setzte ihn ab.

47. Ananiesu II. Bischof von Dokuka von 1085 saß 4 Jahre.

48. Timotheus I. Bischof von Bagas saß 43 Jahre.

XIII. Joseph, kam an Johannis Stelle und starb nach etlichen Monaten.

XIV. Sarbelius Bischof von Carsabach, saß wenig Jahre.

XV. Simeon aus Bedia. Cyriacus mußte ihn absetzen.

XVI. Basilius von Balad, starb 1141. Er sollte den Patriarch Dionysium I. ordiniren; die Tagritenser aber brachten es dahin, daß es Theodosius Bischof von Callinicum thun mußte.

49. Josua Barnun von 1131 - 1136 wo er 84 Jahre alt war.

50. Georgius Ebn Alsiach aus Maraga, Mönch zu Bethabe, hernach Metropolite zu Gandisapor. Von 1136 an, saß 4 Jahre.

51. Sabariesu aus Nuhadra, saß bis 1147.

52. Abraham, aus Maraga, saß vom Jahr der Hegira 222 an 12 Jahre 10 Monate. Unter ihm 235 J. d. H. erregte der Calife Motuacchel eine harte Christenverfolgung.

XVII. Daniel von 1141 - 1145.

53. Theodosius, saß 5 Jahre, starb 1170.

XVIII. Thomas von Tagrit, verdammte den Bischof

schof von Behrin, Geprgium, weil er sich die Dioces Charma zueignete. Die Charmenser liessen dafür den Maphrian 8 Monate einsperren. Georg wurde endlich ein Mameluck. Thomas starb im 13 J. 1157.

XIX. Basilius II. [sonst Lazarus Stylita.] Er zankte sich mit seinem Patriarchen Johannes, der unter dem Schuz des Califen einen neuen Maphrian, Melchisedek, ordinirte. Basilius wollte hierauf den Patriarchen ebenfalls absetzen, starb aber 1180. zu Nisibis, und

XX. Melchisedek aus Ephrämia in Telaphar folgihm 40 Tage darauf im Tode nach. Johannes hielt zu Caphartuta einen Synodus auf welchem er Basilium frey sprach.

54. Sergius von 1171 - 1183 den 21 Sept. Unter ihm gab Honain, Isaacs Sohn, ein nestorianischer Medicus, einem andern Medicus Israel von Thiphur wegen des Bilderdienstes beym Califen Motuacchel an. Man fand auch das Bild der Mutter Gottes bey ihm. Israel verlangte, daß, wenn Honain das Bild für ein Götzenbild hielte, so sollte er es anspeien. Da dies Honain nicht thun wollte: so fragte der Calife den Catholicum: ob er dies Bild annehme? und wenn dies, wie der zu bestrafen der es anspie? Der Catholicus erklärte es für kein Götzenbild, sondern für das Bild der Mutter unseres Herrn, wer es verachtete müßte excommunicirt wer-

werden. Der Calife ließ das Urtheil an Honain durch den Patriarchen vollziehen *).

XXI. Sergius ein Mönch von Aluch von 1183-1194. Da man ihn nicht zur Wahl eines neuen Patriarchen einlud; so verwarf er solchen: mußte aber, weil er einige widerrechtlich ordinirte Bischöfe einsetzte, gleiches Schicksal von den Tagritensern erfahren.

55. Enos, von 1188-1195.

56. Johannes, Barnarses, von 1196-1203.

XXII. Athanasius, [sonst Sergius] aus Tagrit, von 1198-1215. Er wehrte sich gegen Zebina, den erwählten Patriarchen der Hassassaniten, die wegen der liturgischen Worte: wir brechen das himmlische Brod ꝛc. waren excommunicirt worden, und sich, durch Hülfe des Vizirs von Tagrit, diese Stadt unterwerfen wollten.

57. Johannes, Theodosii Bruders Kind, von 1203-1209. Man hielt ihn für würdig, weil er bey der Wahl die Homilie des h. Gregorius vom heiligen Geiste auswendig hersagte.

58. Johannes, Bar Isá, sonst Barhagir von 1211-1216.

59. Abraham III. Abraza, Secretär des Califen und

*) In der Historie der Dynastien steht diese Geschichte auch, aber unter Theodosio. Denn Sergius kam erst nach Motuacchels Tode zum Patriarchate.

und Bischof zu Maraga. Er brachte es bey den Mohamedanern dahin, daß kein griechischer Metropolite in Bagdad mehr seyn durfte: sondern blos zuweilen ein Bischof die dasigen Griechen besuchen und dann wieder in sein Bisthum zurück kehren sollte. Dies mußte der griechische Patriarch zu Antiochien Elias schriftlich versprechen. Abraham saß von 1216 an 32 Jahre. Er war sehr geizig. Auch verlegte er das Hochopfer bey den Nestorianern von der dritten Stunde, auf die Abendstunden des Sonnabends und Sonntags; weil nach dem Hochopfer in der 40 tägigen Fasten die Schmausserenen eingerissen waren.

XXIII. Thomas Stylita von 1223 saß 4 Monate.

XXIV. Denha III. von 1225 - 1245.

60. Emmanuel aus Balad, von 1249 - 1271.

XXV. Basilins III. von Nisibis, ein Weltpriester von 1250 an, saß 24 Jahre.

XXVI. Cyriacus, Horanus, tagritensischer Presbyter zu Nisibis vom 351 - 369. J. d. Heg.

61. Israel aus Gedan von 1273 saß 110 Täge.

62. Ebediesu aus Gedan von 1274 - 1297.

XXVII. Johannes, Dinara Bar Jesu, aus Tagrit vom gr. J. 1291 - 1299.

63. Mares, Mar Tobi, Secretär des Naseraddaula, Mönch, hernach Presbyter zu Said in Mosul, dann Metropolite von Persien, endlich Patriarch von 1298 - 1311. Er war der

erste,

erste, der sich das Patriarchats Diplom vom Califen geben ließ.

XXVIII. Ignatius sonst Marcus Bar Chichi, Archidiacon zu Mosul, wurde 1302 ordinirt. Nach 25 Jahren wurde er im Ehebruch ergriffen, und gieng deswegen zur mohamedanischen Religion über. Im J. d. H. 392 verwüsteten die Mohamedaner die jacobitischen und nestorianischen Kirchen zu Bagdad. Ignatius begab sich 2 Jahre darauf nach Bagdad, um solche wieder zu erbauen. Jacobiten sowohl als Nestorianer nahmen ihn wegen seines mächtigen Anverwandten Bezza mit grossen Ehren auf. Dies verdroß den nestorianischen Patriarchen Johannes so sehr; daß er beym Califen den Befehl herausbrachte: es sollte nur der nestorianische Catholicus seinen Sitz zu Bagdad, so wie der jacobitische zu Tagrit haben; im Nothfall könnte letzterer nach Bagdad kommen, müßte aber nach verrichteten Sachen gleich wieder zurück kehren.

64. Johannes aus Gedan, Bischof von Sena, hernach Metropolite von Persien. Von 1312 - 1324. Ebedjesu Metropolite von Maru in Chorosan schrieb an ihn: „der König von Berit, d. i. der innern orientalischen Türken, verirrte sich auf der Jagd bey einem grossen Schnee in den Gebürgen. Er wollte schon verzweifeln, als ihm ein Heiliger erschien und sagte: wenn

du

du an den Messias glauben willst; so will ich dir einen Weeg zeigen, damit du nicht umkommest. Der König versprach es und erfuhr den Weeg, auf welchem er zu seinen Wohnungen kommen konnte. Hier befragte er sich bey den Christen wegen des Glaubens. Man sagte ihm, ohne die Taufe wäre alles nichts. Ausserdem also, daß er sich täglich mit dem von ihnen erhaltenen Evangelio beschäftigte, schickte er auch an mich, daß ich entweder selbst kommen, oder einen Geistlichen senden sollte, der sie taufte. Er erkundigte sich zugleich wegen des Fasten und fragte wie sie fasten sollten, da sie nichts weiter als Fleisch und Milch hätten. Er beschließt mit der Nachricht, daß noch 200000 mit ihm den Glauben annehmen wollten.„ Johannes befahl dem Ebedjesu ihnen zwey Presbyters und Diaconos, mit dem Zugehör eines Altars, zu schicken, sie taufen zu lassen und wegen des Mangels an Fastenspeisen ihnen die Milch zu erlauben.

65. Johannes, Barnazuth, aus Maaltaja von 1324 - 1331.

66. Jesuiab, Ezechiels Sohn aus Dorkena, Bischof von Kosra, maßte sich nach Barnazuths Tode von 1332 - 1337 der Würde an.

67. Elias I. aus Gedan, Bischof von Tirhan, von 1339 - 1360.

XXIX. Athanasius Abdalmessias, Diconus von

Edessa,

Edessa, starb 1352 nach 14 jährigem Maphrianate.

XXX. Basilius IV. aus Tagrit, kam 1357 zur Würde. Da die Occidentalen, ohne ihn und die Orientalen einzuladen, den Patriarchen Johannes erwählten: so erneuerte er mit Johanne den Vertrag; daß kein Maphrian ohne Patriarch erwählt werden sollte. Er starb 1370.

68. Johannes, Targals von Bagdad Sohn, Bischof von Kosra von 1361 - 1368.

69. Sabariesu Zanbur, aus Bethgarma von 1374 - 1383.

70. Ebedjesu aus Mosul, Areds Sohn, Metropolite von Nisibis. Von 1386 - 1401.

XXXI. Johannes Saliba von 1386 - 1417.

71. Machicha, Salomons von Bagdad Sohn, von 1403 - 1419.

72. Elias II. Mokli aus Mosul Sohn, von 1422 - 1443 *).

XXXII. Dionysius, sonst Moses, ein Mönch von 1423 - 1453.

73. Barsuma, aus Zebedäa in Nisibis, Bischof von Themanon. Von 1445 - 1447.

74. Ebedjesu, Elias II. Bruders Sohn, Metropolite von Bethgarma von 1450 - 1459.

75. Jesulab, aus Balad, Bischof von Hirta von 1460 - 1486.

76. Elias

*) Diesen läßt Barhebräus aus; wir haben ihn aus dem Amrus eingeschaltet.

76. Elias III. Abuhalim, aus Maipherkin, Bischof zu Nisibis. Von 1487 - 1501.

XXXIII. Ignatius [Lazarus] des Presbyters Hasans Sohn, Mönch im Kloster Sergii, von 1454 an. Er bat seinen Patriarchen Athanasium, daß er dem Maphrianat das Kloster S. Matthäi einverleiben sollte. Athanasius wollte es anfangs nicht thun; mußte aber doch endlich dem Schluß des von Johanne, Bischof von Marda, versammleten Synodus beytretten. Ein gewisser Presbyter Abraham, den Ignatius wegen der Ehescheidung abgesetzt hatte, gab ihn bey den Arabern an; als verbothe er die Heürath mit den Mohamedanern. Man setzte ihn zwar gefangen; da aber Abraham bald darauf starb, so wurde er seines Arrestes erlassen und gieng 1475 mit Tod ab.

XXXIV. Johannes von Sarug. Von 1476. Im Jahr 1489 begehrten die Hassassaniten, die sich seit des Patriarch Cyriaci Zeit *), wegen der Worte: wir brechen das himmlische Brod rc. von der jacobitischen Kirche getrennt hatten, wieder aufgenommen zu werden und verlangten einen Bischof. Das letzte schlug ihnen der Patriarch Michael aus Achtung gegen den Maphrian ab. Dieser aber nahm es übel, daß sie sich an den Patriarchen gewendet hatten,

*) Siehe oben S. 225.

ten, und wollte sie gar nicht annehmen; bis ihn endlich seine Geistlichkeit zwang, sich dem Patriarchen zu unterwerfen. 1499 dankte er freywillig ab, verlangte bald nachher seine Stelle wieder und starb gegen das Ende dieses Jahrs an einem Fall vom Dach der Kirche.

77. Jaballah II. Kaluma aus Mosul Sohn, Bischof von Maipheracta, hernach Metropolite von Nisibis. Von 1501 - 1533.

78. Sabarjesu, Jaballah Bruders Sohn, Bischof von Nuhadra, hernach Metropolite von Heza und Arbela. Von 1533 - 1536.

79. Sabarjesu, Messia von Bagdad Sohn, Metropolite von Dakuk und Bethgarma. Von 1537 - 1567.

XXXV. Gregorius, sonst Jacobus, des Patriarchen Michaels Bruders Sohn. Weil ihn der Patriarch ohne Zuziehung der Orientalen gewählt hatte: so setzten diese einen Gegenmaphrian an Charim, Masá Sohn. Beyde Partheyen blieben auf ihrem Sinn, beyden kostete es viel Geld an den Vizir von Mosul. Doch hatte Gregorius durch Uebernahme eines jährlichen Tributes von 2000 Goldgulden die Oberhand; ließ Charim gefangen setzen und war Ursache daß sein Bruder Josua Labeo Patriarch wurde. Er saß bis 1526.

XXXVI. Ignatius, sonst David, ein Mönch. Da ihn die Tagritenser mit vielen Freudensbe-

zeu-

zeugungen aufnahmen; so mußten sie desfalls schwehr Geld an die Mohamedaner bezahlen und Ignatius selbst wurde gefangen gesetzt. Er kam aber bald wieder los, und wurde 1533 der funfzigste Patriarch. Dies war das erstemal, daß ein Maphrian Patriarch wurde.

XXXVII. Dionysius, sonst Saliba, Bischof von Gozarta; blieb 1542 in einem Streite wider die Curden.

XXXVIII. Johannes, sonst Aaron Bar Maadani von 1543 - 1564. da er Patriarch wurde.

XXXIX. Ignatius, sonst Saliba, von Edessa. Als Bischof von Aleppo war er die vornehmste Stütze des Patriarchen Johannes Barmaadani [s. S. 251] der ihn zur Dankbarkeit zum Maphrian machte. Er starb 1569.

80. Machicha aus Glugabad in Nisibis von 1568-1576.

81. Denha aus Rostack, Metropolite von Arbela. Von 1577 - 1592.

82. Jaballah, von Geburt ein Türke, Metropolit von Tanchet. Von 1598 - 1620. Unter ihm lebte Ebedjesus Sobensis."

* * *)
* * * * *

U 2 84. Den-

*) Bis hieher gehen die Patriarchen aus Barhebräo, Mares und Amrus. Die folgende findet man hin und wieder in Mssten. Und ob gleich ihre Folge eigentlich in den dritten Abschnitt gehörte: so

83. Timotheus II. von 1629.

84. Denha saß 1671 hatte mit den jacobitischen Patriarchen Athanasius wegen Dioscorus Bar Kainan Streit.

85. Simeon saß 1789.

86. Simeon schickte 1801 nestorianische Bischöfe nach Malabar. Er starb 1813.

87. Elias, folgte Simeoni und starb 1815.

88. Simeon.

89. Simeon, mit seinem Bruder Jesuiab, lebte 1842 nach seinem Tode war 1850 sein Bruder Vicarius.

90. Simeon, vorher Jesuiab, Mamá Sohn, lebte bis zum J. C. 1551.

91. Simeon, Denha Barmama, Simeons Bruders Sohn, saß im J. C. 1552. Er war Sulaka Gegner [der sich nach S. 172 zu Rom ordiniren ließ] und ließ ihn auch zu Caramit durch die Mohamedaner J. C. 1555 umbringen. Er starb 1659. Unter ihm entstand also noch eine Folge von Patriarchen, die sich zu Rom ordiniren liessen. Diese sind:

Johannes Sulaca S. 172.

Ebedjesu von 1555 J. C. S. 173.

Ahatallah oder Jaballah, hatte zwar keine Confirmation von Rom, ward aber doch angenommen und starb im J. C. 1580.

Si-

so haben wir solche doch, da wir sie einmal aus Barhebräo anfiengen, nicht zertheilen wollen.

Simeon Denha.

Simeon folgte dem Denha J. C. 1600.

Simeon J. C. 1653.

Die Nachfolger Simeons Barmama waren:

92. Elias vom J. C. 1559. Er schickte 1586 sein Glaubensbekänntniß nach Rom. Sixtus V. verwarf es wegen der nestorianischen Irrlehren. Nach ihm haben alle Patriarchen den Namen Elias.

93. Elias vom J. C. 1591 - 1628. s. S. 174.

94. Elias, sonst Simeon, vom J. C. 1629 - 1659. Er trennte sich wieder von der römischen Kirche. Doch schrieb er 1657 an die Congregation de propaganda fide und bat die Gebräuche der Chaldäer ungeändert zu lassen, auch ihnen in Rom eine Kirche einzuräumen.

95. Elias, sonst Johannes, des Presbyters Marvagii Sohn wurde 1660 im 15ten Jahre Patriarch. Er starb 1700.

96. Elias, Marughäus von 1700 - 1722.

97. Elias, Denha, lebte noch 1725.

Seit Elias, Marvagii Sohn, Zeit haben die Catholicken ebenfalls ihre Patriarchen, die den Namen Joseph führen und so folgen:

Joseph I. Metropolit von Amida oder Caramit und Diarbek vom Pabst Innocentio XI. 1681 ordinirt. Legte 1695 die Würde freywillig nieder und starb zu Rom.

Joseph II. aus Telcepha von 1695 - 1713.

Joseph III. vorher Timotheus Bischof von Marda, confirmirt von Clemens XI. 1714. lebte noch 1725 zu Amida.

Die oben Seite 307 abgebrochene Folge der jacobitischen Maphrianen ist:

„XL. Gregorius Barhebräus.

XLI. Gregorius Barsuma, Barhebräi Bruder vom gr. J. 1599=1619.

XLII. Gregorius Matthäus von 1628 - 1656. Nach seinem Tode kam 1671 Dioscorus Jacobus Barkaina aus Hatach, Bischof von Damascus zu dem Patriarchen Ismael oder Ignatius II. und bath ihn um das Maphrianat. Da der Patriarch es nicht ohne Beystimmung der Orientalen vergeben wollte: so zahlte er dem Herrn von Marda, Salech, eine Summe Geldes, gewann den nestorianischen Patriarchen Denha, begab sich ins Kloster Matthäi, ließ von Mönchen die Personen des Patriarchen und der Bischöfe vorstellen und sich ordiniren. Da man ihn aber nicht annahm: ließ er sich vom cilicischen Patriarchen Basilius 1672 die Hand auflegen; wurde aber bald darauf wegen eines erhobenen Religionsdispütes mit den Emirs, zu Bagdad verbrannt und in den Euphrat geworfen. Nach dessen Tode ordinirte Ismael seinen bisherigen Syncellum.

XLIII.

XLIII. Athanasius Abraham 1676 zum Maphrian der bis 1700 gr. J. lebte.

XLIV. Basilius Behenam aus Hebla von 1715-1723 wo er Patriarch wurde.

XLV. Dioscorus Behenam ein Araber von 1726-1728.

XLVI. Basilius Barsuma, Syncellus des Patriarchen Basilius Behenam von 1733-1766.

XLVII. Cyrillus Joseph Barnisan, Bischof von Damascus von 1769 an, saß wenige Tage.

XLVIII. Basilius Aziz, des Patriarchen Calephs Schwester Sohn aus Seered von 1782-1798.

XLIX. Noe, von Libanon von 1800-1805 da er Patriarch wurde.

L. Abraham aus Atta von gr. J. 1807 an."

Weiter geht der Anhang zum Chronicon des Barhebräus nicht.

Dioscorus.

Hieß auch Gabriel Bartelensis, Mönch im Kloster Matthäi. Gregorius Barhebräus machte ihn im J. C. 1285 zum Bischof von Gozarta. Er schrieb eine Liturgie. Renaud. Lit. Or. T. II. p. 492.

Barkainan, Severus zu Kenserin, Johannes Saba.

Der erste unter Ignatio II. s. S. 310. der andere ums J. C. 950, der dritte ums J. C. 990 schrieben blosse Liturgien.

Daniel,

ein Presbyter.

Von Geburt ein Syrer, lebte zu Barhebräi Zeit, den er seinen Maphrian nennt. Er schrieb ein Breviarium oder einen Auszug der kirchlichen Verfassung der Jacobiten in arabischer Sprache und verschiedene Auszüge aus Barhebräi Schriften.

Ignatius, sonst Joseph Barvahib,

Patriarch.

Siehe S. 281. Seine Anaphora steht beym Renaud. l. c. p. 528. Schulting. T. III. p. 106.

Ignatius Behenam,

Patriarch.

Hieß eigentlich Basilius. Wurde im gr. J. 1715 von Ignatio IV. Bargarib zum Maphrian gemacht und folgte ihm in gr. J. 1718 im Patriarchate. Zwar wählten die Bischöfe Dioscorum Behenam; da aber Basilius noch zu rechter Zeit, vor der Ordination ankam: so lies man es, da damals schon der Maphrian der nächste Candidät zum Patriarchate war, auf des Califen von Marda Entscheidung ankommen, der unsern Ignatius wegen seiner Jugend vorzog. Er schrieb verschiedene Gedichte und eine Anaphoram.

Noe,

Patriarch.

Wurde in Bacupha am Libanon im gr. J. 1762 gebohren, von Johanne Barsila 1801 zum Maphrian gemacht und folgte ihm 1805 im Patriarchate.

Er schrieb syrische Gedichte, einige arabische Reden und faßte unter andern die orientalische Historie folgendergestalt ins Kurze: „Nach der gemeinen Rechnung sind vom Fall Adams bis auf das gegenwärtige gr. J. 1807 in allen 6987 Jahre verflossen. Seth wurde vor 6969 Jahren gebohren. Vor 5808 Jahren wurde Henoch ins Paradies versetzt und die Astronomie erfunden. Seit Noahs Sündfluth sind 4570 Jahr. Vor 3539. J. war Abraham Gottes Freund. Moses unterredete sich mit Gott vor 3272. David der Prophet lebte vor 2538. Salomon sein Sohn vor 2479. Alexander bicornis vor 1807. Jesu Christi Geburt geschahe vor 1498. Seine Himmelfarth vor 1465. Mohamed wurde vor 950 gebohren und seine Hegira fieng vor 901 J. an. Abubeker folgte ihm und starb vor 885. Omar 884. Othman 875. Ali 863. J. Vor 857 J.

 wur-

wurde Mavias der erste Calife aus dem Stamme der Ommiaden. Mit Saphah fieng sich vor 717 das Regiment der Abbasiden an. Auch war Mosalma berühmt. Bagdad wurde unter Almansor Abbasid vor 645 gebaut. Vor 448 fieng Gelaleddin, der erste Salgiukische Calife, die Regierung an. 432 gieng das Artakidische Regiment an. 431 regierte Negemaddin, der Eroberer von Marden. 285 wurde Marden wieder erbaut. 245 regierte Gengis Chan, König in Mogul. 235 regierte Hulach Chan, der Bagdad eroberte und den Califen Mostasemum umbrachte. 168 wurde Bagdad überschwemmt, auch starb Aves Bech. — — 112 starb Biram Chovagia. In Persien regierte Timur Bech. 110 fiel Timur in Abarr ein. 103 eroberte er Bagdad, verheerte Diarbek, Zarkia, Amida und Marden, 96 Charcham, Damascus — 90 schlug der Emir Othman die Armee des Giachams bey Amida, wobey Daher, der Marden besaß und sein Vizir Phiad blieben. — 87 starb der Herr von Aegypten Pharag. Othman nahm Cannach ein. 97 fiel das Treffen zwischen Othman und Joseph bey Argan vor — 75 kam Emir Sciaharuch auf. Emir Scander nahm Tabriz weg. 67 schlug Asraph eine hölzerne Brucke in Hesna — 62 starb Othman. 59 schlug Hamza, Othmans Sohn Ailan und Aspahan. 52 starb Hamza. 49 entriß Giahansciah Bagdad dem Sohne Chammar.

45 be-

45 belagerte Rostambech vergeblich Marden und Amida, so wie vor 41 J. Hosanbech Hesna, der aber vor 39 J. den Rostambech bey Amida schlug, umbrachte, selbst vor 34 J. zur Regierung kam und vor 19 Jahren starb. Vor 18 kam Sultan Chalil, Hasans Sohn, um, und Jacobbech erhielt die Regierung. 16 kam Bascius zu Edessa um. — 7 starb Ibrahim zu Marden, 5 aber Jacobbech, Joseph, Salgiuch u. a. Vor 4 J. regierte Rostambech, vor 3 brachte Solimanbech, der Sohn des Bech Jacobs, Basankor um. Vor 2. J. flohen die Bavari [d. i. Araber] die dem Ali unterthan waren.„

Kurze Geschichte der Monophysiten.

Wir halten es nicht für undienlich den Innhalt der Assemannischen Dissertation de Monophysitis die vor dem II. Band stehet, zu liefern, und eine allgemeine Idee der monophysitischen Kirche zu geben. Die Monophysiten entstunden in der Mitte des 5. Säc. Eutyches legte den Grund. Zwar nehmen die meisten heutigen Monophysiten seine Vermischung der Naturen nicht an; aber die ersten Urheber derselben, Dioscorus und Barsumas, suchten solche destomehr zu vertheidigen. Die Lehrsätze Eutychis breiteten sich bald in Aegypten durch Dioscorum, im Oriente durch Barsumam und dessen Schüler aus. Xenaias von Mabug, Petrus Fullo, Zeno und Anastasius reformirten Barsumä Lehren wie solche heut zu Tage die Jacobiten haben. Besonders gab sich Jacobus Baradäus so viele Mühe, daß man diese Secte nach seinem Namen zu benennen anfieng S. 201. In Nubien und Aethiopien breitete sie der Patriarch von Alexandrien Theodosius, und in Arabien Jacob Baradäus aus. Nairon. in Evopl. P. I. c. 2. n. 7. hat schon bemerkt: daß diese Länder in den Gebräuchen, so wie in der Sprache sich unterscheiden; ob sie gleich in der Hauptsache einerley Religionsprincipia haben. Jede Nation hat ihre eigne Patriarchen *). Die

Ae-

*) Die Armenischen liefert Galanus Tom. I. Concili-

Armenier verbanden sich zwar auf den Thevinensischen Concilio im J. C. 726 mit den Syrern: Die Einigkeit dauerte aber nicht lange. Mit den Aegyptiern sind die Syrer noch etwas besser vereiniget. Nach einigen Streitigkeiten, leben sie jetzo in Friede und ihre Patriarchen schicken sich einander Synodalia und Glaubensbekenntnisse. Barhebräus hält die Streitigkeiten zwischen den Jacobiten und Maroniten blos für theologische Meynungen. Aber die römischen Päbste haben doch nicht leicht Jacobiten angenommen; wenn sie nicht aufrichtig abschwuren. Dies thaten die Jacobiten nicht leicht. Daher billigte der Patriarch Ignatius Mosis Mardeni Glaubensbekenntniß nicht S. 172.

Vor Alters waren sie in verschiedene Secten getheilt *). Sie heissen überhaupt Monophysiten, Eutychianer, Dioscorianer, Severianer, Jacobiten, Timotheani, Theodosiani nnd Zweifler. Die Hauptsecten sind:

1. Eutychianer, die die Fortdauer der menschlichen

ciliat. Eccl. Armenae cum Romana. Die Syrischen stehen in unsrem Auszug S. 266. Die Aegyptischen Abr. Ecchellensis und Renaudot. in hist. Patriarch. Alexandr.

*) Davon Liberatus Diac. in Breviario. Leontius Byzant, de Sectis. Timotheus de recept. haeretic. Ioh. Damascenus de haeresibus.

chen Naturen in Christo leugnen. Sie heissen sonst Phantasiasten und Doceten.

2. Acephali, die Zenonis Henoticum nicht annehmen. Unter sie gehören die Anthrapomorphiten, die Gott eine menschliche Gestalt beylegen; die Barsanuphiten und Esaiannisten, die sich wegen der Ordination Barsanuphii und Esaiä von den andern trennten.

3. Julianisten, von Juliano Halicarnassäo, sonst Caianiten. Sie halten es mit den Eutychianern und nehmen den Satz an, daß Christi Leib unverweßlich. Einige davon sagen er sey geschaffen und unverweßlich; andere ungeschaffen und unverweßlich: noch andere bleiben bey der blosen Möglichkeit des Satzes stehen. Diese Secte breitete sich weit aus. s. S. 211.

4. Theopaschiten. Man bürdet ihren Irrthum fälschlich Petro Fulloni und den Jacobiten auf.

5. Severianer, die Severo von Antiochien folgten. Sie theilen sich wieder in Agnoeten, die aber von Jacobiten verworfen werden; Condobauditen, vom Orte so genennt, die Christo, als Menschen, die Allwissenheit absprechen; Paulianiten, von Paulo Nigro, die eine ungleiche Dreyeinigkeit statuiren; Damianiten ihre Gegner, von Damiano; Petriten von Petro Callinicensi S. 202; Cononiten von Conon S. 268; Tritheiten oder Philoponiaci von Johanne Grammatico S. 276; Sergianer von Petri

tri Gegner; Niobiten von Stephano Niobita: Cedrenus An. 12 Heraclii.

Ein Anhang derselben sind die Monotheleten, die sich aber dadurch unterscheiden, daß sie zwo Naturen und einen Willen in Christo annehmen.

Was die Lehrsätze der syrischen Jacobiten betrift: so nehmen sie in Christo nur eine Natur, aus der Gott- und Menschheit ohne Vermischung und Vermengung zusammengesetzt, an, und bedienen sich des Ausdrucks: aus zwo Naturen, nicht in zwo Naturen, bestehe Christus S. 184. Nach der Hand setzten sie statt Natur gar Person. S. 228. Von der Dreyeinigkeit sind sie selbst verschieden. Einige wie Xenaias S. 182 leugnen den Ausgang des heiligen Geistes vom Sohne. Andere wie Barhebräus erklären die Stellen der Schrift blos von einer Offenbarung in der Zeit durch den Sohn. Noch andere wie Dionysius III. Patr. haben die orthodoxe Meinung. Daß sie aber die Dreyeinigkeit leugnen sollten, ist ein falsches Vorgeben, das durch hin und wieder von uns angeführte Stellen sich wiederlegt. Von den Sacramenten ist so viel richtig, daß sie auch die Firmelung, die Handauflegung, die Beicht ein Sacrament nennen *). Die Meynung vom Abendmahl ha-

*) Da wir diesen Auszug nicht zu einem Kampfplaz machen wollen: so werden wir Assemannen nicht wiederlegen; wenn er behauptet, daß sie 7. Sa-

haben wir S. 233 und 239 geliefert. Die Taufe haben sie ohne vorhergehende Beschneidunng **), verbinden aber damit die Firmelung, welches Assemann aus den Ritualen und den über die Firmelung geschriebenen Commentariis Joh. von Dara, Gregor. Barhebr. und anderer beweisen will. Die letzte Oelung soll ihre Formulare in den Ritualen haben. Die Ehescheidung lassen sie aus wichtigen Ursachen zu. Von der Beicht haben wir S. 238 und 278 geredet. Ihre Ordination wird vom römischen Stuhle nicht leicht in Zweifel gezogen. Die unordentlichen, dergleichen wir einige angeführt haben, werden von ihnen selbst nicht gebilliget. Wenn man sich zu Rom stellt, als nähme man sie nicht an: so ist es blos ein Versuch; ob sie würklich ordiniret worden sind. s. Abr. Mülleri Symbol. Syriaca p 9. 23. 36. Vom Zustande der Seelen nach dem Tode, lehrt Barcepha, Barhebräus und andere wie Dionysius S. 237. Ob aus Barhebräi Worten, im Buche der Strahlen Tract. V. das Fegfeuer folge; mögen die Leser selbst urtheilen: „Eine fromme Seele, die der Liebe des Leibes nicht ergeben war, wird, so bald sie abscheidet, des himmlischen Reiches, d. i. einer Menge himmlischer Kräfte, theilhaftig. Ist sie aber in

mit

Sacramente annehmen. Wir können dies nicht wohl thun: da uns die eigne Einsicht in die syrischen Manuscripte verwehrt ist.

**) Die nur bey den Aegyptiern und Aethiopiern ist.

leibliche Begierden verflochten, wie der bekennende Schächer: so kommt sie in das Paradies Eden. Wenn hier nach und nach die leiblichen Affecten verbessert worden; so erlangt sie einen Grad des Reiches in der Auferstehung. Eine böse Seele wird von den bösen Engeln, d. i. den Teufeln gefangen genommen und in die unterirrdischen Oerter gestossen; wo sie nach und nach im Bösen zunimmt. Ist jene genug gereiniget, diese böse genug: so nimmt jede ihren Leib wieder an und ist mit ihm ewig entweder glücklich oder unglücklich."

Man eignet bisweilen den Monophysiten Lehren zu, an die sie nicht dachten und legt öfters die seltnere Meynung einer Person der ganzen Secte bey, bildet sich auch bisweilen aus schlechten Schriftstellern eine Idee, die dann freylich den bessern Documenten widerspricht. Noch ärger ist es, wenn man gar Maroniten und Jacobiten mit einander vermengt; da sie bey einerley Bibel und Sprache, doch in der Lehre und einigen Gebräuchen sehr von einander abgehen; wie z. E. in der Anzahl und Materie der Hostien S. 241.

Die Schicksale der Jacobiten richteten sich sehr nach den Gesinnungen der Kaiser. So sehr sie Zeno und Anastasius schützte: so hart hatten sie es unter Marciano, Leone und Justino. Justinian hielt ihretwegen zu Byzanz vier Concilia; und da sie sich nicht geben wollten, so verordnete er im Rechte Strafen gegen sie. Die syrischen hatten es besonders hart. Die Fürsten Arethas, Monder und Naamann ausgenomnommen; wird man ihre schlechten Schicksale aus Dionysii Chronik S. 215 f. leicht ersehen; durch die es endlich so weit kam, daß sie h. z. T. *) in Syrien, Mesopotamien und Babylon ohngefähr 50000 meistens zerstreute und arme Familien ausmachen. In Aleppo und Caramit [Amida] sind einige angesehene und reiche, deren Patriarch in Caramit residirt. Vor Alters hatten sie einen Patriarchen zu Alexandrien, den andern zu Antiochien. Ihre Grenze ist S. 280 angegeben. Sie suchten einander in nichts nachzugeben; und so wie der alexandrinische seinen Maphrian von Abyssinien ordinirte, so that es auch der antiochenische mit dem Maphrian des Orients S. 294.

Den Patriarchen erwählt ein Synodus des Maphrians und der Bischöfe **). Seit Theodors Zeit S. 294 wurde die Regel festgesetzet: daß den Patriarchen der Maphrian, und der Patriarch den Maphrian setzen müßte. Vorher ordinirte ihn der älteste Bischof. Dionysius V. ist der erste, den der Maphrian von Tagrit Johannes ordinirte. Bey seiner Wahl gieng es durch das Loos; welches auch sonst entschied, wenn sich der Synodus nicht vereinigen konnte. Ehemals hatte man auch bey der Wahl den Grundsatz, daß der Patriarch vorher kein Bischof seyn durfte. Doch wurde dies nachher nicht mehr

*) Leonardus, Nuncius des Pabsts Gregorii XIII. beym Thomas a Iesu L. VII. converf gent. P. I. c. 14

**) Renaud. in hist. Alexendr. Patr. und Lit Or. T. I handelt ausführlicher von diesen und folgend. Stücken.

mehr so genau beobachtet. Zu Alexandrien war Cyrillus Laklak im J. C. 1234 der einzige, bey dem man dies Gesetz übertrat. In Antiochien ließ man nach vielen Debatten im J. C. 1222 von diesem Herkommen ab, S. 280. Wie denn überhaupt die Versetzung der Bischöfe von einem Bisthum zum andern ehemals weit grössern Schwierigkeiten unterworfen war, als nachher; da sich die Patriarchen die Freyheit nahmen, ihre Lieblinge, oder aus Staatsabsichten, andere, zu bessern Bisthümern zu befördern. War nun ein Patriarch vorher Bischof: so fiel die Ordination weg und er wurde blos mit dem Gebete Clementis, dem Patriarchenstab und dem Enthronismo eingesetzt. Bey dem Enthronismo hob man ihn auf seinem Stuhle dreymal in die Höhe und es erschallte ein allgemeiner Ausruf: ἄξιος, würdig, würdig! War er vorher nicht Bischof, so mußte er erst zu allen geistlichen Würden, die ihm fehlten, ordiniret werden. Zugleich mußte er sein Glaubensbekänntniß schriftlich von sich stellen, das in das Archiv der Patriarchatkirche niedergelegt wurde. Nach seiner Ordination mußte er es auch nach Alexandrien und Antiochien schicken, welches Epistola Synodica genennt wird. Seit dem J. C. 878 wurde auch ihr Name bey der Ordination verändert, und vom Joseph Barvahib'an, heissen die zu Antiochien alle Ignatius. Zwar entstund hier wegen der ehemaligen Bischöfe ein Streit; der aber mit der Zeit dadurch gehoben wurde, daß die mehresten bischöflichen Sitze eigne Namen sich wählten. Z. E. der Bischof zu Amida heißt Timotheus, der zu Aleppo Dionysius, der zu Jerusalem Gregorius, der zu Edessa Severus. Der Patriarch unterschreibt sich: N. Patriarch der Stadt Gottes Antiochien und des ganzen Orients. Dieser Titel wurde bey den verschiedenen Uneinigkeiten bisweilen verändert, wie im J. C. 1364. 1494 ist aber doch h. z. T. wieder im Gebrauche. Sein Sitz war nach den verschiedenen Civilumständen verschieden. Bey der in den Rechten erfolgten Strafe S. 321 hielten sie sich in den Klöstern verborgen auf. Da im J. C. 711 die Saracenen Syrien einnahmen; kam Elias nach Antiochien, wurde aber bald von den Griechen vertrieben. Hernach kamen sie nach Mabug, Haran, Callinicum und andere Orte, bis Dionysius IV. sich nach Amida unter arabischen Schutz begab. Athanasius VIII. wollte Marden wählen, aber erst Michael I. zog ins Kloster Anania, das er ausbaute und also in Marden sich aufhielt. Dies Kloster das Zaphar heißt, ist h. z. T. der ordentliche Sitz; doch hält sich der Patriarch bisweilen zu Marden, Aleppo, Amida u. s. w. auf. Sicherheits wegen liessen die Patriarchen sich ein Diplom vom Califen geben. Dies that Elias S. 214 zuerst, und jetzt muß es, oft mit schwehrem Gelde, von der ottomannischen Pforte gelößt werden. Abfall von der Secte, Ränke, Ehrgeiz und besonders die Geldsucht der Türken, lassen den Patriarchen oft die Absetzung erfahren. Doch hat man zu Alexandrien kein Beyspiel. Die syrischen Jacobiten haben zwar den Satz: daß der Patriarch nicht anders als blos

wegen

wegen der Lehre abgesetzt werden könne, wie Paulus Uchama, Ignatius XIII. und XVII. Doch mußten Georg, Athanasius VI. u. IX. und Dionysius Angur die Folgen des ausgelassenen Ehrgeizes und Neides erfahren; die besonders unter Ignatio Barvahib, bis auf Noe S. 311 grosse Verwirrung anrichteten. Sonst wird man finden, daß Herrschsucht und Neid bisweilen grosse Unruhen, besonders wegen des Rechtes der Ordination erregte. Seltner hingegen sind die Unruhen wegen der Lehre, wohin die abrahamitischen *) und hassanitischen Streitigkeiten gehören S. 271.

Nach dem Patriarchen hat der Maphrian den ersten Rang. Die syrischen Scribenten führen den Ursprung dieser Würde bis auf die apostolischen Schüler Adäum, Achäum und Marim zurück; weil die ersten Christen des Orients Bischöfe gehabt, deren Aeltester zu Ctesiphon residirte, aber doch dem Patriarchen von Antiochien unterworfen gewesen wäre. Eigentlich kam diese Würde unter Justiniano **) auf, und nach Barhebräo S. 292 war im J. C. 575 Achudemus der erste. Doch gehört der Anfang dem Maruthas S. 293. Die unter ihm stehende Bischöfe s. eben daselbst. Das Maphrinat breitete sich endlich dergestalt aus, daß Gregor. Barhebräus solches dem Patriarchate vorzog S. 256. Wegen der persischen und saracenischen Unruhen zogen die meisten Syrer unter Marutha und im J. C. 1262 in

*) Von Abraham einem Antipatriarchen im J. C. 798-837.

**) Pagius an. 629. Renaudot. Lit. Or. T. I. p. 366.

in die Gegenden des Maphrians. Ausser dem Titel Maphrian *) heißt er noch Metropolite von Tagrit und Catholicus, auch Primas Orientis. Wegen des Titels Catholicus hatte Barhebräus Streit S. 254. Sein Sitz ist Tagrit. Da es im J. C. 1089 die Araber verwüsteten: so wählte man Mosul oder Neuninive. Dionysius verlegte ihn im J. C. 1112 wieder nach Tagrit. Sein Nachfolger Ignatius S. 305 machte das Kloster Matthäi J. C. 1153 zum Sitze. Ignatius Bar Chichi wollte nach Bagdad; die Nestorianer aber verhinderten es. S. 302. Nach seiner Wahl reißt der Patriarch zuerst ins Kloster Matthäi; dann ins Dorf Daniel, wo er einen Maulesel geschenkt bekommt; nach Beth Chudida und Bartela. Vor Alters setzten sie Bischöfe ein und ab, verfertigten das Chrisma und alles was der Patriarch im Occident that, thäten sie im Oriente. Nur keine Maphrianen konnten sie setzen. Heut zu Tage haben sie nichts als den Titel.

Zur Ordination eines Bischofs gehören 1) sein Glaubensbekenntniß; 2) die Gegenwart zweyer oder dreyer Bischöfe; die 3) den Dienst der sonstigen Diaconen verrichten müssen; 4) daß das Evangelium über ihn verlesen werde; 5) das Anziehen der schwarzen Kutte, eines gestickten Gewandes, des Pluvialis und Orarii oder langen Mantels **); 6) die zwote

*) Nicht von אלף, lehren, wie Pocock will; sondern von אפר, fruchtbar seyn, weil er Bischof der Bischöfe.

**) Vom Ring, Kreuz auf der Brust, und der Mütze der Maroniten, wissen die Jacobiten nichts.

zwote Ausrufung, die der Patriarch mit den Zeichen des Kreuzes und den Worten verrichtet: N. wird zum Bischof der h. Kirche N. ordiniret *); 7) die zwote evangelische Lection, die der Ordinirte selbst hält; 8) die Uebergebung des Bischofstabs. Die Bischöfe der Jacobiten, den Aeltesten ausgenommen, er sey an welchem Orte es wolle, haben weiter keine Rangordnung. Ihre Sitze liefert Assemann nach dem Alphabete. Man findet solche aber bequemer in der Büschingschen Erdbeschreibung im 5 Theile; auf welches letztere wir unsre Leser verweisen.

Die übrigen geistlichen Personen der Jacobiten sind: der Psaltist oder Sänger. Anagnostes oder Leser. Hypodiaconus. Diaconus. Archidiaconus. Presbyter oder Priester. Chorbischof. Periodevtes. Dann folgen Bischof, Metropolite und Patriarch. Ostiarii, Acoluthen und Exorcisten sind bey den Jacobiten nicht. Sonst gehören hieher noch der Oeconomus Ecclesiä (רב ביתא לערתא), eine weltliche Person. Die Diaconissinnen, deren Verrichtung war: in Abwesenheit des Diaconi den Altar zu säubern, die Lampen zu besorgen, das Sacrament aus der Büchse zu nehmen, aber nicht auf den Altar zu setzen, die ältern Weiber bey der Taufe zu salben **), Kranke zu besuchen

*) Die erste hält blos ein Bischof.

**) Michael I. giebt in seinem Pontificali dies als den Grund ihrer Entstehung an: „da aber jetzt alle in der Kindheit schon getauft würden: so wäre ihr Dienst nicht mehr nöthig.“

chen u. s. w. Sie mußten 40 Jahre alt seyn und durften nicht mehr heurathen.

Ehemals war es erlaubt die drey untersten geistlichen Aemter schon im zehnten Jahre anzutretten: ein Diaconus aber mußte 25 Jahre alt seyn. H. z. T. ist dies im Nothfall im 15ten Jahre zugelassen. Leibesgebrechen brachten noch keine Untüchtigkeit, wenn es nicht Blind- oder Taubheit war. Sie haben des Tages 7 horas canonicas nnd dürfen mit gewisser Einschränkung S. 227 heurathen.

Ihre Mönche leben theils beysammen in Klöstern (עימריא, דיריא); theils alleine (מדבריא, יחידיא); theils entweder in Cellen eingesperrt (חבישא Eingeschlossene), oder auf Säulen (אסטוניא Styliten.) Zu den Mönchen gehören auch die Nonnen. Sie sind von der Clerisey unterschieden und stehen unter einem Abt oder Archimandriten; der den Bischof als seinen Obern hat, wenn nicht bisweilen Klöster immediate dem Maphrian oder Patriarchen unterworfen sind. Barhebräus sammlete ihre Gesetze. Einige davon sind: daß sie sich des Fleisches enthalten mußten, nichts eigenes hatten, jedes Geschlecht seine besondere Klöster haben mußte u. s. w. Ihre Fasten findet man S. 262.

S. 51. l. 13. statt Isaac l. Simeon. S. 183. l. 2. verfertigen ließ.

www.ingramcontent.com/pod-product-compliance
Lightning Source LLC
Chambersburg PA
CBHW021150230426
43667CB00006B/336

* 9 7 8 3 3 3 7 2 4 3 2 7 2 *